민주주의와 시민

민주주의와
시민

정헌영 지음

머리말

  우리나라 헌법은 제1조에서 '대한민국은 민주공화국이며, 대한민국
의 주권은 국민에게 있고, 모든 권력은 국민으로부터 나온다'라고 천명
하고 있다. 대한민국의 근본이념이 국민주권주의에 바탕을 둔 민주주의
임을 밝히고 있는 규정이다. 그렇다면 우리나라에서 민주주의와 국민주
권주의는 헌법에서 천명한대로 잘 실현되고 있는가? 민주주의의 발전과
정이 자생적이지도 않았고 그 역사도 짧았던 우리나라에서 이를 기대하
는 것은 사실상 무리이다. 하지만 우리나라에서도 민주주의 3.0시대의
도래와 함께 중대한 변화가 나타나고 있다.

  21세기 들어 우리는 새로운 상황을 맞이하고 있는데, 바로 민주주의
3.0시대의 도래이다. 근대 민주주의 제도의 발전단계를 세단계로 나누
어 보면, 15~19세기의 제한선거 시기를 민주주의 1.0시대로 규정할 수
있으며, 20세기의 보통선거와 대의제 민주주의 시기를 민주주의 2.0시
대로, 그리고 직접민주주의 방식이 확산되고 SNS 등 사회적 소통방식
의 혁명적 변화가 일어난 21세기를 민주주의 3.0시대로 부를 수 있다.

  오늘날 세계 전역에서 대의제 민주주의가 대다수 민중의 신뢰를 잃고
있다. 선거로 뽑힌 정치가들이 자기들의 개인적·정파적·계급적 이익
만 챙길 뿐, 민중의 삶의 요구에는 거의 혹은 전혀 응답하지 않는 과두·
금권지배 체제로 변질·타락하고 말았기 때문이다. 이런 상황을 타개하

는 데 가장 효과적인 것이 바로 다양한 형태의 '숙의민주주의'이다. 무작위 추첨으로 뽑힌 평범한 시민들이 '미니 퍼블릭(mini public)'을 구성하여 거기서 국가나 지역공동체의 중대사를 숙고와 대화와 토론을 통해서 결정하는 방법이다. 이처럼 민주주의 3.0시대의 가장 큰 특징은 민주주의 2.0시대의 대의제 민주주의의 한계를 극복하기 위한 대안으로 시민들의 참여와 숙의에 바탕을 둔 숙의민주주의가 떠오르고 있다는 사실이다.

최근에 민주주의 3.0시대의 본격적 개막을 알리는 세계사적 사건이 국내외에서 다발적으로 발생하고 있다. 정치적·경제적 민주화를 요구하는 아랍의 재스민 혁명, 신자유주의적 경제질서가 가져다 준 청년실업 등 경제적 곤경과 양극화의 심화에 항의하는 유럽의 폭동, "We are the 99%!"라는 구호를 내세우며 빈부격차의 시정을 요구한 뉴욕 월가의 시위, "이게 나라냐?"라는 구호를 내세우며 민주주의의 퇴행과 국정농단에 항의한 한국의 촛불집회 등이 그것이다. 이들 저항운동은 SNS 등 사회적 미디어를 주된 소통수단으로 사용하고 있고, 빈부격차의 해소나 민주주의의 회복 등 정치적·경제적 민주화를 강력하게 요구한다는 점에서 민주주의 3.0시대의 전형적인 변혁운동으로 볼 수 있다.

이와 같은 민주주의 3.0시대에서 무엇보다 중요한 것은 시민들의 참여와 시민사회의 발전이다. 이 책은 민주주의 3.0시대를 맞아 숙의민주주의의 실현가능성을 살펴보고, 이에 필요한 시민참여와 시민사회의 역량강화 및 활성화 등 시민사회 발전방안을 소개하고 있다.

2018년 2월
정헌영

목 차

표 목 차

그 림 목 차

제1장

민주주의와 시민사회

민주주의 3.0시대

토마스 홉스(Thomas Hobbes)는 「시민론」(De Cive)에서 자연상태에서의 인간의 모습을 만인의 만인에 대한 투쟁으로 서술하였다. 실로 인류사회의 역사는 권력, 부, 명예 등과 같은 사회적 가치(social values)의 쟁취를 둘러싸고 국가간, 집단간, 개인간 다툼이 끊임없이 전개되어 온 투쟁의 역사이다. 역사상의 무수한 사상가는 사회적 가치를 공정하게 배분할 수 있는 이상적 원리를 찾아 고심해 왔다.

현대사회에서는 이러한 사회적 가치의 배분과 관련된 영역을 정부, 시장, 시민사회라는 세 개의 영역으로 분류하는 것이 보편적이지만, 전통적으로는 사회적 가치의 배분은 기본적으로 정부(government)와 시장(market)에 의해 이루어진다고 보았다. 정부는 공권력을 바탕으로 법령과 정책을 통해 사회적 가치를 권위 있게 배분하며, 이에 반해 시장에서는 자유롭고 평등한 시장 참여자들에 의해 상품과 서비스의 교환이 자발적으로 이루어진다.

시장주의자들은 시장에 의한 가치 배분이 효율적·합리적일 뿐만 아니라 평등의 원리도 충족시킴으로써 도덕적으로도 정당화된다고 주장한다. 그들은 자유시장은 모든 사람에게 경쟁의 기회를 개방함으로써 평등의 조건을 충족시키는 바, 정부가 강제적 권위를 통해 평등을 추구하게 되면 자유가 파괴되고 그 결과 평등마저 파괴된다는 논리로 시장에 대한 정부간섭의 배제를 주장한다.

그러나 20세기 초 사회경제적 불평등의 심화와 같은 시장의 결함과 병폐가 드러나게 되면서 거대한 복지국가가 시장을 대체하는 새로운 국정관리 양식이 대두되었다. 다시 말하면 '보이지 않는 손'(invisible hands)에 바탕을 둔 시장의 실패를 보정하기 위한 '보이는 손'(visible hands)으로서 정부개입의 필요성이 제기된 것이다.

하지만 1970~80년대에 불어 닥친 전 세계적 경기불황과 각국이 맞닥뜨린 재정위기는 다시 정부를 퇴위시키고 시장을 등극시키는 역전의 계기를 마련하게 되었다. 시장이 정부를 대체할 수 있다고까지 주장하는 시장근본주의자들은 심지어 시장의 실패까지 시장에 맡겨 해결해야 한다고 주장하면서, '큰 시장-작은 정부'를 지향하는 다양한 감축관리(cutback management) 처방을 내놓았다.

그러나 정부와 시장의 관계는 21세기 들어 다시 그 역할의 우선순위가 뒤바뀌는 극적인 반전의 계기를 맞게 된다. 특히 2008년 세계 경제를 파국으로 몰고 간 월가(Wall Street)의 금융위기는 '정부의 귀환'(the return of the state)을 공공연한 사실로 만들었으며, 이에 따라 승자 독식의 시장자본주의(market capitalism)적 분배방식은 그 역사적 수명을 다 했으며, '경제적 공정성'(economic fairness)의 확립을 위해 정부와 시민사회가 더 적극적인 역할을 떠맡아야 한다는 주장이 설득력을 얻게 되었다.

이처럼 정부-시장 관계에서 정부쪽으로 기운 추는 이제 되돌릴 수 없는 비가역적 변화(irreversible change)로 보이는데, 민주주의의 발전에 따라 국민들이 좀 더 평등하고 공정한 사회경제적 질서를 추구하기 때문이다.

정부의 본질적 기능 가운데 하나는 사회적 제도를 만들고 관리하는 것이다. 사회적 제도는 가치 배분의 원칙이 안정적으로 구조화된 것이다. 공정한 사회경제적 질서를 구축하는 데 정부의 역할이 중요한 이유가 여기에 있다. 그러나 현대 민주주의 국가가 그 바탕을 두고 있는 대의민주주의의 한계로 인해, 정부는 사회적 규칙을 공정하게 설계하고 관리하는 공정한 조정자로서의 역할을 다 하는데 있어서 많은 한계를 가지고 있다. 이를 보완하기 위해 시민의 참여에 바탕을 둔 숙의민주주의로의 전환과 시민사회의 역할이 보다 필요한 이유이다.

정치와 경제 간의 관계에 초점을 두어 우리는 근대 민주주의 제도의 발전단계를 세단계로 나누어 볼 수 있다. 15~19세기의 제한선거(restricted suffrage) 시기를 민주주의 1.0시대로 규정할 수 있으며, 20세기의 보통선거(universal suffrage) 시기를 민주주의 2.0시대로, 그리고 직접민주주의(direct democracy)[1] 방식이 확산되고 SNS(social network service) 등 사회적 소통방식의 혁명적 변화가 일어난 21세기를 민주주의 3.0시대로 부를 수 있다.

근대 초기 민주주의 시대(first modern democracy)에는 경제력과 성별 등을 기준으로 하여 선거권을 제약하는 제한선거 제도가 시행

---

1) 직접민주주의는 국민이 그들의 대표자로 하여금 국가 의사를 결정토록 하는 대의민주주의 방식과는 달리, 국민이 집단적 방식을 통해 직접 정치적 사안을 결정하는 순수민주주의(pure democracy) 방식을 가리키는 말이다.

되었다. 재산을 기준으로 하는 제한선거 제도는 1430년 영국에서 최초로 도입되었으며, 이후 각국에서 이 제도를 채택했다. 1776년 독립선언을 한 미국의 초기 선거법도 "선거권은 백인, 남성, 21세 이상, 재산 소유자, 납세 능력이 있는 자에게만 부여된다"고 선거권의 제한을 명시적으로 규정하고 있다. 이와 같이 일정한 재산을 소유한 성인 남성에게만 선거권이 부여되던 제한선거의 시기를 우리는 민주주의 1.0시대로 규정할 수 있다. 부르주아 민주주의로도 불리는 민주주의 1.0시대에는 경제적 기반이 정치권력의 형성에 절대적 영향을 미쳤다.

19세기 중반 이후 정치적 평등을 요구하는 시민과 노동자 계급의 요구가 거세지면서, 제한선거 제도는 재산·납세·교육·성별·종교 등을 이유로 선거권을 제한하지 않는 보통선거 제도로 바뀌었다. 보통선거 제도는 1898년 뉴질랜드에서 최초로 도입되었으며, 뒤이어 오스트레일리아(1902년), 핀란드(1906년) 등으로 확산되었다. 미국의 경우에는 1920년, 영국에서는 1928년에 보통선거 제도가 도입되었다. 가난한 사람이든 부유한 사람이든 똑같이 한 표의 투표권을 행사하는 오늘날의 보통선거 제도에서 적어도 정치적 가치는 모든 구성원에게 평등하게 분배되어 있다. 정치제도의 발전과정에서 보통선거 제도의 도입은 혁명적 변화라고 할 수 있다.

합리적으로 추론할 경우 정치적 가치배분에서의 평등은 곧바로 경제적 평등으로 이어져야 한다. 정치는 사회적 가치의 배분기능을 수행할 뿐만 아니라 일체의 제도적 틀을 만드는 권능을 지니고 있기 때문이다. 그러나 현실은 그렇게 변화되지 않았다. 대의정치 제도의 복잡한 메커니즘이 정치적 평등과 경제적 분배방식의 직접적인 연계를 방해하는 작용을 하기 때문이다. 다시 말하면 보통선거 시기에는 대중의 참정권이 널리 보장되었으나, 동시에 사회의 계서 구조를 통한 자본의 정치적·사회적·경제적 지배도 강화되어 대중 이 스스로의 권리를 충분히 행사하지 못하는 한계를 지녔다. 참정 권의 형식적 평등화는 이루어졌으나 현실적으로는 오히려 대중이 무력화되고 자본의 지배가 강화된 시기가 바로 민주주의 2.0시대라 고 할 수 있다.

한편 21세기 들어 우리는 사회적 소통방식의 큰 변화가 초래되고 직접민주정치 방식이 활성화 된 새로운 상황을 맞이하고 있는데, 바 로 민주주의 3.0시대의 도래이다. 민주주의 3.0시대의 가장 큰 특징 은 사회적 소통방식의 혁명적 변화와 심화된 평등 의식이다. 기존의 소통방식이 당국자 또는 권위자에 의해 생산된 정치·사회적 정보 가 계서제 구조를 따라 하향적으로 전달되는 일방적 소통방식이었 다면, web 2.0[2]과 SNS 환경에서 이루어지는 소통은 정보의 생산자 와 소비자가 대등한 관계를 유지하는 쌍방향적 소통방식이다. 오늘 날 많은 사람들이 컴퓨터와 휴대전화는 물론 Facebook, Kakao Talk 등의 웹사이트를 통해 점점 더 네트워크화 된 세상에서 살고 있다. 이와 같이 밀접화 된 정보의 네트워크는 지식정보화 사회에서 파워 를 실어 나르는 통로가 된다. 사회적 소통방식의 변화는 특히 공공 정보의 전달경로와 독과점 언론을 통한 여론의 형성과 조작 과정에 혁명적 변화를 초래하게 되었다. 이른바 대중이 정치적·사회적 결정 의 주도권을 장악한, 진정한 의미의 대중민주주의(mass democracy)

---

2) 'web 2.0'은 데이터의 독점이 없는, 즉 누구든 정보를 생산·배포·공유할 수 있는 인터넷 환경 을 말한다.

시대가 도래하게 된 것이다. 오늘날 보통의 시민들은 인류 역사상 그 어느 때보다 더 많은 정치적·사회적 정보를 갖고 있다. 이러한 대중민주주의 시대에는 경제적 가치의 좀 더 평등한 배분이 가속적으로 추구될 수밖에 없다. 구성원들의 가치관 속에 녹아 있는 정치적 평등의식은 궁극적으로 경제적 평등의식으로 귀결될 수밖에 없기 때문이다.

마무리하면 사회적 소통방식이 하향식에서 쌍방향으로 진화하며 대의정치 제도가 직접민주주의 방식으로 전환될수록 평등을 향한 인류사회의 발걸음은 빨라질 수밖에 없다. 본래 민주주의 정치체제는 정치·사회적 계급이 소거된 '평등'을 근본적 가치로 삼는다. 그에 반해 자본주의적 분배질서는 승자독식의 정글 법칙에 기반하고 있다. 이와 같은 관점에서 볼 때 민주주의 정치체제와 자본주의적 분배질서는 본질적으로 양립하기 힘든 제도다. 지난 수세기 동안 민주주의 제도와 자본주의적 질서가 불안정한 균형을 유지해 올 수 있었던 것은 대의정치 체제라는 사회적 고안물 때문이다. 대의정치 체제는 계서화된 사회적 권위구조를 통해 대중의 조작이 용이한 체제다. 그러나 사회적 소통방식이 쌍방향으로 바뀌고 직접민주주의 방식이 확산되고 있는 21세기적 정치 상황에서는 계서적 구조를 활용한 대중의 조작이 근본적으로 어려워질 수밖에 없다. 따라서 이와 같은 대중민주주의 시대에는 경제적 평등에 대한 구성원들의 요구가 점점 더 증대될 수밖에 없다(이종수, 2012).

대의민주주의의 한계

한국인들은 전쟁이 남긴 폐허 위에서 산업화를 압축적으로 달성하였으나 독재의 사슬에서 벗어나지는 못했다. 그러나 한국인들은 줄기찬 투쟁의 결실로 마침내 민주화를 성취하였고, 1987년 직선제 개헌에 의해 대통령선출권한을 되찾은 이래 10년 만에 역사상 처음으로 선거를 통해 평화적인 정권교체를 이룩하고 민주주의를 되돌릴 수 없는 '유일한 게임'으로 정착시킴으로써 새천년 한국 민주주의를 준비할 수 있는 토대를 마련하였다. 민주화의 관점에서 볼 때, 새천년의 한국인들의 과제는 더 이상 독재에서 민주주의로의 전환이 아니라, 어떻게 자유, 정의, 인권, 평등이 보장되는 질 높은 민주주의를 고안하고 정착시킬 수 있느냐하는 민주주의의 공고화이다.

질 높은 민주주의를 향한 한국인의 비전과 전략은 무엇인가에 대한 논의가 안고 있는 본원적 한계는 이 논의가 기존의 대의제 민주주의와 선호(이익)집합적 민주주의(aggregative democracy)의 틀 내에서 이루어지고 있다는 점이다. 물론 새천년에도 시민들이 정부를 구성하는 방식으로서의 대의제 민주주의와 '국민의 의사'를 형성하고 표출하는 방식으로서의 선호(이익)집합적 민주주의의 틀이 유지될 것이다. 그러나 새천년이 가져다줄 기회와 제약을 이용하여 한국 민주주의의 지평을 넓히는 노력이 병행되어야할 것이다. 대의제 민주주의가 안고 있는 결함을 보완하고 한국 민주주의의 지평을 넓히기 위해서는 최근 민주주의 연구에서 활발히 논의되고 있는 숙의민주주의(deliberative democracy)라는 대안을 검토할 필요가 있다(임혁백, 1999).

고대 그리스의 도시국가인 아테네에서 태어난 민주주의는 오늘날의 민주주의와는 다른 모습을 지니고 있다. 아테네의 민주주의는 '국민의 지배'(demos+kratia: rule of the people)의 이상적인 형태였다. 시민들이 스스로 지배하고 스스로 통치하는 시민주권자들의 자치였다. 법 앞에 평등한 모든 시민들이 법의 제정, 집행, 판결을 담당하는 시민자치 형태가 아테네 민주주의의 기본적인 모습이었다. 모든 시민들은 재산, 지위, 종교, 교육수준에 관계없이 평등하고(isonomia), 법의 제정에 동등하게 참여한다는(isegoria) 두 가지 원칙이 지배하였다. 시민들은 지배자인 동시에 피지배자였다. 그리고 시민들은 공동선의 형성과 실현에 관심을 갖고 있는 공적 시민(public)이었다. "정치에 관심을 갖지 않고 자기 자신의 일에만 몰두하는 사람을 우리 아테네에서는 아무것도 하는 일이 없는 사람이라고 이야기한다"는 페리클레스의 장송연설은 아테네 민주주의의 핵심을 지적한 것이다.

그러나 고전적인 아테네 민주주의가 실현되기 위해서는 많은 조건이 충족되어야 했다. 그것은 기본적으로 소규모의 동질적인 시민들로 구성된 공동체에서 가능한 민주주의였다(Dahl, 1989). 시민들

간에는 소득과 교육수준에 있어서 큰 차이가 없을 뿐만 아니라 언어, 종교, 문화, 종족적 동질성을 공유하고 있었기 때문에 그들 간에는 기본적인 이해의 충돌이 없었다. 동질적인 시민들은 공공선(public good)을 발견하는 데 있어서 큰 어려움을 겪지 않았다. 시민들은 동질적일 뿐만 아니라 그들 간에 집단적 의사 또는 공공선을 발견하기 위한 공간적, 지리적, 규모의 제약이 없었다. 그들은 의사소통을 하기에 충분히 작은 규모였을 뿐만 아니라 짧은 거리에 있는 소규모의 도시국가에서 살고 있었던 것이다. 아테네의 민주주의는 서로 간에 '숙의(토론)'(deliberation)가 가능한 면대면의 사회내의 소규모의 동질적인 시민들로 구성된 도시자치국가에서 가능한 민주주의였다.

그러나 아테네의 민주주의는 방대한 영토와 엄청난 규모의 인구를 가진 근대 국가에서는 실현가능한 민주주의가 아니었다. 시민들은 기본적으로 직접적인 의사소통이 가능한 근거리에 살고 있지 않을 뿐만 아니라 그들 간의 이익은 기본적으로 조화롭기보다는 충돌하고 갈등하는 관계에 있었다. 근대 영토국가의 시민들은 종족, 종교, 언어, 교육수준, 소득을 달리하는 이질적인 시민들로 구성되어 있을 뿐만 아니라, 규모면에 있어서 그리고 지리적으로 그들 간에 직접적인 의사소통은 불가능한 익명적 사회에 살고 있다.

근대 민주주의가 이룩한 가장 빛나는 제도적 혁신은 대의제 민주주의였다. 그것은 기본적으로 선거라는 수단을 통해 시민들의 집단적 의사를 확인하고 그 집단적 의사를 시민들의 대표를 통해서 실현하려는 것이었다. 대의제 민주주의 하에서도 시민들은 지배하지만(rule of the people), 자신의 대표를 통해서 지배하는 것이다.

대의제 민주주의는 방대한 규모의 영토 내에서 대규모의 이질적인 시민들로 구성된 영토국가에서 국민의 지배를 가능하게 하였다. 국민의 집단적 의사를 확인하는 기본적인 장치는 선거였다. 선거를 통해 대표가 선출됨으로써 시민들의 집단적 의사가 확인되고 그들에게 집단적 의사의 실현이 위임되는 것이다. 그러므로 대의제 민주주의는 시민들의 직접적인 참여를 통해 이루어지는 직접민주주의가 아닌 간접민주주의일 뿐만 아니라, 시민들 간의 대면적 숙의를 통해 집단적 의사가 확인되는 것이 아니라 투표를 통해 시민들의 의사가 집합되는 선호집합적인 민주주의인 것이다.

이러한 '간접적이고 선호집합적인 민주주의'(indirectly aggregative democracy)는 기본적으로 근대 민주주의가 작동해온 제도적 틀이었다. 선호집합적 민주주의는 사회적 선택이론의 가정에 기초하고 있다. 이는 평등한 시민들의 자유로운 집단적 선택의 결과가 바로 국민의 의사이며, 이러한 집단적 선택이 정치적 공동체의 복지를 극대화하는 점과 일치할 때 정당화된다는 것이다.

따라서 대의제 민주주의 또는 '간접적이고 선호집합적인 민주주의' 하에서 국민의 의사가 실현되기 위해서는 ① 국민의 대표가 국민(집단적인 개념으로서의)의 완벽한 대리인이어야 하며, ② 대표를 통해서 표출되는 국민의 의사는 집단적인 국민의 합리적 선택이어야 한다는 것이다. 이러한 목표를 충족시킬 수 있는 조건은 정치적 경쟁시장이다. 즉 시민들이 완벽한 정보를 갖고 있고, 시민들에게 선택의 자유가 보장이 된다면 시민들 간의 분산적 경쟁의 결과는 시민들의 집단적 복지를 극대화하는 점으로 수렴된다는 것이다. 정치적 경쟁시장 하에서 정치인들이 권력을 장악하기 위해서는 시민들의 표를 극대화해야한다. 표를 극대화하기 위해서는 지지를 극대화해야하고, 지지를 극대화하기 위해서는 시민들이 집단적으로 가장 선호하는 것을 제공해야한다. 그러므로 선거라는 장치를 통해 대표는 국민의 완벽한 대리인이 되도록 강제되는 것이다.

그런데 이러한 대의제 민주주의가 실현될 수 있는가에 관한 의문이 제기되었다. 첫째, 사회적(집단적) 선택에 의한 인민의 의사가 표출될 수 있느냐에 대한 의문이었다. 집단적으로 합리적인 민주적 선택이 가능하냐는 것이었다. 투표의 패러독스 이론[3]은 선호가 일관성이 없을 때(비전이성, intransitivity) 순환다수가 형성되어 독특한 인민의 의사를 표출할 수 없다는 것이다. 여기에 더하여 애로우(K. Arrow)는 민주주의가 전제로 하는 합리적 의사결정이 불가능하다는 걸 수학적으로 증명했다(Arrow, 1951). 애로우에 의하면 민주주의가 실현되기 위해서는 모든 시민의 선호가 고려대상이 되어야 하고(범위의 무제한), 집단적 복지의 극대화가 선택되어야 하고(파레토 최적)[4], 시민들의 선택은 독립적이어야 하며(무관한 대안으로부터의 독립성, 즉 A와 B 사이의 우선순위는 무관한 제3의 대안 C의 존재

---

3) 투표의 역설은 다수결 투표제가 우리가 생각한 것만큼 완전한 의사결정 방식은 아니라는 사실을 단적으로 확인시켜준다

4) 파레토 최적은 자원의 합리적인 배분을 뜻하는 것으로 유한한 자원이 최적으로 배분된 상태라 할 수 있다. 파레토는 손해를 보는 사람은 하나도 없고 이익을 보는 사람만 있는 경우를 '사회적 개선'이라고 인정했다. 이러한 개선을 '파레토 개선'이라고 한다. 또 '파레토 개선'이 불가능할 정도로 개선된 상태를 '파레토 최적'이라고 부른다. 모든 사람이 타인의 불만을 사는 일 없이는 자기 만족을 더 이상 증가시킬 수 없는 상태가 '파레토 최적'인 셈이다. '파레토 최적' 상태에서는 어떤 사람이 이익을 보기 위해서는 반드시 다른 어떤 사람이 손해를 보게 된다. 경제학자들은 △교환의 효율성 △생산의 효율성 △자원배분의 효율성이 보장되는 완전경쟁시장에서 파레토 최적이 달성된다고 본다. 그러나 '파레토 최적'이 무조건 좋은 것은 아니라는 지적도 있다. 예를 들어본다. A와 B 두 사람만이 있는 사회에서 빵과 콜라 두 가지 재화만 있다고 가정해 보자. A가 빵과 콜라 전부를 독차지하고, B는 아무 것도 가지지 못했다 하더라도 이는 '파레토 최적'이다. B를 위해 A가 가진 빵과 콜라를 뺏어온다면 A의 만족은 낮아질 수밖에 없기 때문이다. 이런 점 때문에 '파레토 최적'은 소득재분배 효과를 인정하지 않고, 현상유지를 옹호하는 기준이라는 비판을 받기도 한다.

에 의해 영향을 받아서는 안된다), 어느 누구의 선호도 지배적이어서는 안 된다(비독재성, 즉 다른 사람의 선호와 무관하게 항상 자기의 뜻대로 결정을 내리는 사람이 없어야 한다)는 공리적인(axiomatic) 조건들이 충족되어야하나, 위의 모든 조건을 만족시키는 사회적(집단적) 선택이 존재하지 않는다는 것이다. 애로우의 불가능성 정리(impossibility theorem)는 어떤 투표제도도 이 같은 속성들을 모두 만족시킬 수 없다는 걸 입증함으로써 투표가 인민의 의사를 표출한다는 대의제 민주주의의 근본적 가정에 치명타를 가하였다. 이론적으로 민주적 과정의 근간인 투표가 '인민의 의사', '공동선', '일반의사', '국민들의 소리', '사회적 이익'을 대변한다고 정당화할 수 있는 근거가 없어진 것이다.

둘째, 대의제 민주주의는 여전히 '대표의 실패' 문제를 극복하지 못하고 있다. 다시 말해 시민과 대표 간의 주인과 대리인의 문제는 여전히 해결되지 않고 있다. 대의제 민주주의 하에서 민주적으로 선출된 대표가 시민의 완벽한 대리인으로 행동하지 않고 자신이 사익을 추구할 가능성은 상존함에도 불구하고, 선거는 주인인 시민과의 약속을 위반한 대표들을 처벌하기에는 미흡한 장치라는 것이 드러나고 있다.

많은 경우 선거는 정책의 선택이 아니고 인물 또는 정당의 선택이며, 설사 인물, 또는 정당의 선택이 특정 정책의 선택으로 연결된다는 것을 인정한다 하더라도, 다음 번 선거에서 시민들은 특정한 정책들을 개별적으로 평가해서 처벌과 보상을 내릴 수 없다. 선거를 통해 시민들은 정부가 수행한 전체 정책패키지에 대해서 심판을 내릴 수 있을 뿐이다. 또한 실적과 과실에 대한 책임의 소재지가 불분명할 때, 시민들은 선거를 통한 회고적 책임성을 확보하기가 어렵다. 예컨대 연립정부 하에서, 대통령과 의회가 다른 정당에 의해 장악되어 있을 때, 정당조직이 안정적으로 제도화되어 있지 않고 이합집산을 거듭할 때 시민들은 책임의 소재지를 확인하는 데 어려움을 겪게 된다. 그리고 정치인 또는 정당이 경쟁하지 않을 때, 정권교체의 가능성이 희박할 때, 정치인들이 재선을 추구하지 않거나 연임을 제한하는 제도적 장치에 의해 재선의 추구가 제한될 때 시민들은 현직의 정치인 또는 정당을 다음 번 선거에서 심판함으로써 책임성을 확보하기 힘들게 된다.

셋째, 대의제 민주주의 하에서 주인인 시민과 대리인인 대표 간의 거리는 좁혀지지 않고 확장되는 경향이 있다. 슘페터적인 엘리트 민주주의의 개념을 내포하고 있는 것이다. 방대한 영토와 국민으로 구성된 사회에서는 시민에 의한 직접민주주의는 현실적으로 불가능하고 주권자로서의 시민의 역할은 대표의 선출에서 끝나야 하며, 정책의 선택은 대표에게 일임할 수밖에 없다는 것이 대의제 민주주의가 안고 있는 기본적 제약이다. 그러나 슘페터는 현대 민주주의가 안고 있는 공간적 제약에 더하여 시민능력의 결함에서 대의제 민주주의의 정치적 분업을 정당화하려 한다. 즉 시민들은 정치적으로 정보가 부족하며, 냉담하고, 조작당하기 쉬우며, 나치의 역사가 가르쳐준 바에 의하면 대중의 참여는 위험하기까지 하다. 따라서 통치는 투표로 선출된 지배엘리트에게 맡겨져야 하며, 민주주의(국민주권)는 다음 선거에서 대표를 자리에서 축출할 수 있는 권력으로 한정되어야 한다는 것이다.

이러한 정치적 분업이 시민들의 정치적 소외감, 냉소주의를 강화하고 있다. 시민들은 정치가, 정치전문가(정치인, 선거운동전문가, 로비스트, 언론인, 여론조사전문가 등)의 영역이라고 생각하면서 정치는 자신과 상관없는 원거리에 있는 영역으로 간주한다. 그 결과 시민과 대표들 간의 거리는 더욱 넓어지고, 정치전문가들이 주권자인 시민을 대체하는 기술관료적 민주주의가 강화된다.

넷째, 대의제 민주주의 하에서 강력하게 조직되고 발언권이 강한 특수 이익집단이 민주적 토론과정을 지배할 가능성이 크다. 이 경우 대표들은 시민들의 이익을 극대화하려 하기보다는 특수 이익집단이 이익을 극대화하려 할 것이다. 그러나 이러한 특수 이익의 지배를 제어하고 시민공동체의 이익을 추구하게 압력을 가할 수 있는 공론의 형성장치는 미흡하다. 여론조사와 언론이 이를 대신하나 여론조사는 변덕스럽고 불완전한 정보를 제공하고 있으며, 많은 경우 언론은 공론의 형성자라기보다는 이익집단의 대변인이다.

다섯째, 대의제 민주주의는 일반적으로 다수결주의에 의거하여 집단의 의사를 결정한다. 다수결주의는 기존의 여론조사, 주민투표와 같은 국민투표제적 민주주의에 의해 강화되고, 이는 '다수의 독재'를 심화시키고, 소수파의 배제를 초래한다. 소수파의 의사가 공동체의 의사 형성에서 경청될 수 있는 공간이 존재하지 않을 때 민주적 공동체는 심각한 해체의 위기에 직면할 것이다.

마지막으로, 현대의 대의제 민주주의는 공동선의 개념이 부족하다. 현대의 대의제 민주주의는 기본적으로 선호를 집합하는 선호집합적(aggregation) 방식에 의한 정치적 과정을 채택하고 있다. 정치적 과정은 모든 시민들이 합의할 수 있는 공동선을 발견하려는 과정이 아니라 갈등하는 이익들이 자신의 선호가 사회적 선호(집단의사)로 선택되기 위해 경쟁하는 과정이다. 선호집합적 민주주의는 공동선을 추구하기 위한 시민들의 적극적이고 공적인 숙의 과정을 배제한다. 투표는 개인적 선호를 결집(집합)하여 어느 선호가 사회적 선호가 될 것인가를 결정하는 장치이다. 선호집합적 민주주의 하에서 민주주의는 공공적 이성에 의해서 공동선을 추구하는 과정이 아니라 서로 상충되는 선호를 가진 개인들이 갈등을 해결하기 위해서 흥정, 협상을 통해서 최적의 타협을 모색하는 과정이다. 고대 그리스의 민주주의는 광장에서의 토론과 숙의를 통해서 공공선을 발견하고 이를 실현하려는 광장(forum)의 민주주의였다면, 현대의 선호집합적 민주주의는 분산적 경쟁을 통해서 갈등하는 사적인 이기적 이익(선호) 간의 균형을 추구하는 시장 민주주의이다(Elster, 1986).

따라서 선호집합적 민주주의의 범위는 넓지 않다. 정부의 역할은 원자화된 시민들의 소극적 자유를 보전하는 데 그치는 최소주의적 정부로 왜소화된다.

숙의민주주의의 등장

선호의 집합과 선택을 통한 집단의사를 진정한 민주적 집단의사로 볼 수 있느냐에 관한 애로우의 문제제기는 차치하고라도 현대 대의제 민주주의는 시민과 대표 간의 주인과 대리인의 문제를 해결하지 못하고 있으며, 대의제 민주주의 하에서의 정치적 분업은 시민과 대표 간의 거리를 더욱 넓힘으로써 정치적 문제가 기술관료적으로 해결되고 있으며, 강력한 이익집단의 정치적 영향력을 제어할 길이 어렵게 되고 있다. 다수결주의는 민주적 공동체의 분열과 해체를 초래할 위험성을 내포하고 있고, 선호집합적 또는 사회선택적 민주주의는 주어진 선호간의 균형을 추구하는 시장의 정치는 번성케 하고 있으나, 공동체가 추구해야 할 공동선을 형성하려는 '광장의 정치'를 메마르게 하고 있다(Elster, 1986).

이러한 간접적이고 선호집합적인 대의제 민주주의가 노정하고 있는 결함을 시정하고 고대 아테네의 고전적인 직접민주주의의 이상을 재현하려는 대안으로 숙의민주주의가 논의되고 있다.

1. 개념

개인적 선호가 고정되어 있으며 개인적 선호는 민주적 과정이 시작되기 이전에 이미 형성되어 있다는 가정 하에 고정된 선호들을 집합하여 가장 합리적인 집단적 의사를 표출한다는 선호집합적 대의제 민주주의는 비현실적이다. 숙의민주주의는 오랫동안 잊혀져 왔던 시민들간의 숙의, 대화, 토론, 의사소통을 통해 개인들이 자신의 선호를 계속 변화시켜가면서 합의된 집단적 의사를 형성하려는 것이며, 참여민주주의 또는 토론민주주의라고도 한다.

숙의민주주의에 의하면 평등한 사람들의 자유로운 공적 숙의를 통해 도달된 민주적 과정은 집단적으로 정당화된다는 것이다. 다른 사람들에게 확신을 줄 수 있는 고려에 의해 지지되지 않는 이익은 무의미하다. 숙의민주주의 하에서 다수의 시민에 의해서 지지받은 결정이라고 해서 반드시 민주적인 결정이라고 정당화되지 않는다. 숙의민주주의 하에서 민주적 결정은 정책결정공동체 내의 다른 사람들에게 수용가능한 이유에 의해 지지받을 때 정당화된다.

숙의민주주의는 시민이 직접 숙의에 참여하는 직접적이고 참여적인 민주주의이다. 숙의민주주의 하에서 슘페터적인 엄격한 시민과 대표의 분업이 적용되지 않는다. 시민과 대표가 모두 숙의에 참가하고 대표와 시민 간의 거리는 좁혀지고 경계는 흐려진다. 물론 숙의민주주의와 대의제 민주주의가 공존할 수 있다. 중앙정부에는 다두제(polyarchy)가 요구하는 입법, 사법, 행정기구가 있으며 여전히 선거로 선출된 대표들이 그 기구들을 운영하고 있다. 그러나 이제까지 대의제 민주주의 원리에 의해 운영되어왔던 많은 영역들(환경, 교육,

치안, 작업장, 기술훈련, 민관공동사업)이 시민들의 직접 참여와 숙의를 통해서 운영될 수 있는 길이 열리고 있다. 이 점에서 새천년의 숙의민주주의는 다두제 및 대의제 민주주의와 공존하는 '직접적이고 숙의적인 다두제'(directly deliberative polyarchy)가 될 것이다.

숙의민주주의의 의사결정과정은 선호의 집합과 선택(선호집합적 민주주의)이 아니라 숙의에 의존한다. 시민들과 대표들이 이성적인 (reasoned) 성찰과 판단에 근거하여 공적인 문제에 대한 해결책을 토의, 토론, 숙의하는 것이다. 숙의민주주의는 선호집합적 민주주의와는 달리 시민들의 선호가 고정되어 있지 않고 항상 대화, 토의, 토론, 숙의를 통하여 변화할 수 있다고 가정하며, 민주적 과정은 주어진 선호를 집합하여 그 중에서 집단적 선호를 선택하는 것이 아니라, 상호 발견, 설득, 교정의 과정을 통해서 공공의사 또는 집단적 의사를 형성해나가는 과정이다. 숙의민주주의 하에서 '공적 토론의 영역' (공공영역, public sphere)은 대화, 담론, 토론, 숙의를 통하여 시민들이 자신의 선호를 형성하고 세련화시키며, 자신의 잘못된 선호를 교정할 기회를 제공한다. 따라서 공공영역은 다양한 시각과 이익들이 상호이해와 공동의 행동으로 수렴되는 장이라고 할 수 있다 (임혁백, 1999).

2. 숙의민주주의의 조건

숙의민주주의 하에서 시민은 동료 시민에게 이성에 의해서 지지되는 주장을 함으로써 문제를 제기하고, 의견의 불일치를 해결하며, 갈등을 극복할 수 있는 길을 찾으려 한다(Sanders, 1997). 그러므로 숙의민주주의는 '평등한 사람들의 자유로운 공적 변론'(free public reasoning among equals)에 의해서 달성된다.

그러므로 숙의민주주의가 이루어지기 위해서는 3가지 조건이 충족되어야 한다. 첫째, 평등의 조건이 충족되어야 한다. 숙의에의 참가는 평등과 대칭성의 규범에 의해서 지배되어야 한다. 숙의참가자는 발언을 시작하고, 질의하고, 심문하고, 토론을 여는 데 있어서 동등한 기회를 가져야한다. 숙의능력 (deliberative capacities)이 있는 모든 사람들은 숙의과정에서 동등한 지위(standing)를 가져야 한다. 문제를 제기하고 그 문제에 대한 해결책을 제시하며, 제시된 해결책에 대한 지지 또는 반대의 이유를 피력하는 데 있어서 어느 누구도 특권적 지위를 누려서도 안되고, 결정과정에서 동등한 목소리를 낼 수 있어야 한다. 그러기 위해서는 기존의 권력과 자원의 배분이 숙의에 기여할 수 있는 기회구조에 영향을 미치지 않을 정도로 실질적인 평등이 이루어져야 한다(Benhabib, 1997; Cohen, 1998).

둘째, 자유의 조건이 충족되어야한다. 숙의참가자의 정체성(identity)이 숙의참가의 조건을 구성해서는 안 된다. 도덕적, 종교적 관점이 참여의 조건이 되어서는 안될 뿐만 아니라 주장의 수용조건이 되어서는 안 된다. 종교의 자유(양심, 사상, 믿음과 확신의 자유)에서 더 나아가 자신의 정체성에 관계없이 표현할 수 있는 자유(표현의 자유, 자유로운 언론)가 보장되어야 숙의민주주의는 가능해진다(Cohen, 1998).

셋째, 이성(reason)의 조건이 충족되어야한다. 숙의 참가자는 제도와 프로그램을 옹호하거나 비판할 때 동료 시민이 받아들일 수 있는 이유를 제시해야 한다. 이 점에서 숙의민주주의는 엄밀하게 이야기해서 '공적 토의'(public discussion)가 아니라 '공적 변론'(public reasoning)이다. 숙의민주주의는 공적 변론을 통해서 서로간의 이해에 도달하려는 것이다. 숙의민주주의의 목표는 갈등하는 이익간의 타협이 아니라 '합리적인 합의'이다. 숙의민주주의가 협상이나 투표보다 토론을 강조하는 것은 단순히 동료 시민들의 선호를 변화시키려는 것이 아니라, 정보의 비대칭성을 극복하기 위한 정보의 저수지를 만들려는 것이다. 정보를 공유함으로써 시민들은 자신이 가지고 있었던 선호와 충돌하는 선호를 받아들일 수 있는 것이다. 숙의를 통한 합의가 가능하기 위해서는 설득될 수 있는 이유가 제시되어야 할 것이다.

또한 숙의민주주의가 작동하기 위해서는 ① 공동체 구성원 전체가 결정과정에 참여해야하며, ② 여론(public opinion)을 공적 판단(public judgement)으로 대체해야 한다. 공적 판단은 선호의 통계학적 반영인 여론과는 달리 정보를 가진 시민들이 사려깊은 숙의를 통해 도달한 안정적인 합의를 의미한다. 공적 판단은 시민들에게 관련된 정보를 충분히 제공하고, 정책결정자들에게는 시민들의 지지를 얻기 위해 희생해야 하는 것이 무엇인지를 알려준다.

숙의민주주의 하에서 시민들은 숙의를 가능케 하는 제도 내에서 자신들의 행동을 조정할 수 있다는 데 대한 공약(동의)을 공유하고 있어야 한다. 평등한 사람들의 자유로운 숙의가 정당성의 기초이다. 그러나 동시에 그들은 다양한 목적을 갖고 있고, 어떤 특정한 선호, 확신, 이상 등을 반드시 따라야하는 것이라고 믿지는 않는다. 대안에 대한 그들의 고려는 과거의 규범이나 필수조건에 의해 제약받지 않는다.

숙의민주주의가 작동하기 위해서 다음과 같은 요건들이 충족되어야 한다. 첫째, 효과적인 숙의가 이루어지기 위해서 숙의참여자는 필요하고 의미 있는 현실적 지식과 정보를 갖고 있어야 한다. 참여자들은 변덕스러운 상황변화에 대처하기 위해서 정보를 항상 최신의 것으로 갱신해야 할 필요가 있다. 그들은 문제 영역을 잘 알고 있으며 문제의 해결에 즉각적인 이해관계가 있어야 한다. 그들은 현실의 문제점이 무엇이고, 다른 사람들의 사기와 기만을 쉽게 발견할 수 있어야 하며, 과거 결정의 의도하지 않은 결과에 대해서도 소상히 알고 있어야 한다.

둘째, 헌법적 차원에서 숙의에 참가하는 시민들에게 자유롭고 평등한 회원의 지위가 보장되어야 한다. 시민적 숙의에서 시민들의 이성에 의해 지지된 제안은 그 이익을 증진시키는 데 더 실현성 있는 제안을 했을 때에만 부인된다. 따라서 숙의민주주의의 효과적인 참여를 보장하기 위해서 기본적인 교육의 문턱을 보장해주는 요건이 충족되어야 한다. 이성적인 시민들은 이성적으로 의견을 달리할 수 있다.

셋째, 숙의과정에서 시민들은 기본적으로 이익을 공유하고 있어야 한다. 숙의민주주의 하에서 시민들은 단순히 자신의 이익에 근거한 것이 아니라 다른 사람들이 이유가 있다고 인정한다는 근거를 가지고 자신의 제안을 옹호할 수 있다. 따라서 숙의민주주의 하에서 공적 이성이 선호를 형성하기 때문에 정책을 둘러싼 갈등은 감소하고, 자신의 이익을 위해서 전략적으로 자신의 선호를 왜곡해서 전달하는 경향은 줄어들 것이다. 오히려 정보의 풀을 만들고 서로에게 이성적으로 정보를 제공해 주려 할 것이다. 그러므로 숙의민주주의는 더 높은 수준의 '타자에 대한 고려'를 요구한다.

넷째, 숙의민주주의는 다른 사람에게 이유를 제시할 때 다른 사람들에 대한 존중을 전제로 한다. 숙의민주주의에서는 근거 있는 이유에 의해서 제안되고, 또한 근거 있는 이유를 가진 대안에 의해서 역제안이 이루어지기 때문에 다수결이 이루어지더라도 그 다수결은 정당성을 갖는다. 왜냐하면 시민들은 단순히 다수라는 수에 대해 복종하는 것이 아니고, 더 이성적인 대안을 수용하는 것이기 때문이다.

마지막으로, 기존의 대의제 민주주의 기구가 숙의민주주의의 육성을 위한 토대를 제공해야 한다(Cohen and Sabel, 1997). 의회는 자신이 모든 문제를 해결하려 하지 말고 근접한 거리에 사는 시민들이 숙의민주주의를 통해 문제를 해결할 수 있도록 힘을 실어주고 장려해야 한다. 의회가 교육, 환경, 건강, 공동체의 안전과 같은 영역을 숙의민주주의에 개방된 정책영역으로 선언함으로써 숙의민주주의를 촉진할 수 있을 것이다. 의회는 숙의민주주의가 필요한 영역을 어디까지인지를 명시해줄 수 있는 것이다. 행정부는 숙의민주주의를 위한 정보 교환을 촉진하기 위한 하부구조를 제공해야 한다. 다른 숙의 기구들이 동일한 상황에서 어떻게 문제를 해결했다는 정보 등을 제공해 줌으로써 벤치마킹을 통한 지속적인 문제해결 능력을 향상시킬 수 있도록 도와주어야 한다. 헌법재판소는 숙의민주주의가 요구되는 영역의 여부를 가려주는 역할을 담당해야 한다(임혁백, 1999).

3. 숙의민주주의의 유용성과 한계

현 시점에서 왜 숙의민주주의가 필요한가?

첫째, 숙의민주주의는 오늘날 우리 사회가 안고 있는 문제의 해결 능력(problem solving)이 높기 때문이다. 대의제 민주주의는 대의제 기구의 결정이 그대로 정당화된다면 그 결과는 순전히 '흥정 민주주의'(bargaining democracy)로 끝날 가능성이 크다. 숙의과정 없이 대표들의 협상에 의해 정책결정이 이루어지도록 방치한다면 대표들은 개선된 해결책을 제시하거나, 일관성과 효율성에 관한 최소한의 조건도 충족시키려하지도 않은 채 그들 간의 흥정에 의해 정책을 결정하려 할 것이다(Cohen and Sabel, 1997). 그 결과는 단순히 정치세력간의 균형을 반영할 뿐이다.

그러나 민주주의의 목적은 집단적인 문제, 공적인 문제를 해결하는 것일 뿐만 아니라 그 문제해결방식에 대한 정당성을 획득하려는 것이다. 민주주의의 핵심은 공공성(publicness)이다. 숙의민주주의는 공적 담론의 성격을 선호의 집합에서 공동의 문제해결 모색으로 전환시켜준다.

또한 숙의민주주의는 현재 대의제 민주주의가 안고 있는 조정의 딜레마를 극복할 수 있는 장점이 있다. 민주적 공동체 내에서 시민들은 광범위하게 합의한 우선순위와 목적이 있을 것이다. 그러나 이해의 다양성과 상황의 변덕스런 변화는 이러한 합의를 실천으로 옮기는 것을 어렵게 한다. 그러나 숙의민주주의는 의사소통이 가능한 공동체 내에서 정보를 공동 출자하고(pooling information) 토의를 통해서 현지에 맞는 문제해결을 도모할 수 있는 장점이 있다. 숙의의 과정은 건전한 공공정책의 형성에 필수적인 새로운 정보와 시각들을 불러내준다. 또한 상황에 맞추어 현지적 문제해결을 위한 실험을 하고, 이러한 개별 실험들의 성공과 실패로부터 서로 이용하고 배울 수 있는 제도적 장치로서 숙의민주주의의 유용성이 있다.

둘째, 숙의민주주의는 대표들로 하여금 숙의를 통한 시민적 합의에 기초한 결정을 과단성 있게 수행할 수 있는 정당성을 제공하며, 이를 통해 숙의민주주의는 대표와 시민 간의 거리를 좁혀준다. 숙의민주주의 하에서 시민과 대표 간에는 새로운 관계가 정립된다. 숙의민주주의는 시민과 대표 간의 민주적 대화를 촉진하며, 대의제 민주주의와 직접민주주의 간의 중간적 대안을 제시한다.

셋째, 숙의의 과정은 시민들에게 민주주의를 교육하는 민주주의의 학교의 기능을 하며 시민문화(civic culture)를 활성화시킨다. 숙의를 통해 시민들은 민주적 가치와 규범을 내면화할 수 있는 기회를 가진다.

넷째, 숙의민주주의는 자기 자신의 사익보다는 공동선의 발견을 추구하기 때문에 이타주의적인 행동을 장려한다.

반면에 숙의민주주의가 안고 있는 가장 큰 결함은 결정성(decisiveness)의 부족에 있다. 숙의를 통해 자신의 선호를 계속 변화시켜가면서 공동으로 합의할 수 있는 집단적 의사를 형성해 나간다는 숙의민주주의는 공동체의 복지를 극대화해줄 수 있는 독특한 '시민의 의사'가 무엇인지에 관한 확실한 해답을 줄 수 없는 약점이 있다. 바로 이 점 때문에 숙의민주주의는 국가적 차원에서 확고한 국민의 의사를 형성하고 국가정책을 결정하는 데에 적합치 않다. 숙의민주주의가 대의제 민주주의의 결함을 보완해줄 수는 있으나 대의제 민주주의를 대체할 수는 없다는 것이 민주주의 이론가들의 일반적인 견해이다.

둘째, 숙의민주주의는 숙의에 참가하는 시민들이 공적인 문제에 대한 공적인 판단을 통해 공적인 이익을 위해 이성적인 주장을 한다는 전제조건위에 서 있다. 그러나 실제로 숙의의 과정은 숙의에 참가한 발언자의 개인적 선호를 표출시킬 뿐이지, 발언을 듣는 청취자의 선호를 고려한 선호는 표출되지 않는 경향이 있다(Stokes, 1998). 그 결과 숙의민주주의가 목표로 하는 공공 이익이 형성되고 실천되는 것이 아니라 숙의 참가자의 지대추구행위5), 무임승차행위가 일어날 수 있다.

셋째, 평등한 사람들의 자유로운 숙의라는 가정의 비현실성이다. 현실 세계는 부존자원(endowments)이 불평등하게 배분되어 있다. 자원이 불평등하게 배분된 상태 하에서 민주적 숙의는 일어나지 않는다(Gramsci, 1971; Przeworski, 1998). 자원이 불평등하게 배분된 상태 하에서 더 많은 자원을 가진 자들에 의한 이데올로기적 지배현상이 일어날 수 있다. 자원을 많이 가진 자들에 의한 세뇌, 조작, 사상주입이 일어난다면 자원을 적게 가진 자들에게 허위의식이 형성될 것이고, 숙의의 결과는 공적이익의 극대화가 아니라 자원을 많이 가진 강자의 이익의 실현이 될 가능성이 커진다. 재산, 교육, 소득, 지식, 정보가 불평등하게 배분되어 있거나 종족적·인종적 다수와 소수로 분열된 사회에서 숙의는 강자와 다수파의 견해가 지배하게

---

5) 여기서 말하는 지대추구는 시민 또는 시민단체들이 지역이기주의나 직업이기주의 등과 같이 공동체 전체의 희생 위에서 특정 집단의 이기적 이익을 추구하려는 경향을 말한다. 일반적으로 '지대(rent)'란 토지에 대한 임대료를 말한다. 이에 비해 경제학에서 말하는 '경제적 지대(economic rent)'는 토지처럼 공급이 제한되거나 비탄력적이어서 공급이 원활하게 이뤄졌을 때의 가치(기회비용) 이상으로 보유자가 얻는 몫을 의미한다. 지대추구 행위는 미국의 경제학자 앤 크루거가 처음으로 소개했다. 그는 정책적으로 도입된 '수입물량 제한' 등이 이해관계집단에 의해 이용돼 심각한 사회적 낭비를 불러올 수 있음을 보여 줬다.

되고 과잉대표될 가능성이 커진다.

넷째, 평등하고 자유로운 숙의에 대한 공간적·규모적 제약이다. 숙의는 의사소통이 가능한 지리적으로 좁은 지역의 소규모의 시민들 사이에서 이루어진다. 미국 클린턴 의료개혁의 실패에서 보는 바와 같이 복잡한 국가적인 이슈에 관한 정책결정에 숙의민주주의의 적용가능성은 의문시된다. 또한 숙의민주주의는 좁은 지역에 수백 개의 편협한 이익을 추구하는 파벌을 양산할 위험이 있다. 이 파벌은 공공선을 추구하기보다는 파벌적 이익을 추구하기 쉬우며 파벌의 정치는 '정치의 발칸화'(balkanization of politics)를 초래할 위험이 있다.

마지막으로, 숙의민주주의는 합리적이나 편협하고 자기주장이 강한 사람들의 이야기를 특권화하는 경향이 있다(Gambetta, 1998). 목소리 큰 사람이 이긴다면 합리적인 합의는 어렵게 될 것이다. 자연히 목소리가 약한 여성과 소수파의 의견은 한계화될 위험이 있다. 또한 숙의민주주의는 차이를 무시하는 경향이 있다. 기본적으로 동질적인 시민들 간에 공동선의 이해와 수용에 관한 합의가 쉬울 것이다. 그러나 차이를 무시하고 지나치게 공통점을 강조한다면 숙의를 통해 달성된 공적 합의의 포용성이 약할 수밖에 없을 것이다. 미국의 남부에서 기본적으로 동질적인 시민들이 장기간의 숙의를 통해서 내린 인종문제에 관한 결정은 인종분리를 합리적으로 옹호하는 것이었다(임혁백, 1999).

4. 숙의민주주의의 실험 사례

숙의민주주의는 주로 규범적인 차원에서 논의되어 왔으나 몇몇
국가에서 이와 관련한 실험이 이루어졌다.

1) 브라질의 포르투 알레그레시의 '참여적 시민예산'

브라질의 포르투 알레그레(Porto Alegre)시는 인구 130만 명을 가
진 리우 그란데두술주의 주도이다. 남미의 많은 도시와 마찬가지로
이 도시도 과거에는 후견주의적 정당조직(political machine)에 의해
서 예산이 배분되었다. 예산은 공적 필요가 아니라 정당조직을 위한
표 동원의 필요를 충족시키기 위해서 배분되었다. 그러나 1988년 노
동자당(PT)이 주도하는 좌파연합이 포르투 알레그레 시정부를 장악
한 뒤, 1992년과 1996년 선거에서 연속으로 재집권에 성공한 배경
을 이용하여 시민들은 '참여적 예산'을 제안하였다. 즉 이제까지의
돈과 표를 교환하는 후견주의적인 예산 배정을 시주민의 필요에 대
응하는 상향적이고 책임있는 예산으로 개혁하려는 것이었다.

시를 구성하는 16개 구에서 구예산회의가 설립되고 이 회의는 일
년에 두 차례 예산을 위한 모임을 갖는다. 구예산회의는 시집행부,
공무원, 이웃주민협회와 건강클럽과 같은 지역공동체의 대표, 그리
고 이해관계가 있는 시민들로 구성된다. 구예산회의에서 시정부와
지역주민대표들이 공동으로 예산을 조정하는 것이다. 구예산회의는
① 지난해 예산의 집행을 리뷰하고, ② 구의 다음 해 예산지출 우선
순위를 결정하고, ③ 시의 '참여예산평의회'(COP)에 내보낼 대표를

선출한다. 그리고 구예산회의의 하부단위에서 개별 시민, 풀뿌리 운동, 공동체 조직이 조직한 "준비모임"이 구예산회의의 의제의 우선순위에 관해 토의를 벌인다.

시의 '참여예산평의회'(COP)는 시민과 관리로 구성된 상급 예산회의로서 구회의의 결정을 집약한다. 참여예산평의회는 각 구예산회의에서 2명씩 파견한 대표들과 시 전체를 대표하는 5개 분야별 총회에서 2명씩 선출한 대표들, 1인의 지역노동조합 대표, 1인의 이웃 주민협회 대표, 2인의 시정부기관 대표들로 구성된다. 참여예산평의회는 7월에서 9월까지 시 예산을 심의한 뒤, 9월 30일 시장에게 예산을 제출하고 시장은 이 예산을 수용하거나 거부한다. 시장이 예산을 거부할 경우 참여예산평의회는 2/3라는 초다수결에 의해서 이를 뒤집을 수 있다. 포르투 알레그레시의 숙의민주주의적 예산결정 과정에는 연인원 10만 명의 시민들이(전체성인 시민의 8%) 다양한 형태로 예산의 심의에 참가한다.

포르투 알레그레시의 '참여적 시민예산'은 숙의민주주의의 제도디자인의 전형을 보여주고 있다. 첫째, 시민들과 관료들이 평등한 관계에서 시예산의 복잡한 문제를 해결하기 위한 심의를 하며, 둘째, 정부의 기능이 전통적인 의회로부터 새로운 심의 기구로 이전되었으며, 셋째, 보통 시민들이 이러한 공적 정책결정과정에서 지속적으로 참여한다는 것이다.

포르투 알레그레시의 '참여적 시민예산' 실험은 숙의민주주의가 지향하는 목표, 현실적 지식의 활용을 통한 효율성의 증대, 감시와 순환적 학습효과(feedback learning), 결과에서의 형평성의 개선, 지속적인 정치적 참여, 더 능력있는 시민의 육성, 협력에 기초한 연대의 증대 등이 달성될 수 있다는 것을 보여주고 있다.

2) 시카고시의 주민위원회

시카고시의 주민들은 기능적으로 특수한 위원회를 구성하여 숙의민주주의를 실험하고 있다. 1988년 일리노이주의회는 시카고시의 초·중·고등학교 행정을 분권화, 개방화하는 법을 통과시켰다. 시카고시의 교육제도 디자인은 숙의민주주의의 원칙에 기초하고 있다. 560개의 초등학교와 고등학교에 2년 임기의 6명의 학부형, 2명의 공동체 회원, 2명의 교사와 교장으로 구성된 '지방학교위원회'(Local School Council)가 조직되고(고등학교의 경우 1명의 학생대표를 추가), 학교행정을 교장과 중앙교육기관으로부터 이 심의기구로 이전하였다. '지방학교위원회'는 교장의 선임과 해임, 교장의 수행능력 평가보고서 제출, '학교개선계획'(school improvement plans) 작성, 예산승인 등의 권한을 법에 의해서 위임받고 있다. 매년 5,000명의 학부형, 주민대표, 교사들이 학교를 운영하기 위한 대표로 선출되고 있다. 일리노이주의 관리들은 지방학교위원회에서 극소수에 지나지 않는다.

시카고시는 또한 '공동체 경찰'(community policing)제도를 실험하고 있다. 시카고시는 CAPS(Chicago Alternative Policing Strategy)에 의거해서 공공안전 유지의 짐을 경찰청으로부터 수백 개의 경찰과 주민의 공동파트너십으로 이전하였다. 시는 280개의 주민 '순찰소'(beats)를 설치하고 공공 치안과 안전의 문제에 관한 주민의 감시, 참여, 지시를 개방하였다. 한 달에 한번 열리는 지역순찰소모임

(community beats meeting)에서 주민과 경찰들이 숙의를 통해 공공 안전문제에 관한 전략, 실행방안 등을 마련한다.

3) 밀워키의 산업발전을 위한 노동시장형성과 기술훈련

미국 위스콘신주의 전통적 공업도시인 밀워키의 실험은 지방정부의 행정혁신이 아닌 노동자와 경영자 간에 산업개조를 위한 혁신프로젝트이다. 위스컨신 지역 훈련파트너십(Wisconsin Regional Training Partnership: WRTP)은 밀워키지역의 40개 기업과 60,000명 노동자로 구성된 콘소시엄이다. WRTP는 노조, 회사대표, 공공부문(기술대학, 위스콘신 주 노동부 등) 대표들로 구성되고 밀워키지역의 산업 근대화와 기술훈련 제공의 개선을 위한 노동자, 경영자, 지방정부의 파트너십을 도모하고 있다. WRTP는 40개 이상의 노동자교육센터(WEC)를 설립하였고 각 노동자교육센터 내에 구성된 노사위원회가 기술 우선순위, 학급디자인, 학급마케팅, 노동계약재조정(연공서열, 직업분류, 작업규칙 등)을 디자인하고 운영하고 있다. 밀워키의 노동자교육센터 실험은 노동자교육훈련을 주정부 중심의 기술대학에서 분산화된 기업단위의 기술학습센터로 이전시켰고, 과거에 적대적이었던 경영자와 노동자를 협상테이블에 불러 모아 숙의적 방식으로 기술훈련의 문제를 해결하려는 것이었다.

포르토 알레그레, 시카고, 밀워키에서 일어난 세 가지 숙의민주주의 실험으로부터 숙의민주주의의 원칙을 구현할 수 있는 제도디자인의 원칙을 추출할 수 있다. 이 세 실험으로부터 펑과 라이트(Fung and Wright)는 숙의민주주의의 원칙을 구현하기 위한 5가지의 제도

디자인의 원칙을 제시하였다. ① 숙의기구가 구체적인 공적 문제를 다루어야 하고, ② 이 문제들을 이성적인 숙의과정을 통해서 해결하도록 노력해야 하며, ③ 이 숙의는 공적 행위자와 사적 행위자들의 노력의 종합을 통해서 공적영역과 사적영역에 걸쳐서 이루어져야 하며, 따라서 사적 행위자들로 하여금 광범위한 민주적 공중(public)에 책임을 지도록 해야 하고, ④ 이 실험은 과거 적대관계에 있던 다양한 행위자와 집단들을 다시 묶어주어야 하며, ⑤ 기존의 국가기구, 기업기구의 관료들로부터 숙의집단으로 문제해결권을 이전시켜야 하며, 기존의 국가기구와 기업기구는 권력 이전을 승인해야 할 뿐만 아니라, 국가기구를 숙의적이고 참여적인 기구로 변화시켜야한다(Fung and Wright, 1998).

위에서 언급한 세 도시의 숙의민주주의의 실험은 숙의민주주의 제도가 3가지의 목표를 지향해야 한다는 것을 보여주고 있다. 첫째, 효율성의 목표이다. 이 세 실험은 예산, 치안, 교육, 기술훈련에서 가장 필요한 정보를 갖고 있는 개인들에게 권력을 실어주었고, 모든 참여자들이 수평적으로 유익한 정보를 공유할 수 있었으며, 정책결정, 수행, 평가의 피드백의 시간적, 공간적 거리를 줄여주어 조직을 유연하고 가볍게 함으로써 높은 효율성을 실현하였다. 둘째, 형평성의 목표이다. 협상당사자의 힘을 반영하는 흥정, 상위 행위자의 선호가 지배하는 위계적 과정, 돈이 결과를 조정하는 시장, 지지의 동원의 크기에 의해 결정되는 투표와는 달리 이 세 실험은 이성적 숙의에 의해서 결정을 내리는 방식을 취하였다. 그 결과 이성적 토론과정에 공정성의 사고가 투입되었고 그 결과는 돈, 권력, 수 또는 지위에 의해 조정되는 과정보다 더 형평성이 높았다. 마지막으로, 이

세 실험은 보통 시민들로 하여금 지속적이고 의미있는 참여를 증진시켰다.

5. 숙의민주주의의 한국적 필요성과 실현가능성

새천년에도 대의제 민주주의는 여전히 한국 민주주의의 기본적인 틀이 될 것이다. 그러나 대의제 민주주의가 안고 있는 문제점을 해결하기 위해서 효율성, 형평성, 참여의 측면에서 장점을 갖고 있는 숙의민주주의를 시민들간의 의사소통이 가능한 지역공동체, 작업장에 도입한다면 한국 민주주의의 질적 개선을 이룩할 수 있을 것이다 (임혁백, 1999).

1) 필요성

첫째, 1987년의 민주화로 한국인들은 대표를 자신의 손으로 선출하여 정부를 구성하였으나, 선출된 대표들은 여전히 주인인 시민에 대해 책임을 지고 시민들의 요구에 응답하지 않고 있다. 여전히 대표의 책임성과 응답성은 낮은 수준에 머물러 있는 것이 한국 민주주의의 현실이다. 대표와 시민들 간의 거리를 줄이고, 시민과 대표들 간의 주인과 대리인의 문제를 해결하기 위한 대의제 민주주의 제도 (정당, 의회, 선거)의 개혁이 추진되고 있으나 개혁은 아직 지지부진한 상태에 머물러 있다.

따라서 대의제 민주주의 제도 개혁과 병행하여 숙의민주주의라는 새로운 민주주의의 도입이 필요해진다. 숙의민주주의는 시민들이 선거를 통해 선출된 대표에게 공적 문제해결을 위임하지 않고 스스로 공적 문제에 대한 숙의를 통해 해결하려는 방식이다. 그런데 숙의민주주의는 의사소통이 가능한 소규모의 공동체에서 가능하다. 과거 중앙집권적인 국가를 유지하고 있었을 때에는 자율적인 의사소통의 영역은 거의 존재하지 않았다. 그러나 지방자치가 실시되고 권력이 분권화되면서 숙의민주주의가 가능한 영역이 확대되고 있다.

둘째, 현재 진행되고 있는 세계화는 영토국가의 통제력을 약화시키면서 중앙정부의 문제해결 능력과 범위가 약화되고 있다. 따라서 '대표의 실패'를 해결한다고 하더라도 시민의 대리인인 정부가 시민들의 복지의 극대화를 위해 해줄 수 있는 능력과 범위가 제한될 수밖에 없다. 그렇다고 해서 변덕스러운 시장에 우리의 운명을 맡길 수도 없는 노릇이다. 여기에 의사소통이 가능한 지역공동체, 작업장 공동체 내에서 시민들이 숙의 과정에 참여를 통해서 개인적으로 해결할 수 없는 공적 문제(환경, 작업안전, 치안, 지역경제발전, 교육, 직업훈련, 의료 등)를 효율적으로, 공정하게, 그리고 합의를 통해서 처리할 수 있는 숙의민주주의적 대안의 유용성이 있다.

2) 실현가능성

숙의민주주의를 도입해야 할 필요성은 증가하고 있으나 숙의민주주의의 실현가능성은 의문시되는 것이 새천년을 앞둔 한국의 현실이다. 첫째, 숙의를 할 수 있는 시민의 능력의 문제이다. 한국 민주주의가 안고 있는 문제점은 비단 '대표의 실패'뿐 아니라 '시민의 실패'이기도 하다. 민주화의 결실로 지방자치가 실시되고 있으나 아직도 한국인들은 주민자치에 익숙하지 않다. 한국인들은 문제해결에 실패할 때마다 국가를 원망하고 대표들에게 책임을 전가하는 경향이 있으며 자신의 문제를 스스로 해결하려는 모습을 보여주지 못하고 있다. 숙의를 하기 위해서는 시민들은 충분한 정보를 가져야할 뿐만 아니라, 정보에 기초하여 자신의 주장을 이성적으로 제시할 수 있는 토론과 숙의 능력이 있어야 한다. 그러나 여전히 한국 시민들은 공적인 문제에 관해서 충분한 정보를 갖고 있지 않으며 여전히 정부가 공적인 정보의 대다수를 독점하고 있다. 작업장이나 산업에서도 고용주와 노동자 간에 정보의 공유는 이루어지고 있지 않다.

둘째, 한국 민주주의에서 토론문화가 여전히 정착되고 있지 않다. 여전히 토론은 목소리 큰 사람이 이기는 방향으로 진행되고 있으며 공적인 문제에 대한 이성적인 숙의는 이루어지고 있지 않다. 토론문화가 정착되기 위해서는 상대방을 존중하고 모든 문제가 폭력적 수단이 아니라 평화적인 대화와 토론을 통해서 해결되어야 한다는 '에티켓 사회'(etiquette society)가 형성되어야 한다. 그런데 우리 사회는 기본적으로 남이 나와 다를 수 있다는 차이를 인정하고 수용하려는 다원주의적 가치가 형성되어 있지 않다. 에티켓 사회, 관용의 문화, 차이를 인정하고 수용하는 정치가 정착되어 있지 않은 사회에서 대화, 토론, 숙의를 통해 공적 문제에 관한 합의를 이루어내려는 심의민주주의의 토양은 척박할 수밖에 없다.

이러한 숙의민주주의의 한국적 실현가능성에 대한 우울한 현실에 한 가지 서광을 비쳐주는 것은 정보통신혁명이 가져다 줄 긍정적인 효과이다. 한국은 지구촌에서 가장 빠른 속도로 정보화가 진행되고 있는 지역이다. 그런데 정보화 혁명의 결과로 나타날 쌍방향의 텔레

커뮤니케이션은 민주적 과정에 대한 시민적 참여를 증대시킬 것으로 기대된다. 전송혁명(teledemocracy)은 시민들 간의 의사소통에 대한 시간적·공간적 제약을 해결해줌으로써 시민들을 연결시켜주고, 시민들로 하여금 대표에 대해 책임을 지도록 강요할 수 있는 수단을 제공해 준다. 대표들은 전자매체를 통해 시민들의 요구를 청취하고 그들의 정책에 대한 여론의 향방을 바로 파악할 수 있다. 전자매체를 통해 시민들은 이제까지 접근할 수 없었던 정보를 얻을 수 있고, 전자매체가 제공하는 토론장을 통해 공적 토론에 참여할 수 있게 될 것이고, 정책결정자들과 직접적인 의사소통이 가능하게 될 것이다. 전송민주주의론자들은 정보화를 이끄는 전자매체의 확산이 새로운 공공담론의 장을 열어주고 있다고 주장한다. 전송혁명으로 고대 그리스의 폴리스, 토크빌이 감탄했던 미국의 뉴잉글랜드 타운과 같은 소규모의 공동체에서 이루어졌던 참여민주주의가 한국에서도 재현될 것으로 기대되고 있다.

그러나 전송민주주의가 바로 숙의민주주의의 실현으로 연결되지 않을 것이라는 비판에도 귀를 기울여야 한다. 전송투표는 합리적인 대화와 토론을 거치지 않는 국민투표제적(plebiscitary) 민주주의의 한계를 지닌다. 전송민주주의 하에서 전자시민들은 원자화되고 고립화된 시민일 뿐이다. 그들 간의 대화와 토론은 너무 기술적이고, 지엽적이며, 특수한 이슈에 관한 것이 많아서 폭넓은 공적 토론은 사실상 어렵다(London, 1995). 전송혁명 시대의 전자정보는 의사소통이 없는 일방적 정보이며, 탈사회화된 정보이고, 분산화된 사회활동(쇼핑, 미팅, 스포츠, 문화, 교육활동 등)에 관한 정보가 대부분이다. 전송혁명이 숙의민주주의를 조성하는 공공영역을 확대시켜 주지 않을 가능성도 크다. 공공영역은 시민적 덕성, 공공이익, 공공여론을 논의하는 토론장이다. 그러나 전자매체가 제공하는 토론장은 비대화적 (non-dialogical)이고 비숙의적(non-deliberative)이다. 정보의 흐름은 쌍방적이 아니라 일방적이고, 토론의 내용은 너무 유동적이고 무정형적이어서 사회적 문제에 대한 인식의 공유나 공동의 정치적 프로젝트를 이끌어 내지 못할 가능성이 클지 모른다(Ake, 1997).

제2장

한국의 숙의민주주의 실험: 신고리 5 · 6호기 공론화 과정

시민참여단 구성

최근 우리나라에서 신고리 원자력발전소 5·6호기의 건설재개 문제를 놓고 여야가 첨예하게 대립했다. 이에 문재인 대통령은 시민들로 신고리공론화위원회를 구성하고, 신고리공론화위원회에서 나온 의견을 반영하겠다고 밝혔고, 그렇게 해서 대표로 선정된 시민참여단 471명이 한 달간 치열한 숙의과정을 거쳐 신고리 원자력발전소 5·6호기는 건설재개 하되, 친환경 에너지로 국가 에너지산업이 변화해야 한다는 의견을 남겼다.(건설재개에 대한 찬성의견 59.5%, 중단의견 40.5%)

문재인 대통령은 이에 대해 "숙의 민주주의를 통해 우리 사회의 민주주의를 더욱 성장시키면서 사회적 갈등사항의 해결 모델로 만들어 갈 것"이라며 "이번 공론화 과정은 원전 정책의 주인도 국민임을 분명하게 보여줬다"고 밝혔다. 또한 앞으로 주요한 쟁점에 공론화위원회를 조직할 생각이라고 밝혔다. 이는 신고리 원자력발전소 5·6호기 건설재개와 같이 국가적인 결정을 앞두고서 여야와 국론이 찬반으로 팽팽하게 갈릴 때 공론화위원회를 조직한다는 뜻이다.

공론화위원회를 민주주의 관점에서 살펴본다면, 숙의민주주의

(熟議民主主義)라고 할 수 있다. 숙의민주주의는 심의민주주의 (deliberative democracy)라고도 불리며, 숙의가 의사결정의 중심이 되는 민주주의를 뜻한다. 즉, 합리적 의사결정과 다수결 원리의 요소를 포함하며 정치권의 독단적 결정을 막을 수 있고, 국민 공론으로 정치적 의사결정이 가능하다는 점에서 직접민주주의의 전 단계라고 볼 수 있다. 이에 박원호 서울대 교수는 숙의민주주의를 "대의제와 직접민주주의 중간쯤에 놓인 미지의 영역"이라고 밝혔다.

신고리 원자력발전소 5·6호기 건설재개 문제의 공론화 과정을 살펴보면 다음과 같다.[6]

신고리 5·6호기 공론화위원회는 제2차 정기회의(2017. 7. 27.)에서 심도 있는 논의와 국내·외 사례[7]를 참고하여 국민의 대표성을 확보할 수 있도록 시민참여형조사에 참여하게 될 시민참여단 선정 방식과 규모를 확정했다.

시민참여단은 국민 대표성을 확보하는 것이 매우 중요하므로 층화 추출을 위한 이중추출법(double sampling for stratification)을 사용했으며, 구체적인 선정 방식과 규모는 다음과 같다. 대한민국 국적의 만 19세 이상 국민들을 지역(16개 시도)·성·연령으로 3차원 층화(160개 층)한 후, 비례배분한 20,000명을 층화 무작위추출하여 1차 표본을 구성하고, 1차 표본(20,000명)을 건설 재개/중단/판단유보·성·연령으로 3차원 층화(30개 층)한 뒤, 비례배분한 500명을 층화 무작위추출하는 방식이다.

---

6) 신고리 5·6호기 공론화위원회, 『신고리 5·6호기 공론화「시민참여형조사」보고서』, 2017.

7) 미국 412명(넥스트 캘리포니아,'11.6월), 일본 286명(에너지 환경의 선택에 관한 공론조사, '12.8월), 국내 173명(사용후 핵연료, '15.3월) 등이다.

숙의 프로그램 진행

1. 숙의의 기본방향

숙의(熟議)는 '깊이 생각하며 충분히 논의하는 것'을 의미하는데 공론조사의 핵심적인 과정이다. 시민들에게 충분한 정보를 제공하고 깊이 생각하고 충분히 논의할 수 있도록 하는 것이 숙의 프로그램이 갖는 중요한 기능이다. 이에 따라, 이번 공론화에서는 숙의의 기본 방향을 다음 네가지로 설정하였다.

첫째, 시민참여단에게 집중적인 숙의 기회를 부여하여 제한된 숙의기간 동안 공론화 의제와 토론쟁점을 정확히 쉽게 이해할 수 있도록 다양한 숙의 정보·자료를 집중적으로 제공하고, 오프라인 참여 부담을 최소화하며 온라인 숙의 참여를 활성화한다.

둘째, 시민참여단에게 공론화 의제에 대해서 쟁점별로 자유롭게 의견을 나눌 수 있도록 소그룹으로 분임조를 구성하여 서로 간에 의견을 공유하고 충분히 생각할 수 있는 기회를 제공한다.

셋째, 이해관계자의 참여와 다양한 주장을 숙의과정에 반영하고

자 토론의제, 설문구성 등 이해관계자의 최대 관심사를 숙의과정에 균형 있게 종합적으로 반영한다.

넷째, 시민참여단 뿐만 아니라 전 국민을 대상으로 숙의 분위기를 조성한다는 취지에서 신고리 5・6호기 건설 재개/중단에 대해 전 국민이 관심을 갖고 함께 고민해보는 기회를 마련하고 이를 시민참여단과 공유할 수 있도록 한다.

2. 숙의 프로그램 주요내용

이번 공론화의 숙의기간은 시민참여단이 확정된 2017년 9월 13일부터 최종조사가 이루어진 2017년 10월 15일까지 총 33일이었다. 숙의 프로그램은 시민참여단을 직접 대상으로 하는 기본 프로그램과 일반 국민과도 공유할 수 있는 보강 프로그램으로 진행하였다.

<표 2-1> 프로그램 주요 내용

기본 프로그램	보강 프로그램
시민참여단을 직접 대상	일반 국민 숙의와 병행 추진
○ 오리엔테이션 ○ 숙의 자료집 ○ 이러닝 및 시민참여단 전용Q&A ○ 시민참여단 종합토론회	○ 지역순회 공개토론회 ○ TV 토론회 ○ 미래세대 토론회

1) 기본 프로그램

시민참여단에게 제공되는 숙의 기본 프로그램은 오리엔테이션(1일), 숙의 자료집, 2박3일 종합토론회, 이러닝(e-learning), 온라인 Q&A

등이며 각각의 프로그램별 세부내용은 다음과 같다.

(가) 오리엔테이션

오리엔테이션의 목적은 공론화에 익숙하지 않은 우리나라 현실에서 시민참여단에게 공론화의 의미와 취지를 공유하고, 시민참여단의 역할과 향후 숙의과정에 대한 안내를 통해 적극적인 참여를 유도하고, 보다 효과적인 방법으로 숙의과정을 진행하기 위함이었다.

시민참여단 500명을 대상으로 한 오리엔테이션은 2017년 9월 16일 진행되었으며, 이 행사에는 시민참여단 478명(95.6%)이 참석하여 예상보다 참석률이 높아 시민참여단의 지대한 관심사를 확인할 수 있었다.

주요 프로그램은 2차 조사, 공론화와 시민참여단의 역할을 소개하고, 건설 재개/중단 측의 입장 발표와 질의응답 시간으로 구성되었다.

(나) 숙의 자료집

시민참여단에 제공될 숙의자료집은 자료집에 포함될 의제 선정에 있어서 절차적 타당성을 확보하는 것이 중요하며, 서로 납득 가능한 내용과 주장을 담아내는 것이 건설 중단/재개 양측이 첨예하게 대립하는 가운데 무엇보다 중요한 과제였다.

이러한 원칙에 따라 자료집은 총 네 장으로 목차를 구성하였는데, 1장 신고리 5·6호기 공론화 개요 및 2장 원자력발전에 대한 이해 부분은 공론화위원회에서 작성하고, 3장 및 4장은 건설 중단/재개측에서 직접 작성하였다. 자료집은 공정성을 위하여 전체 부수를 절반씩 나누어 3장과 4장의 순서를 달리하여 제작하였다.

자료의 객관성 및 공정성 확보 차원에서 양측에서 각각의 주장에 대한 자료집 초안을 작성 후 양측이 상호 교차 검토를 하고, 전문가 자료검증을 실시한 후 최종적으로 공론화위원회에서 검수하였다.

전문가 자료검증은 양측의 합의에 따라 자료집에 인용된 데이터와 자료 출처에 국한하였고, 검증분야는 원자력 안전, 환경, 경제, 대체에너지, 지질 분야이다. 양측 당사자에게 전문가 검토의견을 반영하도록 요청을 했고, 양측이 수용하지 않은 경우에는 최종적으로 전문가 의견을 각주로 표기하였다.

건설 중단/재개 양측에서 최종적으로 합의된 자료집은 시민참여단에게 우편으로 발송되어 배포되었으며, 홈페이지에도 게재하여 일반에게도 공개하였다.

(다) 이러닝(e-learning) 및 시민참여단 전용 Q&A

시민참여단을 위한 전용 이러닝 시스템은 신고리 5·6호기 공론화의 핵심 쟁점에 대한 재개/중단측의 주장을 동영상 강의 자료로 제공하여 시민참여단의 이해를 제고하고, 시민참여단과 재개/중단측 전문가간 쌍방향 의사소통이 가능한 플랫폼을 제공하여 시민참여단의 의문사항을 실시간 해소하기 위해 제공되었다.

이러한 이러닝 시스템은 시민참여단만이 접속하여 이용할 수 있는 기능으로서 데스크탑 PC, 태블릿, 모바일폰 등 환경에서도 이용 가능한 것으로서 2017년 9월 21일 정식 오픈하였다.

이러닝 시스템에 탑재될 동영상 자료의 강의내용은 숙의 자료집을 토대로 양측이 직접 작성하였다. 동영상 자료검증은 재개/중단측의 합의에 따라 양측의 교차검증 없이 각자가 주장하는 내용이 아니라 인용된 자료의 데이터와 출처에 대해서 전문가 검증을 실시하고 이를 위원회가 검토하였다.

동영상 내용은 총 6강으로 구성되어 있으며, 제1강은 「공론화에 대한 이해」, 제2강은 「신고리 5·6호기를 포함한 원전은 안전한가?」, 제3강은 「전력공급 및 전기요금에 어떤 영향을 주나요?」, 제4강은 「국가산업에는 어떤 영향을 주나요?」, 제5강은 「우리나라의 에너지정책 전망은 어떤가요?」, 제6강은 「종합의견」으로 총 11개의 강의 동영상이 2017년 9월 21일부터 10월 7일까지 순차적으로 게시되었다.

이러닝 동영상 강의에 대한 시민참여단의 질문에 대하여 전문가가 직접 답변할 수 있도록 이러닝 시스템에 Q&A방을 설치 운영하였으며, 건설 재개/중단 측 전문가가 시민참여단의 질문사항을 주기적으로 확인하고 답변을 게시하였다. 이 외에도 이러닝 수강이 어려웠던 일부 시민참여단에게는 종합토론회 기간 동안 수강할 수 있는 기회를 제공하였다.

(라) 시민참여단 종합토론회(2017. 10. 13.~10. 15.)

시민참여단의 마지막 숙의과정인 종합토론회는 신고리5·6호기와 관련한 쟁점에 대해 시민참여단의 이해를 돕고 최종 숙의과정을 통해 시민참여단 개개인이 합리적인 판단과 의견을 가질 수 있도록 프로그램을 구성하였다.

이에 따라 종합토론회 구성은 총론토의(중단 및 재개이유), 쟁점토의1(안전성/환경성), 쟁점토의2(전력수급 등 경제성), 종합토의(최종선택과 사회적 수용성) 등 4개의 세션을 기본으로 운영하되, 시민참여단의 질문을 최대한 수용하기 위해 <보충/질의응답>시간을 추가로 반영하였다.

1~3세션은 양측의 발표, 분임토의, 질의응답으로 구성하였다. 4세션은 최종발표와 분임토의로 이루어졌고, 분임토의에서는 최종 결과가 도출된 경우 사회적 수용성을 높일 수 있는 방안에 대해서 토의가 이루어졌다.

또한, 시민참여단이 숙의과정에서 필요한 신고리 5·6호기 공사현장 실태, 그리고 미래세대 및 주변지역의 의견을 이해하는데 정보를 줄 수 있도록 <시민참여단에게 보내는 영상메세지>를 제작·상영하였다.

종합토론회의 핵심인 분임토의는 시민참여단이 상호 존중의 원칙에 따라 자율적이고 주도적으로 참여하여 숙의과정을 통해 알게 된 쟁점에 대해 서로의 의견을 공유하고, 전문가 질문을 도출하여 보다 합리적인 의사결정을 하도록 구성하였다.

시민참여단의 숙의와 구성원 상호학습을 돕기 위해 9~10명을 한 분임으로 구성하고 분임별 모더레이터를 참여시켜 분임토의를 운영하였고, 분임별 모더레이터는 중립성을 유지하고 시민참여단의 토의를 지원하도록 두 차례에 걸쳐 특별 교육을 실시하였다. 위원회에서는 토의 진행자인 모더레이터(moderator)의 중립성과 전문성이 중요하다고 여겨, 변호사를 비롯한 각계각층 갈등관리 전문가 53명으로 구성하여 원활한 시민참여단의 토의 시간이 되도록 운영하였다.

각 토의 세션은 각 측의 발표, 분임토의, 발표자와 질의응답으로 구성하고, 발표와 질의응답은 시민참여단의 이해를 높이기 위한 정보제공에 초점을 두도록 하여 발표자 중심의 발표와 응답이 아니라 시민참여단의 질의에 맞춰 답변하도록 하였다.

발표는 정보제공을 목적으로 중단 및 재개 각기 총론(25분), 쟁점 1·2(15분), 종합(10분)을 배정하였고, 분임토의는 양측 전문가 발표를 어떻게 이해했는지 시민참여단들 간 이해를 서로 나누고, 또 관련하여 각각의 생각과 의견을 나누면서 상호학습하고, 더 깊이 이해할 수 있도록 전문가의 정보제공을 위한 질문을 도출하는 것을 목적으로 하였다.

종합토론회는 시민참여단 471명, 모더레이터 53명 등이 참석한 가운데 2017년 10월 13일(금)부터 10월 15일(일)까지 2박 3일간 열렸다.

오리엔테이션에 참석했던 시민참여단 478명 중 7명이 건강상의 이유로 불참한 가운데 471명(98.5%)이 참석하여 2박 3일간 숙박을 하면서 신고리 5·6호기 건설 재개/중단과 관련된 쟁점에 대해 집중적인 학습을 하였다. 특히, 종합토론회 마지막 날인 15일에는 이번 공론화조사를 마무리하는 시민참여단의 최종 조사가 실시되었다.

종합토론회에서는 개·폐회식을 비롯해 2번의 조사와 4번의 토의가 실시되었고, 오리엔테이션과 달리 다양한 프로그램 제공보다는 토의 중심으로 개최하여 시민참여단에게 건설 재개 및 중단에 대한 정보를 최대한 제공하였다.

특히, 시민참여단의 발표 청취, 분임 토의, 질의·응답에 참여하는 시간이 이동시간을 제외하더라도 675분으로 11시간에 달하는 등 시민참여단에게 집중적인 숙의를 제공하였다.

그 밖에 신고리 5·6호기 건설현장과 미래세대 청소년들의 의견 청취, 울산 지역주민들의 의견을 담은 동영상을 상영하였다.

2) 보강 프로그램

공론화위원회가 시민참여단을 위한 숙의프로그램 못지않게 중요하게 생각한 것은 대국민 숙의를 위한 보강프로그램이었다. 시민참여단이 국민을 대표하여 중대한 결정을 내리지만 전 국민이 공론화 과정에서 논의되는 주요 사안들을 올바로 이해하고, 그 결과를 최대한 수용할 수 있도록 하기 위해 위원회는 다양한 대국민 숙의 프로그램을 진행하였다.

(가) 지역순회 공개토론회

<표 2-2> 지역순회 공개토론회 개최 현황

일자	장소	토론회 주요 내용
8월 1일	서울	사회적 수용성을 갖는 신고리 5·6호기 공론화, 어떻게 추진할 것인가?
9월 7일	광주	지역적 관점에서 에너지 정책 어떻게 볼 것인가?
9월 13일	대전	안전성 관점에서의 신고리 5·6호기 건설 중단/재개 문제
9월 18일	부산	신고리 5·6호기 어떻게 할 것인가?
9월 26일	서울	신고리 5·6호기 건설관련 에너지정책의 전망·안전성·경제성 등의 쟁점
9월 28일	수원	우리의 선택이 가져올 변화
10월 11일	울산	지역사회와 원자력에너지

공론화위원회에서는 전국 지역별 토론의 장을 마련하는 『지역순회 공개토론회』를 기획하여 추진하였다. 이는 각 지역별로 국민들이 토론회에 참여하여 자신들의 의견을 제시할 수 있도록 하고 그들의 의견을 수렴하기 위한 것이었다.

신고리 5·6호기 공론화위원회의 주최 하에 한국갈등학회, 한국 지방자치학회 같은 유수한 학회의 주관으로 수도권, 부산·울산, 호남, 충청지역 등에서 모두 7차례의 토론회가 개최되었다.

토론회는 신고리 5·6호기 건설 재개/중단 여부를 주제로 재개와 중단을 주장하는 양측의 발제와 관련 주제에 대한 토론, 그리고 청중과의 질의응답 순으로 진행되었고, 사회와 좌장은 주관기관인 학회 또는 제3자가 맡아 진행함으로써 토론의 객관성을 최대한 확보하고자 했다. 특히, 발제자와 토론자는 건설재개와 중단 양측의 대표단으로부터 추천을 받는 방식으로 추진하였다.

(나) TV 토론회

<표 2-3> TV 토론회 개최 현황

일자	장소	토론회 주요 내용
8월 27일	울산MBC	신고리 5·6호기 찬반토론회
9월 27일	SBS	신고리 5·6호기 건설이냐? 중단이냐?
10월 5일	YTN	안전성
10월 6일	YTN	전력공급, 전기요금 영향, 에너지 정책
10월 7일	YTN	국가산업, 지역주민 및 관련업체 영향

공론화위원회는 지역순회 토론회와 별개로 지역적 한계를 극복하고, 이번 공론화에 대한 전 국민적 관심을 제고하기 위해 TV 토론회도 기획하여 추진하였다. 2017년 8월 27일 방영된 찬반토론회는 현 쟁점의 중심지이며 첨예한 이해관계자들이 대립하고 있는 울산지역 방송사(울산MBC) 주관으로 개최되었다. 이후 2017년 9월 27일에는 생방송으로 SBS TV토론회를 진행했다. 그리고 YTN 특별기획 '신고리 5·6호기 토론'은 추석 연휴 기간인 2017년 10월 5일부터 10월 7일까지 연속 3일간 방영되었다.

그 외 공론화위원회가 기획하여 추진한 토론회와는 별도로 각 방송사에서도 신고리 5·6호기, 탈원전 정책 등에 대해 많은 관심을 갖고 TV토론회를 기획하여 방영하였다.

JTBC는 2017년 7월 28일 '탈원전, 득인가 실인가?'를 주제로 밤샘토론을, KBS는 2017년 7월 30일 '과연 신고리 5·6호기의 운명은 어떻게 결정해야 할 것인가?'라는 주제로 생방송 일요토론을, MBC는 2017년 8월 29일 '원전의 운명은?'을 주제로 100분 토론을, 그리고 채널A는 추석특집 긴급진단으로 '탈원전 해법은?'이라는 주제로 다수의 TV토론회를 개최하여 방영했다.

(다) 미래세대 토론회

'미래세대 토론회'는 추석 연휴 첫날인 2017년 9월 30일 세종문화회관 아띠홀에서 서울 시내 20개 고등학교 106명의 학생이 참석한 가운데 개최되었다. 이희진 숙의분과위원장의 공론화에 대한 설명으로 시작된 이날의 토론회에서는 건설중단 측과 건설재개 측에서 각각 25분씩 발제를 한 후에 45분간 학생들의 질문을 받았다. 이어서 70분간 분임토의가 이루어 졌는데, 분임 구성은 10명~11명으로 10개조를 구성하여 운영하였다. 또 참석 학생 중에 1명씩 10명을 사전에 선발하여 2시간 모더레이터 교육을 실시해 이들의 주관으로 분임조를 운영하도록 했다. 토론회에서 학생들은 양측의 발표에 대해 앞다퉈 질문을 했고, 분임토의에서도 양측에 대해 다양한 의견을 쏟아냈다.[8]

---

8) 신고리 5·6호기 공론화위원회, 『신고리 5·6호기 공론화 「시민참여형조사」 보고서』, 2017.

대국민 소통

1. 현장방문 및 이해관계자 간담회

공론화위원회는 2017년 8월 28일 울산시 울주군 소재 신고리 5·6호기 건설현장을 직접 방문하였다. 현장방문은 한국원자력산업회의, 한국원자력학회 등 건설재개 측 요구로 이루어졌으며, 공론화위원장은 "현장에서 직접 확인한 내용을 토대로 공론화 절차를 진행하겠다"는 입장을 밝혔다. 같은 날 오후에는 건설 재개 측과 중단 측 지역관계자들과의 간담회를 계획하였으나, 건설 중단 측 지역관계자들과의 간담회는 가질 수 있었지만 건설 재개 측 지역관계자들과의 간담회는 성사되지 못했다. 그러나 건설 현장 방문과정에서 현장에 있던 관계들과 대화를 나누며 그들의 요구를 직접 들을 수 있었다. 또한 9월 18일에는 부산지역 탈핵시민연대와 함께 부산지역 주민과의 간담회를 열어 의견수렴의 기회를 가졌다.

2. 국내외 언론 홍보

1) 언론대상 설명

공론화위원회는 일반 국민들에게는 다소 생소한 '공론조사' 방식의 신고리 5·6호기 공론화 과정에 대한 궁금증을 해소하고, 시민참여형조사에 적극적인 참여를 독려하기 위해 공식적인 브리핑 외에 수시로 방송·신문 인터뷰를 하였다. 수차례의 인터뷰를 통해 공론화를 추진하게 된 배경과 의미, 공론화의 진행 경과 및 주요 일정을 소개하였고, 공론화와 관련한 주요 쟁점을 알렸다.

공론화위원회 위원장은 YTN, KBS 등과 같은 뉴스 프로그램에 직접 출연하여 신고리 5·6호기 공론화의 진행과 조사 설계 과정에 대해 설명했고, 특히 유무선 전화를 통해 이루어진 1차 조사 기간(2017.8.25.~9.9.)에는 조사에 대한 국민들의 적극적인 호응을 당부하기도 했다.

1차 조사를 마친 후 공론화위원회는 국민들께 시민참여단의 구성, 역할, 향후 공론화 일정에 관해 자세히 설명하고, 시민참여단의 숙의 과정에 대한 위원회의 공정한 관리의지를 표명하는 기회를 가졌다. 또한 위원회를 둘러싼 오해를 풀 수 있도록 진솔하게 위원회의 역할과 입장을 설명하였다.

또한 2017년 9월 29일에는 한국프레스센터 외신지원센터에서 상주 외신기자 간담회를 개최했다. AP, WSJ, NHK, 아사히신문 등 주요 외신기자들이 참석한 이 간담회를 통해 국내뿐만 아니라 해외에도 이번 공론화의 의미와 진행사항 등을 알렸다.

이와 같이 공론화위원장을 비롯한 위원들은 이번 공론화 과정을 국내외에 신속하고 투명하게 전달하기 위해 다각적인 방법으로 국민들과 국내외의 언론을 상대로 소통했다. 이는 이번 공론화에 대한 궁금증을 해소하면서 국민들과 해외에 잘못 알려진 부분들을 바로잡고, 이 사안에 대한 궁금증을 해소하면서 공론화를 성공적으로 매듭짓기 위함이었다.

2) 취재 지원

공론화위원회는 공론화 과정의 투명성을 확보하기 위해 매주 정기회의 직후 회의결과를 국내외 언론을 대상으로 브리핑하여 공론화의 진행 과정을 공개하였다. 언론의 취재 열기가 뜨거웠던 시민참여단 오리엔테이션 및 종합토론회에 대한 취재는 숙의과정에 방해받지 않는 범위내에서 최대한 편의를 제공하였다.

3) 라디오 광고

KBS-1R, MBC-FM 등 청취율이 높은 라디오 프로그램을 대상으로 공론화위원장의 음성 녹음을 송출하여 1차 조사가 실시됨을 알리고 국민들의 참여를 호소하였다.

4) 포털 사이트 광고

(가) 1차 광고(2017. 8. 21.~9. 3.)

공론화 과정 및 정보에 대한 국민의 접근성을 강화하고 공론화 참여 협조를 이끌어 내기 위해 주요 포털사이트인 '네이버', '다음' 메인화면에 배너 광고를 실시하였다. 배너를 클릭하면 홈페이지 상의 시민참여단 참가 안내 페이지로 연결되어 공론화 과정에 참여할 수 있는 자세한 정보를 제공하였다.

(나) 2차 광고(2017. 10. 2.~10. 15.)

공론화위원회가 제시할 최종 권고안에 대한 전 국민적 공감대 형성과 수용 문화 조성을 위해 2차 온라인 광고를 통해 위원회가 견지하는 중립성, 공정성의 원칙, 공론화 과정이 갖는 의미를 전달하였다.

이러한 홍보를 통해 공론화위원회는 이해 관계자들의 첨예한 의견 대립이 있는 신고리 5·6호기 공론화 진행 과정에서 몇 차례의 고비가 있었으나 양측의 대승적 타협을 통해 절충점들을 찾아가며 정상적으로 진행 중에 있음을 알리고, 478명의 시민참여단이 구성된 것과 이들의 숙의과정을 간단히 소개하였다. 또한 시민참여단 뿐만 아니라 전 국민적인 공론형성을 위해 지역 순회토론회, TV토론회 등을 여러 차례 개최하고 이와 관련된 모든 자료를 홈페이지에도 공개하고 있음을 알리며 일반 국민들의 관심과 동참을 호소하였다. 무엇보다 공론화위원회는 홍보를 통해 공론화 과정에 직·간접적으로 참여하는 모든 주체들도 공론화를 품위 있게 완수할 사회적 책임이 있다는 점, 공론화가 성패를 가르는 승부의 장이 아니라 통합과 상생의 길로 나아가는 화합의 장이라는 점을 강조하였다.

(다) 전광판 광고

신고리 5·6호기 공론화에 대한 국민 인식 제고 및 공론조사 참여 협조를 위해 전국 210여기 전광판 광고를 2017년 9월과 10월에 걸쳐 추진하였다.

(라) 온라인 소통 창구 개설·운영

공론화위원회는 활동 내용과 공론화 과정을 투명하게 공개하기 위하여 2017년 8월 10일 공식 홈페이지(www.sgr56.go.kr)를 개설했다. 홈페이지를 통해 중립적이고 객관적인 공론화 과정을 보여줌과 동시에 국민의 목소리를 실시간으로 경청하고자 했다. 홈페이지는 위원회 활동 기간 동안 운영되며 크게 「위원회 소개」, 「왜 공론화인가」, 「공론화 참여방」으로 구성되었다.

한편, 홈페이지에 이어 2017년 8월 28일에는 페이스북(singori56)을 추가 개설하여 TV 토론회와 종합토론회 일부를 실시간으로 중계하고 각종 자료를 제공함으로써 국민들이 각별히 관심을 갖는 사항에 대한 정보를 쉽게 접근할 수 있도록 하였다.[9]

---

9) 신고리 5·6호기 공론화위원회, 『신고리 5·6호기 공론화 「시민참여형조사」보고서』, 2017.

조사 설계 및 진행(1~4차)

1. 1차 조사 개요

1차 조사의 목적은 전체 국민의 신고리 5・6호기 건설에 대한 의견을 지역, 성별, 연령대별로 구분해 파악하는 동시에 시민참여단 참여 의향을 확인하는 데 주요 목적이 있었으며, 이외에 국민 대표성을 확보하기 위한 기초 데이터 활용의 목적이 있었다. 1차 조사 결과는 시민참여단 선정을 위한 자료뿐만 아니라 최종 4차 조사자료 통계분석을 위한 기초 자료로도 활용되었다.

1차 조사 문항은 건설 재개/중단/유보에 대한 의견과 원자력발전 정책방향에 대한 의견을 포함해 오리엔테이션 및 2박3일 종합토론회 참석 가능 여부 등에 대한 질문으로 구성되었다. 1차 조사 문항들은 시민참여단 구성 과정에서 대표성 제고를 위해 적용한 층화확률추출의 층화기준도 염두에 둔 것이다.

공론화위원회는 2017년 8월 28일부터 9월 9일까지 16일간 1차 조사를 진행했으며, 1차 조사 응답자 20,006명 중 시민참여단에 참가 의향이 있는 5,981명을 대상으로 무작위추출을 통해 최종적으로 시민참여단 500명을 2017년 9월 13일 선정 완료하였다.

2. 1차 조사 현황

1차 조사는 우리나라 만 19세 이상 국민들을 지역(16개 시도[10]), 성별, 연령대(19세를 포함한 20대, 30대, 40대, 50대, 60대 이상) 범주를 기준으로 160개 층을 구성한 후, 층별 주민등록인구수를 기준으로 20,000명을 비례배분해 각 층에서 무작위로 표본을 추출하였다.

2017년 8월 28일부터 9월 9일까지 16일간 1차 조사를 진행하였으며, 총 90,570개의 전화번호를 사용하여 20,006명을 조사하였다. 휴대전화와 집전화를 구분하면, 휴대전화의 경우 가상번호(안심번호라고 부르기도 함) 77,076개를 사용하여 17,430명에 대한 조사를 완료하였으며, 집전화의 경우 RDD방법으로 추출된 13,494개의 전화번호를 사용하여 2,576명에 대한 조사를 완료하였다.

1차 조사 접촉성공률과 응답률을 휴대전화와 집전호로 구분해 보면 <표 2-4>와 같다. 접촉성공률은 휴대전화 47.4%, 집전화 51.6% 이었고, 응답률은 휴대전화 50.2%, 집전화 49.9%로 국내외 어떤 전화조사 보다 접촉성공률이나 응답률이 높은 양질의 조사가 이루어졌다는 것을 알 수 있다. 여기서 접촉성공률은 사용된 전체 전화회선 중 접촉에 성공한 비율을 나타내고, 응답률은 전화통화에 성공한 경우 중 응답이 완료된 비율을 나타낸다.

---

10) 세종은 충남에 포함.

<표 2-4> 1차 전화조사 접촉성공률 및 응답률

	응답성공	접촉 성공률	응답률(협조율)	응답거절	접촉	접촉실패
휴대전화	17,430	47.4%	50.2%	17,325	34,755	39,960
집전화	2,576	51.6%	49.9%	2,588	5,164	5,257
합계	20,006	47.9%	50.1%	19,913	39,919	45,217

　　1차 조사에서 신고리 5·6호기 건설 재개와 중단, 판단유보 비율
은 각각 36.6%, 27.6%, 35.8%인 것으로 조사되었으며, 1차 조사에
서 신고리 5·6호기 건설 재개/중단/유보 비율을 성별, 연령대, 지역
별로 구분해 살펴보면 <표 2-5>와 같다.

<표 2-5> 건설 재개 및 중단에 대한 의견(1차 조사)

(단위 : %)

	건설 재개	건설 중단	판단 유보
전체	36.6	27.6	35.8
남자	47.8	25.8	26.4
여자	25.6	29.3	45.1
20대(19세 포함)	17.9	28.9	53.3
30대	19.5	41.9	38.6
40대	28.0	39.8	32.2
50대	49.2	22.3	28.5
60대 이상	59.3	10.4	30.3
서 울	36.3	27.6	36.1
부 산	37.0	35.0	28.0
대 구	45.9	20.3	33.8
인 천	36.2	26.8	37.0
광 주	22.5	36.1	41.4
대 전	37.4	25.6	37.0
울 산	41.9	32.6	25.5
경 기	35.6	28.7	35.8
강 원	40.7	20.5	38.9
충 북	37.6	25.6	36.8
세종·충남	33.9	26.5	39.6
전 북	25.3	34.0	40.7
전 남	28.7	28.0	43.4
경 북	49.2	17.8	33.0
경 남	39.9	25.2	34.9
제 주	30.4	33.3	36.2

3. 시민참여단 구성

　1차 전화조사 응답자 20,006명 중에서 시민참여단 참가 의향이 있다고 밝힌 응답자는 5,981명이었지만, 이 중 전화번호 오류, 의향 번복, 연락 거부 등을 제외한 실제로 시민참여단 구성 대상이 된 참가의향자는 5,047명이었으며, 1차 조사에서의 신고리 5·6호기 건설에 대한 의견(건설재개, 건설중단, 판단유보), 성별, 연령대를 기준으로 30개 층을 구성한 후 각 층에 비례배분한 후 시민참여단 500명을 체계적 추출(systematic sampling)하였다.

　최종 시민참여단 구성 과정에서 참가의향을 밝힌 사람 중 일부는 참가 의향을 번복하는 경우가 있었으며 이런 경우 동일한 층의 유사한 속성을 갖는 참가 의향자로 대체하였다. 아울러 지역 변수는 시민참여단을 추출하는 과정에서 층화기준으로 사용하지는 않았지만 각 층에서 시민참여단을 체계적 추출하는 과정에서 정렬 변수로 사용함으로써 내재적 층화를 통해 지역적으로 균형을 이룰 수 있도록 하였다.

　참고로 시민참여단 후보군 5,407명의 성·연령대별 구성비율과 지역별 분포를 살펴보면 각각 <표 2-6> 및 <표 2-7>과 같다.

<표 2-6> 시민참여단 참가의향자의 성·연령대 분포

(단위 : 명(%))

성 ＼ 연령대	20대 (+19세)	30대	40대	50대	60대 이상	계
남 자	437 (8.7)	528 (10.5)	628 (12.4)	685 (13.6)	759 (15.0)	3,037 (60.2)
여 자	349 (6.9)	326 (6.4)	392 (7.8)	454 (9.0)	489 (9.7)	2,010 (39.8)
계	786 (15.6)	854 (16.9)	1,020 (20.2)	1,139 (22.6)	1,248 (24.7)	5,047 (100.0)

<표 2-7> 시민참여단 참가의향자의 지역 분포

지 역	빈도(명)	비율(%)	지역	빈도(명)	비율(%)
서 울	1,011	20.0	강 원	134	2.7
부 산	375	7.4	충 북	128	2.5
대 구	240	4.8	세종+충남	221	4.4
인 천	285	5.7	전 북	207	4.1
광 주	150	3.0	전 남	189	3.7
대 전	149	3.0	경 북	259	5.1
울 산	113	2.2	경 남	337	6.7
경 기	1,182	23.4	제 주	67	1.3

4. 2차~4차 조사

공론화위원회는 숙의 과정 전·후 비교(숙의 효과, 시민참여단의 의견 변화 추이 등), 최종 결과 등을 도출하기 위해 1차 조사를 통해 선정된 시민참여단을 대상으로 2차~4차에 걸쳐 설문조사를 하였다. 시민참여단 500명을 대상으로 한 오리엔테이션(2017. 9. 16.)에는 참석한 478명을 대상으로 2차 조사를 실시하였고, 2박3일 종합토론회(2017. 10. 13.~10. 15.)의 첫째 날에 3차 조사를, 마지막 날에 4차 조사를 실시하였다.

2차~4차 설문조사는 향후 최종 결과에 지대한 영향을 미친다는 상황의 엄중성을 고려하고, 아울러 조사의 공정성과 설문문항의 완성도를 높이기 위해, 조사 관련 분야 전문가 2명을 자문위원으로 위촉하고 4차례에 걸친 회의 및 심도 있는 논의를 통해 2차~4차 조사 설문지를 개발하였다. 모든 설문지는 권고안 작성과 함께 최종 결과 보고서에 담길 다양한 관점에서의 심도 있는 분석을 염두에 두고 작성되었다. 그 결과, 3차례에 걸친 설문조사에는 쟁점 가치 판단(건설 재개/중단 결정 중요 요소), 신고리 및 원전 관련 지식수준 등 공통적으로 조사한 항목도 있고, 인구 사회 특성, 공론화 과정 평가 등 각 차수에만 해당하는 조사 항목도 있었다.

2차 조사는 숙의 전 시민참여단 인식수준 확인, 숙의 전·후 비교 등을 목적으로 오리엔테이션에 참석한 시민참여단을 대상으로 진행되었다. 조사 항목은 쟁점 가치 판단, 정보 관심도 및 정보원의 신뢰도를 묻는 3개 문항과 신고리 및 원전 관련 지식수준 파악을 위한 8개 문항 등 총 11개 문항으로 구성되었다.

3차 조사는 자료집, e-learning 등에 대한 학습 효과 확인, 시민참여단 개개인의 특성 등을 파악하기 위한 목적으로 2박3일 종합토론회 1일차(2017. 10. 13.)에 진행되었다. 조사 항목은 건설 재개/중단 의견, 원자력 발전 정책, 반대 주장에 대한 공감 정도 등을 묻는 9개 문항(세부 항목 2개 포함)과 신고리 및 원전 관련 지식수준 파악을 위한 8개 문항, 학력, 직업 등 기본 통계 활용을 위한 6개 항목 등 총 23개 문항으로 구성되었다.

4차 조사는 최종 결과, 공론화 과정에 대한 전반적인 평가 등을 위한 목적으로 2박3일 종합토론회 3일차(2017. 10. 15.)에 진행되었다. 조사 항목은 건설 재개/중단 의견, 건설 재개/중단 후속조치 우선순위, 최종 결과가 본인 의견과 다를 때 존중 정도 등 14개 문항 (세부 항목 4개 포함)과 신고리 및 원전 관련 지식수준 파악을 위한 8개 문항, 정치적 태도와 공론화 과정에 대한 평가 7개 문항(세부 항목 1개 포함) 등 총 29개 항목으로 구성되었다.[11]

---

11) 신고리 5·6호기 공론화위원회, 『신고리 5·6호기 공론화「시민참여형조사」보고서』, 2017.

시민참여형 조사
분석결과

1. 조사개요

시민참여형 조사는 전체 국민을 대표하도록 확률추출된 시민들을 대상으로 1차 조사를 실시하고 그 중 일부를 시민참여단으로 다시 확률추출(이중추출법)하여 2차 조사를 실시한 후, 숙의과정을 거쳐 3·4차 조사를 실시하는 방식으로 진행되었다.

1차 조사에서는 대한민국 국적의 만 19세 이상 국민들을 지역(16개 광역자치시도, 세종은 충남에 포함)·성·연령대(19세를 포함한 20대, 30대, 40대, 50대, 60대 이상)를 기준으로 층화(총 160개 층)한 후, 각 층에서 무작위 추출하였다. 1차 조사에서는 건설 재개 및 중단에 대한 의견과 오리엔테이션 및 2박3일 종합토론회 참석 가능 여부 등을 질문하였다.

1차 조사 응답자 20,006명 중 시민참여단에 참가 의향이 있는 5,981명을 대상으로 신고리 5·6호기 건설에 대한 의견(건설 재개, 건설 중단, 판단 유보)·성·연령으로 층화(총 30개 층)한 후, 500명을 각 층에 비례배분하여 체계적 추출하는 방식으로 시민참여단을 선정했다. 오리엔테이션(2017. 9. 16.)에 참석한 478명을 대상으로 2차 조사를 실시했고 2박3일 종합토론회(2017. 10. 13.~10. 15.) 첫째 날에 3차 조사를, 그리고 마지막 날에 4차 조사를 실시했다.

아래에서는 신고리 5·6호기 건설 재개 및 중단에 대한 의견, 원자력발전 정책 방향에 대한 의견 그리고 숙의과정에 대한 평가 등에 대해 살펴본다. 이를 위해 주로 4차 조사 결과를 중심으로 하되, 경우에 따라 1차, 2차, 3차 조사 결과를 사용하여 응답의 추이도 추적한다.

2. 건설 재개 및 중단에 대한 의견

1) 건설 재개 및 중단에 대한 종합 의견

4차 조사에서 신고리 5·6호기 건설 재개 및 중단에 대한 의견은 문항 1과 문항 7에서 두 번 물어보았다. 문항 1에서는 응답범주로 재개, 중단과 함께 '아직은 판단하기 어렵다'와 '잘 모르겠다'가 주어졌다. 문항 7에서는 오직 재개와 중단만 선택문항으로 제시되었다.

시민참여단이 모든 것을 종합해서 재개와 중단 양측 의견 중 하나를 선택한 결과(문항 7), 건설 재개가 59.5%이고 건설 중단이 40.5%로 19.0%p 차이가 났다. 95% 신뢰수준에서 표본추출오차가 ±3.6%p임을 감안할 때, 이 차이는 통계적으로 유의미하다. 재개와 중단 그리고 유보를 포함한 질문(문항 1)을 보면, 건설 재개가 57.2%, 건설 중단이 39.4%, 판단 유보가 3.3%였다. 문항 1에서 판단 유보를 선택한 시민참여단은 문 7에서 각각 2.2%, 1.1%가 재개와 중단으로 응답했다. 판단 유보를 포함한 의견과 종합적인 판단에서 건설 재개와 중단을 서로 다르게 응답한 시민참여단은 없었다. 결국 유보의 포함 여부와 상관없이 시민참여단 중 과반수가 신고리 5·6호기 건설은 재개되어야 한다고 응답한 것이다.

건설 재개 및 중단에 대한 응답을 성별, 연령별, 권역별로 나눠보았다. 먼저 성별에 따른 차이를 보면 남자 66.3%, 여자 52.7%가 건설 재개를 선택했다. 남성과 여성 모두 과반이 건설 재개를 지지했다. 연령별로 보면 20대는 56.8%, 30대는 52.3%, 40대는 45.3%, 50대는 60.5%, 60대 이상은 77.5%가 건설 재개에 응답했다. 60대 이상 노년

<표 2-8> 건설 재개 및 중단에 대한 의견(4차 조사)

(단위 : %)

구분	건설 재개 및 중단에 대한 의견		판단 유보를 포함한 건설 재개 및 중단에 대한 의견		
	건설 재개	건설 중단	건설 재개	건설 중단	판단 유보
전체	59.5	40.5	57.2	39.4	3.3
남자	66.3	33.7	62.7	32.6	4.7
여자	52.7	47.3	51.9	46.1	2.0
20대	56.8	43.2	53.1	41.7	5.2
30대	52.3	47.7	47.0	44.9	8.1
40대	45.3	54.7	42.0	54.7	3.3
50대	60.5	39.5	60.5	38.8	0.8
60대 이상	77.5	22.5	77.5	21.7	0.8
서울	57.4	42.6	52.8	41.5	5.7
인천·경기	58.6	41.4	58.6	40.8	0.7
대전·충청	65.8	34.2	65.8	34.2	0.0
광주·전라·제주	45.1	54.9	41.1	52.8	6.1
대구·강원·경북	68.7	31.3	66.7	31.3	2.0
부산·울산·경남	64.7	35.3	61.2	32.2	6.6

층의 건설 재개 동의 경향은 눈에 띄게 높았다. 동시에 20대와 30대
도 50% 이상이 신고리 5·6호기를 완공해야 한다고 응답하였다. 권
역별로 살펴보면 수도권은 건설 재개와 중단에 대해 전국 평균과 매
우 유사한 경향을 보여 주었다. 호남지역 시민참여단은 건설 중단을,
충청지역과 영남지역 시민참여단은 건설 재개를 더 많이 지지한 것
으로 나타났다.

2) 건설 재개 및 중단에 대한 의견 추이

재개, 중단, 유보를 포함한 문항 1은 4차 조사와 함께 1차와 3차
조사에도 들어있는데, 이 세 번의 조사 응답을 이용하여 의견의 추
이를 추적해 보았다. 먼저 전체 1차 조사 응답자 20,006명의 결과를
보고, 시민참여단의 1차, 3차, 4차 결과를 살펴보았고, 마지막으로 4
차에서 유보를 제외한 문항 7의 응답을 추가했다.

1차 조사에 참여한 모든 응답자들을 보면 건설 재개가 36.6%, 건
설 중단이 27.6%, 판단 유보가 35.8%였다. 재개와 중단은 9.0%p
차이가 났다. 판단 유보의 높은 비율은 많은 사람들이 건설 재개와
중단 두 가지 의견 사이에서 고심하고 있음을 의미한다. 시민참여단
은 성별 및 연령과 함께 전체 1차 응답자들의 의견을 기준으로 층화
추출하였고, 층화추출에 따른 추정식을 사용했기 때문에 이들의 건
설 여부 관련 의견 분포는 20,006명과 동일하다.

자료집 및 이러닝을 학습한 시민참여단을 대상으로 2박3일 종합
토론회 첫날 실시한 3차 조사에서는 건설 재개가 44.7%, 건설 중단
이 30.7%, 판단 유보가 24.6%였다. 1차 조사에 비해 판단 유보가

11.2%p 감소한 반면 건설 재개가 8.1%p, 건설 중단이 3.1%p 증가했다. 그 결과 재개와 중단의 차이는 14.0%p로 더 커졌다.

마지막 날 실시한 4차 조사에서 판단 유보를 포함하여 질문한 결과, 건설 재개가 57.2%, 건설 중단이 39.4%, 판단 유보가 3.3%였다. 판단 유보는 1차 조사와 3차 조사에 비해 각각 32.5%p, 21.3%p 감소하였다. 2박 3일 동안 진행된 종합토론회를 통해 유보의 비율이 현저하게 줄어들었다는 점을 알 수 있다. 한편 1차 조사와 3차 조사 대비 건설 재개는 각각 20.6%p, 12.5%p 증가했고 건설 중단은 11.8%p, 8.7%p 증가했다. 판단 유보 없이 종합적으로 고려하여 판단한 문항에서는 건설 재개가 59.5%, 건설 중단이 40.5%로, 이는 1차, 3차, 4차 조사 대비 건설 재개의 경우 각각 22.9%p, 14.8%p, 2.3%p 증가했고 건설 중단의 경우는 12.9%p, 9.8%p, 1.1%p가 증가한 것이다.

<표 2-9> 건설 재개 및 중단에 대한 의견 추이

(단위 : %)

		건설 재개	건설 중단	판단 유보
1차(20,006명)		36.6	27.6	35.8
시민 참여단	1차	36.6	27.6	35.8
	3차	44.7	30.7	24.6
	4차	57.2	39.4	3.3
	최종	59.5	40.5	

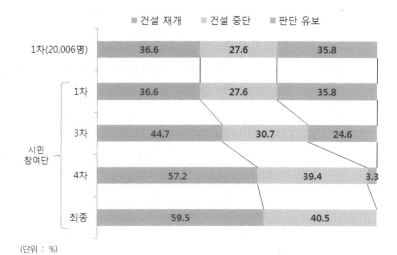

<그림 2-1> 건설 재개 및 중단에 대한 의견 추이

3) 건설 재개 및 중단에 대한 의견 연령별 추이

앞에서 살펴본 신고리 5·6호기 건설 재개 및 중단에 대한 시민 참여단의 의견 추이를 연령별로 나눠서 살펴보았다. 연령대는 20대, 30대, 40대, 50대, 60대 이상으로 범주화했다.

60대 이상은 1차 조사에서 과반수가 건설 재개를 지지하였다. 그리고 1차에서 3차 사이와 3차에서 4차 사이에서 각각 10%p 정도가 더 재개에 동의한 것으로 나타났다. 50대 역시 1차 조사에서 절반에 가깝게 건설 재개를 선택하였다. 그리고 자료집과 온라인 학습을 거치면서 역시 10%p 정도가 더 재개 쪽으로 기운 것이다.

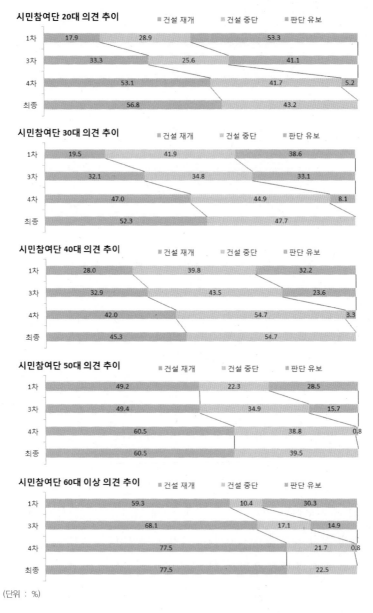

시민참여단 20대 의견 추이   ■건설 재개   ■건설 중단   ■판단 유보

1차	17.9	28.9	53.3
3차	33.3	25.6	41.1
4차	53.1	41.7	5.2
최종	56.8	43.2	

시민참여단 30대 의견 추이   ■건설 재개   ■건설 중단   ■판단 유보

1차	19.5	41.9	38.6
3차	32.1	34.8	33.1
4차	47.0	44.9	8.1
최종	52.3	47.7	

시민참여단 40대 의견 추이   ■건설 재개   ■건설 중단   ■판단 유보

1차	28.0	39.8	32.2
3차	32.9	43.5	23.6
4차	42.0	54.7	3.3
최종	45.3	54.7	

시민참여단 50대 의견 추이   ■건설 재개   ■건설 중단   ■판단 유보

1차	49.2	22.3	28.5
3차	49.4	34.9	15.7
4차	60.5	38.8	0.8
최종	60.5	39.5	

시민참여단 60대 이상 의견 추이   ■건설 재개   ■건설 중단   ■판단 유보

1차	59.3	10.4	30.3
3차	68.1	17.1	14.9
4차	77.5	21.7	0.8
최종	77.5	22.5	

(단위 : %)

<그림 2-2> 건설 재개 및 중단에 대한 연령별 의견 추이

반면 20대와 30대는 모두 1차 조사에서 건설 재개를 지지한 비율이 20%가 채 되지 않았다. 반면 판단 유보의 비율은 20대와 30대가 각각 53.3%와 38.6%로 매우 높았다. 그렇지만 두 세대는 모두 1차에서 3차로, 그리고 3차에서 4차로 가면서 건설 재개에 동의하는 비율이 10%p 이상 증가하는 양상을 보였다. 그래서 마지막 4차 조사에서 20대와 30대의 과반수가 건설 재개를 선택한 것은 이 때문이라고 볼 수 있다.

4) 건설 재개 및 중단에 대한 시민참여단 의견 변화

이번에는 유보가 포함되어 있는 1차 조사 문항과 유보가 제외된 4차 조사 문항을 비교하여 시민참여단의 의견 유지 및 변화 양상을 살펴본다.

시민참여단 중 1차와 4차 조사에서 재개 또는 중단 의견을 고수한 비율은 34.4%와 22.3%였다. 총 56.7%가 1차와 4차 사이에서 의견을 유지한 셈이다. 중단에서 재개로 그리고 재개에서 중단으로 견해를 바꾼 비율은 5.3%와 2.2%였다. 전체 중 오직 7.5%만이 건설 여부에 대한 의견을 변경했다. 반면 1차에서 유보였던 35.8% 중 19.7%는 재개로, 그리고 16.1%는 중단으로 응답한 것으로 드러났다.

(단위 : %)

		4차 조사		
		건설 재개	건설 중단	계
1차 조사	건설 재개	34.4	2.2	36.6
	건설 중단	5.3	22.3	27.6
	판단 유보	19.7	16.1	35.8
	계	59.5	40.5	100.0

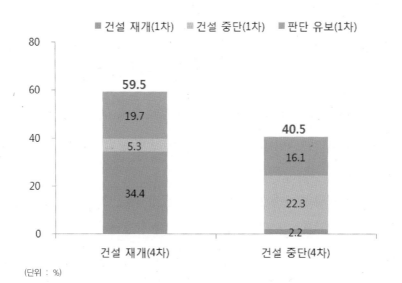

(단위 : %)

<그림 2-3> 건설 재개 및 중단에 대한 시민참여단 의견 변화

3. 건설 재개 및 중단 선택 이유

1) 건설 재개 및 중단 선택 시 고려 요인

시민참여단은 양측에서 제공한 자료집, 동영상 등을 통해 학습하고 2박3일 종합토론회에서 분임토의를 통해 숙의하여 최종의견을 제시했

다. 시민참여단이 건설 재개 또는 중단에 대한 의견을 낼 때 안전성 측면, 안정적 에너지 공급 측면, 전력공급 경제성 측면, 지역 및 국가 산업 측면, 전기요금 측면, 환경성 측면이 각각 얼마나 중요한지에 대해 응답했다. 응답범주로는 '전혀 중요하지 않다'에서 '매우 중요하다'까지 7점 척도를 사용하였다. 이 문항은 2차, 3차, 4차 조사에 포함되어있다.

먼저 4차 조사에서 최종 의견을 결정할 때 각 요인들을 얼마나 중요하게 생각하는지를 살펴본 결과, 안전성 측면(98.3%, 평균 6.7), 환경성 측면(96.3%, 평균 6.3), 안정적 에너지 공급 측면(93.7%, 평균 6.3) 순으로 나타났다. 건설 재개를 지지하는 시민참여단은 안정적 에너지 공급 측면과 안전성 측면을, 그리고 건설 중단을 지지하는 시민참여단은 안전성 측면과 환경성 측면을 가장 중요하게 생각했다.

<표 2-11> 최종 판단의 결정 요인(4차 조사)

내 용		중요함(%)	중요하지 않음(%)	중요도(7점 척도)
1) 안전성 측면		98.3	0.6	6.7
	건설 재개	97.9	1.1	6.6
	건설 중단	98.9	0.0	6.8
2) 안정적 에너지 공급 측면		93.7	1.2	6.3
	건설 재개	99.0	0.3	6.6
	건설 중단	86.0	2.6	5.9
3) 전력공급 경제성 측면		89.0	3.2	6.0
	건설 재개	96.7	1.8	6.4
	건설 중단	77.6	5.3	5.4
4) 지역 및 국가 산업 측면		89.7	3.6	5.9
	건설 재개	94.4	1.5	6.2
	건설 중단	82.8	6.5	5.6
5) 전기요금 측면		82.7	4.4	5.7
	건설 재개	90.6	1.9	6.0
	건설 중단	71.0	8.0	5.2
6) 환경성 측면		96.3	1.2	6.3
	건설 재개	95.4	2.1	6.2
	건설 중단	97.7	0.0	6.4

2) 건설 재개 및 중단 선택 시 고려 요인 추이

건설 재개 및 중단을 선택하며 가장 중요하게 고려한 요인 추이를
보면 2차, 3차, 4차 조사 간에 큰 차이는 없었다. 건설 재개 및 중단
에 대한 의견은 많은 변화를 보이지만 의견 형성에 중요한 요인들은
상대적으로 큰 변화를 보이지 않았다. 시민참여단은 전체적으로 볼
때 언제나 안전성 측면을 가장 중요한 고려사항으로 여겼다. 2차, 3
차, 4차에 걸쳐 안전성 측면은 평균 6.7점으로 가장 높았다. 그 다음
이 안정적 에너지 공급 측면으로 평균 6.3점이었다. 건설 재개 동의
시민참여단에게는 안정적 에너지 공급 측면과 지역 및 국가 산업 측
면이 미세하게나마 중요성이 증가하고 있다. 반면 건설 중단 동의
시민참여단은 뚜렷하게 안전성 측면을 중시하는 것으로 나타났다.

<표 2-12> 최종 판단의 결정 요인 추이(7점 척도)

판단 요인	전체			건설 재개			건설 중단		
	2차	3차	4차	2차	3차	4차	2차	3차	4차
1) 안전성 측면	6.7	6.7	6.7	6.6	6.6	6.6	6.8	6.8	6.8
2) 안정적 에너지공급 측면	6.3	6.3	6.3	6.5	6.6	6.6	6.0	5.8	5.9
3) 전력공급 경제성 측면	6.0	5.9	6.0	6.3	6.3	6.4	5.5	5.3	5.4
4) 지역 및 국가 산업 측면	5.7	5.7	5.9	6.0	6.0	6.1	5.4	5.2	5.6
5) 전기요금 측면	5.6	5.6	5.7	6.0	6.0	6.0	5.1	5.1	5.2
6) 환경성 측면	6.4	6.3	6.3	6.2	6.2	6.2	6.5	6.5	6.4

4. 건설재개결정 이후 필요한 조치사항

시민참여단의 최종 의견을 분석한 결과, 신고리 5 · 6호기 건설 재
개를 지지하는 비율이 건설 중단보다 더 높았다. 최종적으로 건설을

재개한다 하더라도 사회적 갈등을 봉합하고 통합과 상생의 길로 나아가기 위해서 필요한 보완 조치에 대해 알아보았다. 4차 조사에서는 시민참여단에게 건설이 재개될 경우 필요한 조치에 대해 물었다. 응답범주는 '원전의 안전기준을 더 강화해야 한다,' '정부는 탈원전 정책을 유지해야 한다,' '사용후 핵연료 해결방안을 가급적 빨리 마련해야 한다,' '신재생에너지 비중을 높이기 위한 투자를 확대해야 한다' 등이다. 응답자들에게는 이 네 가지 중 1순위와 2순위를 선택하도록 했다. 그러나 여기서는 순위를 무시하고 분석한 결과, 시민참여단은 건설을 재개할 경우의 필요한 조치에 대해서는 원전의 안전기준 강화를 가장 많이 선택했다. 그 다음이 신재생에너지 투자 확대와 사용후 핵연료 해결방안 마련이었다. 시민참여단 중 건설 중단 지지자들 사이에서도 원전의 안전기준 강화를 가장 많이 선택했다.

<표 2-13> 건설을 재개한 후 취해야 조치사항

(단위 : %)

	안전기준 더 강화	탈원전 정책 유지	사용후 핵연료 해결방안 마련	신재생에너지 투자 확대
전 체	33.1	13.3	25.4	27.6
건설 재개	38.0	7.3	28.9	25.4
건설 중단	25.7	22.2	20.0	31.1

시민참여단에게 개방형 문항에 위 응답범주 외에 다른 의견을 자유롭게 쓸 수 있도록 했다. 그 결과를 보면, 원전 주변 지역주민들의 안전·보상 등의 대책 마련이 필요하다는 의견(총 59명, 건설 중단 지지 시민참여단 32명), 원전 비리 척결 및 관리에 대한 투명성을

강화해야 한다는 의견(총 74명, 건설 중단지지 시민참여단 31명)이 있었다. 특히 건설을 재개해야 한다는 의견을 가진 시민참여단에게서도 원전의 투명성 강화가 필요하다는 의견이 많았다는 점(43명 응답)은 주목할 만하다.

5. 원자력발전 정책 방향에 대한 의견

1) 원자력발전 정책 방향에 대한 선호 의견

시민참여단에게 신고리 5·6호기 건설과 함께 우리나라 원자력발전 정책의 방향에 대한 선호 의견을 물었다. 4차 조사에서 얻은 결과를 보면 원자력발전 축소가 53.2%, 원자력발전 유지가 35.5%, 원자력발전 확대가 9.7%였다. 신고리 5·6호기에 대해서는 건설을 재개해야 한다는 의견이 다수를 이뤘는데도 불구하고 원자력발전은 장기적으로 축소해야 한다는 의견이 가장 많았다.

원자력발전 정책 방향 선호 의견을 성별, 연령별, 권역별, 건설 재개 및 중단 의견별로 나눠 살펴보았다. 여성과 남성은 원자력발전 정책 방향에 대해서 큰 차이가 없었다. 그러나 연령별 차이는 매우 뚜렷했다. 60대 이상은 축소가 29.2%, 유지가 49.3%인데 비해, 30대는 축소가 69.9%, 유지가 22.2%이며, 20대는 축소가 55.5%, 유지가 41.3%였다. 권역별로 보면 인천 및 경기 지역 시민참여단이 축소 61.6%로 가장 탈원전 성향을 보였다. 마지막으로 건설 재개 및 중단에 따른 차이를 살펴보면, 건설 재개지지 시민참여단은 축소가 32.2%, 유지가 50.7%, 확대가 16.3%였다. 건설 중단지지 시민참여단은 축소가 **84.0%**, 유지가 **13.2%**였고, 확대로 응답한 시민참여단은 없었다.

<표 2-14> 원자력발전 정책 방향에 대한 선호 의견(4차 조사)

(단위 : %)

	원자력발전 축소	원자력발전 유지	원자력발전 확대	잘 모름
전체	53.2	35.5	9.7	1.6
남자	52.0	36.1	10.0	1.9
여자	54.4	35.0	9.4	1.3
20대	55.5	41.3	3.1	0.0
30대	69.9	22.2	6.5	1.4
40대	65.8	26.6	6.3	1.2
50대	53.1	34.3	11.7	0.9
60대 이상	29.2	49.3	17.8	3.7
서울	53.0	38.7	6.3	2.0
인천·경기	61.6	28.6	8.4	1.4
대전·충청	49.2	42.0	8.8	0.0
광주·전라·제주	42.2	44.4	7.5	5.9
대구·강원·경북	47.8	37.0	15.3	0.0
부산·울산·경남	53.1	30.8	16.1	0.0

<표 2-15> 건설 재개 및 중단 의견에 따른 원전 정책 선호 의견(4차 조사)

(단위 : %)

	원전 축소	원전 유지	원전 확대	잘 모르겠음
계	53.2	35.5	9.7	1.6
건설 재개	32.2	50.7	16.3	0.7
건설 중단	84.0	13.2	0.0	2.8

2) 원자력발전 정책 방향에 대한 의견 추이

앞서 보았던 원자력발전 정책 방향 문항은 1차, 3차, 4차 조사에 모두 들어있다. 이 세 조사를 토대로 원자력발전에 대한 시민참여단의 의견 추이를 살펴보았다.

원자력발전 축소는 1차에서 3차에서는 45.6%에서 45.9%로 그 차이가 미비했으나, 4차에서는 53.2%로 7.3%p 늘어났다. 반면 원자력발전 유지는 1차, 3차, 4차가 각각 32.8%, 37.2%, 35.5%로 뚜렷한 변화 패턴을 찾기 어려웠다. 원자력발전 확대를 원하는 비율은 1차, 3차, 4차에서 14.0%, 13.3%, 9.7%로 서서히 하락하는 모습을 보였다. 신고리 5·6호기에 대해서는 1차 조사에서 4차 조사로 갈수록 건설을 재개해야 한다는 의견이 증가하였는데 원자력발전은 갈수록 장기적으로 축소해야 한다는 의견이 가장 많이 늘어났다.

<표 2-16> 원자력발전 정책 방향에 대한 선호 의견 추이

(단위 : %)

		원자력발전 축소	원자력발전 유지	원자력발전 확대	잘 모르겠음
1차(20,006명)		39.2	31.1	12.9	16.8
시민 참여단	1차	45.6	32.8	14	7.5
	3차	45.9	37.2	13.3	3.6
	4차	53.2	35.5	9.7	1.6

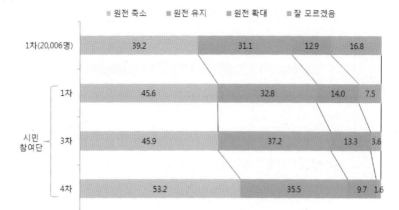

(단위 : %)

<그림 2-4> 원자력발전 정책 방향에 대한 선호 의견 추이

<표 2-17> 건설 재개 및 중단에 따른 원전 정책 방향에 대한 선호 의견 추이

(단위 : %)

		원전 축소	원전 유지	원전 확대	잘 모르겠음
건설 재개	1차	25.1	45.5	20.5	9.0
	3차	23.0	51.7	21.7	3.5
	4차	32.2	50.7	16.3	0.7
건설 중단	1차	75.7	14.3	4.6	5.4
	3차	79.5	16.0	0.9	3.6
	4차	84.0	13.2		2.8

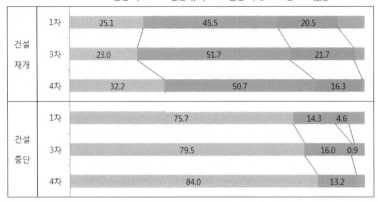

(단위 : %)

<그림 2-5> 재개/중단에 따른 원자력발전 정책 방향에 대한 선호의견 추이

6. 공론화 과정에 대한 평가

1) 최종결과에 대한 존중 정도

시민참여단에게 4차 조사에서 건설 재개 또는 중단에 대한 최종 결과가 본인 의견과 다를 경우 얼마나 존중할지에 대해 응답하였다. 이 질문의 응답을 분석해 본 결과, 시민참여단은 최종결과가 본인 의견과 다를 경우에도 대부분이 존중하겠다고 응답했다. 그 중 1/3 이상은 매우 존중하겠다고 답했다. 이러한 경향은 성별에 따라서는 이렇다 할 차이가 없었다. 그렇지만 연령대별로 보면 20대가 97.1%, 30대가 95.0%, 40대가 95.3%, 50대가 91.3%, 60대 이상이 89.2% 로 미래세대들이 상대적으로 최종결과에 대한 존중도가 높았다. 권역별로는 뚜렷한 패턴을 보이지 않았다. 대전·충청이 95.7%로 가

장 높았으며 부산・울산・경남이 90.3%로 가장 낮았다.

<표 2-18> 최종결과가 본인 의견과 다를 때 존중 정도(4차 조사)

(단위 : %)

구분	존중하겠다			존중할 수 없다		
		전적으로	보통		보통	전혀
전체	93.2	32.1	61.1	6.8	5.3	1.5
남자	93.5	39.2	54.3	6.5	4.7	1.7
여자	92.9	25.2	67.6	7.1	5.9	1.3
20대	97.1	47.1	50.0	2.9	2.9	0.0
30대	95.0	36.3	58.8	5.0	3.8	1.3
40대	95.3	29.9	65.4	4.7	4.7	0.0
50대	91.3	33.7	57.7	8.7	6.7	1.9
60대 이상	89.2	20.7	68.5	10.8	7.2	3.6
서울	94.5	29.4	65.1	5.5	4.6	0.9
인천・경기	93.5	35.5	58.0	6.5	5.1	1.4
대전・충청	95.7	34.0	61.7	4.3	2.1	2.1
광주・전라・제주	91.2	33.3	57.9	8.8	5.3	3.5
대구・강원・경북	93.0	28.1	64.9	7.0	5.3	1.8
부산・울산・경남	90.3	30.6	59.7	9.7	9.7	0.0

2) 건설 재개 및 중단 의견에 대한 공감 수준

시민참여단은 4차 조사에서 건설을 재개해야 한다는 주장과 건설을 중단해야 한다는 주장에 대해 얼마나 공감하는지 7점 척도에 응답하였다. 이 질문에 대한 응답을 본인 의견과 교차분석(cross-table)을 실시해보았다.

시민참여단은 본인 의견과 동일한 주장에 대해서는 96.5%가 공감하고 그 수준도 7점 척도에 6.3점으로 매우 높았다. 반면 본인 의견과 다른 주장에 대해서는 28.8%가 공감했고 그 수준은 3.4점으로 낮은 편이었다. 이러한 현상이 건설 재개 및 중단 그룹에서 모두 유사하게 나타났는데 건설 재개에 동의한 시민참여단이 많았기 때문에 건설 재개 측의 공감도가 다소 높을 뿐, 뚜렷한 차이가 나지는 않았다.

<표 2-19> 양측 주장에 대한 공감 수준(4차 조사)

내 용	공감함(%)	공감하지 않음(%)	공감도 (7점 척도)
나와 같은 의견 공감도	96.5	0.6	6.3
나와 다른 의견 공감도	28.8	48.6	3.4
1) 건설 중단 측	55.0	30.1	4.5
건설 중단	96.9	0.0	6.3
건설 재개	26.1	50.8	3.3
2) 건설 재개 측	70.6	18.9	5.2
건설 중단	32.9	45.3	3.5
건설 재개	96.1	1.0	6.3

3) 시민참여단의 원자력발전 관련 지식수준

시민참여단의 원자력발전 관련 지식수준을 파악하기 위해 자료집 내용에 기초한 8개의 질문문항을 만들어 보았다. 시민참여단은 자료집 제공 전인 2차 조사에서는 평균 2.8개, 자료집 학습 및 이러닝 수강 후인 3차 조사에서는 평균 4.8개, 종합토론회 후인 4차 조사에서는 평균 6.0개의 정답을 맞췄다.

<표 2-20> 지식문항 정답률 추이

(단위 : %)

	2차 조사			3차 조사			4차 조사		
	전체	재개	중단	전체	재개	중단	전체	재개	중단
평균 정답률	34.6	35.8	33.0	60.0	59.8	60.3	74.7	73.4	76.7
원자력발전소 수	37.2	38.5	35.4	77.8	78.8	76.3	93.8	91.9	96.7
신고리 5·6호기 위치	30.0	33.0	25.6	57.6	57.5	57.7	71.2	69.5	73.7
원자력발전 연료	55.6	57.6	52.7	79.5	78.1	81.6	89.3	87.4	92.0
사용후핵연료 가장 많이 보관한 장소	26.4	26.7	25.9	42.0	42.7	41.0	61.0	60.2	62.3
원전 가장 많이 운영 국가	40.8	44.0	36.0	66.6	68.5	63.7	80.7	80.1	81.6
재생에너지 비중이 가장 큰 국가	11.4	10.4	12.8	33.4	28.6	40.4	53.9	50.5	58.8
가장 비중이 큰 에너지원	21.8	22.4	20.9	43.4	44.8	41.3	61.0	59.2	63.5
영구 정지된 발전소	53.9	53.5	54.5	79.7	79.6	80.0	87.1	88.5	85.1

4) 분임토의 및 공론화 과정에 대한 평가와 만족도

4차 조사에서 시민참여단은 본인이 참여한 분임토의에 대해 평가하였다. 참여자들은 '나는 분임토의에서 열심히 내 의견을 전달했다,' '나는 분임토의에서 다른 사람의 의견을 잘 들었다,' '내가 속한 분임에서는 의견교환이 잘 이루어졌다,' '내가 속한 분임에서는 토론이 공정하게 진행됐다,' '내가 속한 분임에서는 상호 존중하는 태도로 토론했다' 등 5개 문장에 대한 동의 정도를 7점 척도에 답하였다. 이 5개 응답의 평균점수를 구하여 분임토의에 대한 평가점수로 사용했다.

시민참여단의 분임토의에 대한 평가는 평균 6.16점으로 전반적으로 높은 가운데, 건설 재개에 동의하는 시민참여단이 건설 중단에 동의하는 시민참여단에 비해 상대적으로 높고 1차 조사와 4차 조사와의 의견이 바뀐 시민참여단의 평가가 상대적으로 낮았다.

4차 조사에서는 전체 공론화 과정에 대한 평가도 이뤄졌다. 응답자들은 '나는 공론화 과정에 참여하면서 에너지 정책에 대한 지식이 늘었다,' '나는 공론화 과정에 참여하면서 정치사회적 사안에 대한 관심이 증가했다,' '정부는 앞으로 공론화 과정을 통해서 시민들의 의견을 수렴하는 일을 더 많이 해야 한다,' '정부가 나의 생각과 다른 결정을 하여도 정부 결정을 신뢰할 것이다,' '나는 다음에 시민참여단에 참여할 기회가 있다면 또 참여할 것이다' 등 5개 진술에 대한 동의 정도를 7점 척도로 응답하였다. 5개의 응답 평균을 공론화 과정에 대한 평가로 삼았다.

공론화 과정에 대한 평가는 평균 6.12점으로 전반적으로 높은 가운데, 건설 재개에 동의하는 시민참여단이 건설 중단에 동의하는 시민참여단에 비해 상대적으로 낮고 1차 조사와 4차 조사의 의견이 바뀌지 않은 시민참여단의 평가가 상대적으로 낮았다.

<표 2-21> 분임토의 및 공론화 과정에 대한 평가(7점 척도)(4차 조사)

최종의견	분임토의 평가	공론화 과정 평가	1, 4차 변화	분임토의 평가	공론화 과정 평가
전체	6.16	6.12	의견 고수	6.17	6.07
건설 재개	6.17	6.00	의견 변경	6.11	6.22
건설 중단	6.14	6.31	의견 선택	6.16	6.18

공론화 과정에 대한 전반적인 만족도(4점 척도)는 평균 3.24점으로 매우 높았고(만족 88.8%) 건설 재개 동의 시민참여단(3.21점, 만족 87.7%)이 건설 중단 동의 시민참여단(3.28점, 만족 90.4%)보다 상대적으로 낮은 편이었다. 1차 조사와 4차 조사와의 의견 변화에 따라

구분하여 살펴보면 의견이 바뀌지 않은 시민참여단(3.20점, 만족 88.4%)은 의견이 바뀌거나(3.29점, 만족 88.5%) 유보에서 선택(3.29점, 89.4%)한 시민참여단에 비해 만족도가 상대적으로 낮았다.[12]

<표 2-22> 공론화 과정에 대한 전반적인 만족도(4점 척도)(4차 조사)

최종의견	공론화과정 만족도	1, 4차 변화	공론화과정 만족도
전 체	3.24	의견 고수	3.20
건설 재개	3.21	의견 변경	3.29
건설 중단	3.28	의견 선택	3.29

12) 신고리 5·6호기 공론화위원회, 『신고리 5·6호기 공론화 「시민참여형조사」보고서』, 2017.

공론화 과정에서 제기된
논란과 대응

신고리 5·6호기 문제는 일반 국민이 많은 관심을 가지고 있는 사항일 뿐만 아니라, 건설 재개를 주장하는 측과 중단을 주장하는 측의 의견이 첨예하게 대립하는 상황이라 건설 재개 및 중단 측, 지역관계자, 국회, 언론 등으로부터 다양한 문제 제기와 요구가 있었다.

이에 대해 공론화위원회는 공정성·중립성·책임성·투명성의 4대 원칙을 철저히 견지하면서도 다양한 대안 모색을 통해 국민이 수용할 수 있는 결과를 도출해 내기 위해 노력하였다. 이하에서는 공론화 과정에서 제기되었던 논란들과 그것에 대한 위원회의 대응 내용을 살펴본다.

1. 위원회 구성·운영 관련

1) "위원회의 법적 근거가 없다"는 주장과 위원회의 역할·기능의 혼선에 대해

2017년 6월 27일 국무회의에서 공론화위원회의 구성이 결정되었고, 이에 따라 7월 17일에 「신고리 5·6호기 공론화위원회 구성 및 운영에 관한 규정(국무총리훈령 제690호)」이 제정되었다. 국회, 언론 등에서는 신고리 5·6호기 공론화위원회가 법률상 근거 없이 구성되어 위법한 것이 아닌지에 대한 문제를 제기하였다.

그러나 위원회는 공론화 과정을 설계·관리할 뿐 공론화 결과를 직접 도출하는 것이 아니며, 또한 공론화 결과도 일종의 의견수렴 결과일 뿐 그 자체로 법적인 효력을 갖는 것이 아니다.

정부도 위원회는 자문위원회 성격을 가지며, 최종 결정은 정부의 몫이므로 공론화위원회의 결정사항에는 대외적 구속력이 없어 반드시 법률에 근거가 있어야 하는 것은 아니라는 입장을 밝혔다.

이 문제에 관해서는 위원회는 2017년 8월 3일 위원회 제3차 정기회의에서 자문기구임을 분명히 하였다. 위원회는 신고리 5·6호기 문제에 대한 결정권한을 갖는 것이 아니고, 공론화 결과를 정부에 전달하는 역할을 하는 것이라는 점에 대하여 보도설명 자료와 위원장 입장문 등을 통해 설명하였다. 또한, 2017년 7월 31일 국무총리는 기자간담회에서 "어느 경우에도 최종 결정은 정부가 하는 것이고 공론화위원회가 시민을 통해 내려주는 결과를 (정부가) 전폭적으로 수용해서 결정할 것"이라고 다시 한 번 강조하면서 일단락되었다.

2) "국회에서 논의하여야 한다"는 주장에 대해

신고리 5·6호기 건설 중단 여부는 지역뿐만 아니라 국가 경제에 미치는 영향이 크기 때문에 해당 문제를 공론화가 아닌 국민의 대의기관인 국회에서 논의하여 해결하는 것이 바람직하다는 주장이 있었다.

이번 공론화 의제는 신고리 5·6호기 건설 중단 여부에 대한 국민들의 의견 수렴에 관한 것이다. 공론화 결과에 따라 입법을 위한 논의가 필요할 수도 있다. 다시 말해, 이번 공론화가 국회에서의 논의를 배제하는 것이 아니라는 것이다.

따라서 이번 공론화 논의와 입법을 위한 논의는 구분할 필요가 있다. 위원회는 국민적 관심이 높은 신고리 5·6호기 문제에 대해 국민들이 정책의사결정 과정에 직접 참여하는 공론의 장을 마련하여 우리 사회의 민주주의와 시민의식 제고를 도모할 수 있다는 측면에서 공론화도 훌륭한 의견 수렴 방법이 될 수 있다고 보았다.

3) "위원회 구성에 전문가가 배제되었다"는 주장에 대해

공론화위원회에 원전 및 에너지 전문가가 포함되어 있지 않아 신고리 5·6호기 건설 중단 여부에 대해 제대로 된 정책의사결정을 할 수 있을지에 대한 의문이 제기되었다.

그러나 공론화위원회가 신고리 5·6호기 문제에 대한 결정권을 갖는 것이 아니라 국민 의견을 수렴하기 위한 공정한 공론화 과정을 설계 및 관리하는 역할을 한다는 측면에서 공론화위원회 위원들의 중립성이 요구되었다.

따라서 신고리 5·6호기 건설 중단 혹은 재개와 관련된 이해관계가 없는 제3자의 관점에서 공론화 과정을 객관적이고 공정하게 설계·관리하기 위한 중립적인 인사들로 공론화위원회를 구성한 것이다.

4) 국가 주요정책을 여론에 기대어 결정한다는 주장에 대해

고도의 전문성이 요구되는 신고리 5 · 6호기 문제를 일반 시민의 여론을 통해 결정하는 것이 부적절하다는 지적도 있었다. 그러나 이번 공론화의 목적은 대선 공약사항인 '신고리 5 · 6호기 건설 중단' 여부에 대해 국민 의견을 수렴하려는 것이다. 따라서 이해관계가 첨예한 관련 전문가보다는 에너지 소비자인 일반 국민의 의견을 듣는 것이 목적이었다. 이번 공론화는 숙의민주주의 관점에서 국민의 의견을 수렴하는 데 매우 적합한 방식인 시민참여형조사로 진행하였다.

이와 같은 공론화 방식은 전문가 논의를 배제하는 것이 아니라 오히려 전문가들이 더욱 적극적이고 능동적으로 정책의사결정 과정에 참여할 수 있는 공론의 장을 마련한 것으로 볼 수 있다. 전문가들은 해당 분야의 전문지식을 토대로 시민을 이해시키고 설득할 책무가 있다. 국가의 모든 정책은 시민을 향한다. 공론화 과정은 시민들은 정부 정책에 대해 상세하게 이해하고 정책에 대해 올바른 판단을 할 수 있도록 전문가와 이해관계자, 일반시민들이 함께 학습하고 토론하는 기회를 제공함으로써 피상적인 여론이 아니라 합리적으로 숙고된 의견을 조사할 수 있다.

5) "공론화 기간으로 3개월은 짧다"는 주장에 대해

외국의 경우 탈원전 결정시 30년 넘게 공론화 과정을 거치는데 반해 우리나라는 3개월이라는 촉박한 시일 내에 졸속으로 탈원전에 대한 정책의사결정을 내리는 것이 아니냐는 우려가 제기되었다.

30년 넘게 논의하였다는 해외 사례는 탈원전 논의 시작부터 실제 집행까지의 기간을 모두 포함한 것으로 실제 공론조사는 단기간에 이루어진 것으로 알려져 있다.13) 또한, 현재 신고리 5·6호기 공사가 일시 중단되어 있어 공론화 기간이 장기화되면 공사 중단에 따른 손실은 물론, 사회적 갈등이 증폭될 우려가 있다는 점도 고려할 필요가 있다. 이러한 모든 측면을 종합해 볼 때 이번 공론화가 진행된 3개월은 결코 짧지 않은 기간이다.

2. 공론화 과정의 공정성 관련

1) "결론을 정해놓고 공론화가 진행된다"는 주장에 대해

초기에 정부가 탈원전 기조 하에 신고리 5·6호기 공사를 중단하겠다는 결론을 이미 내려놓고서 공론화위원회를 형식적으로 운영한다는 주장이 있었다.

그러나 공론화위원회가 갖고 있는 공정성 보장을 위한 체제를 구축한 것을 보면 이런 주장이 설득력이 없다. 먼저 공론화위원회 구성은 앞서 살펴본 바대로 철저히 중립적 인사로 구성하였다. 또한 건설 재개와 중단을 주장하는 양 대표단체와 소통협의회를 지속적으로 운영하면서 철저히 조율과 합의를 원칙으로 공론화를 진행하

---

13) 위원회 1차 회의일(일본은 공론조사 착수일)부터 결과 제출시까지 기간
  △ 독일 '안전한 에너지공급을 위한 윤리위원회' : '11. 4. 4.~ 5. 30. (약 2개월)
  △ 일본 '에너지 환경의 선택에 대한 공론조사' : '12. 6. 29.~ 8. 22. (약 2개월)

였다. 여기에 그치지 않고 제3자의 객관적인 입장에서 공론화 과정의 공정성을 평가할 수 있는 장치로 서울대학교 사회발전연구소를 검증위원회로 선정하였다.

아울러 공정성을 확인하기 위해 정기브리핑, 홈페이지에 회의록 탑재 등을 통해 공론화 진행과정 전반을 투명하게 공개하였다. 금번 공론화는 시민참여단이 각자의 판단으로 입장을 정하고 총합적으로 결과를 도출하는 과정을 거치므로 결론을 미리 정해 놓을 수 없는 구조에서 출발하고 진행되었다.

2) "법률분과 자문위원이 정치적으로 편향되게 구성되어 있다"는 주장에 대해

위원회는 공론화 과정을 현행법 테두리 내에서 합법적으로 진행하기 위해 법률분과위를 구성하고 법률 전문가로 자문위원을 위촉하였다. 이에 대해 법률분과 자문위원 다수가 탈원전·진보 성향으로 구성되어 특정 결론을 내놓고 구색 맞추기를 하는 것이 아니냐는 비판이 제기되었다.

그러나 이번 공론화는 위원회가 아닌 시민참여단의 판단에 의해 전적으로 결정되는 구조를 갖추고 있으며, 법률분과 자문위원은 위원회 운영과정에 필요한 법적 자문을 하는 기능에 국한되어 있어 공론화 결과에 전혀 영향을 미칠 수가 없다. 따라서 법률분과 자문위원이 편향적으로 구성되어 공론화가 결론을 정해놓고 진행될 수 있다는 우려는 공론화 과정에 대한 오해에서 비롯된 것으로 볼 수 있다.

자문위원 위촉 과정에서도 법적 전문성을 중심으로 후보 위원을 물색하였고, 정치적 성향은 고려의 대상이 아니었다. 실제로 법률분과위 자문위원들은 공론화위 활동 정지 가처분 소송, 시민참여단 공개 여부, 정부출연연구기관 소속 연구원 참여 문제, 오차범위 내 결과 해석기준에 대한 참고 의견 등에 대해 서면으로 검토를 해주었을 뿐 공론화 관련 전반적인 자문을 구한 적이 없다. 이처럼 자문위원들은 위원회 필요에 따라 전문적 지식을 빌려주는 상당히 제한적인 역할을 하였다.

3) "시민참여단이 건설현장을 방문했어야 한다"는 주장에 대해

시민참여단이 신고리 5·6호기 건설현장을 방문해 보지도 않고 공사 중단 여부를 어떻게 판단할 수 있는가에 대한 양측의 주장이 팽팽하게 대립되어 왔다. 건설재개 측은 공론화 대상이 신고리 5·6호기이니, 시민참여단의 건설현장 방문은 당연하다고 주장했다. 건설중단 측은 이를 반대했다. 편향된 정보 제공의 효과가 나타날 수 있다는 이유에서였다. 신고리 5·6호기 건설현장을 방문한다면 일본 후쿠시마 사고 현장도 방문해야 균형이 맞다고 주장한 것이다.

건설 재개/중단 양측은 이 문제에 대한 합의점을 찾지 못하였으며, 결국 공론화위원회가 내부 논의를 거쳐 입장을 정하기로 하였다. 시민참여단 500명이 이동하는 과정에서 발생할 수 있는 사고 우려, 시민참여단의 외부 노출 우려, 현장방문을 원한 일부 시민참여단의 입장 등을 종합적으로 고려했을 때, 위원회는 공사 건설 현장방문의 대안으로 건설 현장을 촬영하여 동영상으로 제작하기로 했다. 건설 재개/중단 양측 모두 이 대안을 수용했다. 시민참여단은 종합토론회

이튿날(2017. 10. 14.) 저녁 건설 현장 동영상을 시청했다. 시민참여단은 주변지역 주민 인터뷰 영상도 시청했다. 이로써 시민참여단이 건설현장을 방문했어야 한다는 일각의 우려는 해소될 수 있었다.

3. 조사 설계 및 방식 관련

1) 특정 지역 주민의 과소 대표 주장 및 가중치 부여 문제에 대해

오리엔테이션 직후, 시민참여단 중 울산 지역 주민의 비율이 1.4%로 대전(3.6%)이나 광주(3.4%)보다 훨씬 낮다는 등 이해관계자들로부터 특정 지역이 과소 대표되었다는 주장이 제기되었다.

그러나 이번 공론화는 '신고리 5·6호기 건설 중단 여부'에 대해 우리나라 국민 전체의 의견이 무엇인지 알아보기 위한 목적을 가지고 설계된 것으로, 구체적인 설계방식은 우리나라 국민을 대표할 수 있도록 전 국민을 대상으로 지역(16개 시·도)·성(남/여)·연령(19세를 포함한 20대/30대/40대/50대/60대 이상)별로 총 160개 층으로 나누고, 각 층별로 고른 응답이 이루어질 수 있도록 2만 명에 대해 1차 조사를 실시하였다. 시민참여단 500명은 1차 조사 응답자 중 시민참여단 참가 의향을 밝힌 응답자를 대상으로 1차 조사 설계시 포함된 성·연령과 더불어 응답과정에서 제시된 건설 중단 여부에 대한 의견을 추가하여 30개 층으로 구분하여 30개 층별로 내재적 층화방식을 통해 지역별로 안배가 되도록 하였다.

따라서, 시민참여단의 지역별 분포는 전국단위로 보면 인구비례와 정확하게 일치하지는 않지만 최대한 근사치가 되도록 설계하여 특정 지역에 편중되지 않고 전체적으로 국민을 대표할 수 있었다. 또한 위원회에서는 시민참여단의 국민 대표성을 훼손하지 않는 범위에서 건설 재개/중단 측의 공정하고 객관적인 의견을 숙의자료집 및 이러닝 동영상 자료 제작, 2박 3일 종합토론회 등 시민참여단의 숙의 과정에 적극 반영하여 지역 주민이나 이해관계자 등의 의견이 충분히 개진될 수 있는 기회를 충분히 제공하는 등 대안을 제시하였다.

2) 1차 조사 결과 공개 여부

일부 언론[14]에서 최종 결론이 나올 때까지 1차 조사 결과 등 중간조사 결과를 공개하지 않는 데 대해 '깜깜이' 조사라는 문제 제기가 있었다.

하지만 1차 조사는 전체 국민을 대표할 수 있도록 시민참여단을 선정하는데 필요한 정보를 수집하는데 그 목적이 있다는 점과 1차 조사 결과를 공개할 경우 ① 이해관계자 간 불필요한 대립으로 갈등이 오히려 심화되고 ② 다수 의견 동조 심리(밴드왜건 효과)로 시민참여단 숙의과정과 최종조사에 악영향을 끼치는 등 공론화의 중립성과 공정성을 저해할 우려가 있는 것으로 위원회에서는 판단하였다.

이에 따라, 위원회에서는 1차 조사부터 최종 조사까지 결과를 종합한 최종 분석이 완료된 후에 1차~4차 조사 결과를 일괄적으로

---

14) (채널 A, 2017. 8. 25) "신고리 공론조사 시작... 24억 부은 '깜깜이' 조사".

공개한다는 원칙을 철저히 지키기로 한 위원회 결정을 브리핑, 홈페이지 등을 통해 국민에게 적극적으로 설명하고 이해시킴으로써 일부 언론에서 제기한 문제를 원만히 해결하고 공론화 과정의 중립성과 공정성을 확보할 수 있었다.

4. 숙의 프로그램 설계 및 운영 관련

이번 공론화는 현재 약 1.6조원의 건설비가 이미 투입되어 공사가 진행되고 있는 국가 중대 프로젝트인 신고리 5·6호기 건설 중단 여부에 관한 것으로서 공론화 결과가 지역경제 등에 미칠 파급효과는 상당히 클 것이다.

이러한 점으로 인해 일각에서는 공론화가 충분한 기간을 갖고 신중하고 면밀한 검토 속에 이루어질 수 있어야 하고, 특히 원전정책에 대한 비전문가인 일반 시민의 경우 상당한 숙의기간이 보장되어야 합리적이고 올바른 선택을 할 수 있다며, "시민참여단의 숙의기간이 짧다"는 문제를 제기하였다.

이러한 주장에 비추어 보면 이번 공론화의 33일간의 숙의 기간은 턱없이 부족한 것으로 보일 수 있다. 그러나 숙의기간이 길어지면 시민참여단의 중도이탈자가 늘어나고, 외부요인 영향 등으로 인하여 공론화 결과가 왜곡될 수 있다는 우려 때문에 단기를 주장하는 다수 전문가들도 있었다.

또한, 일반적으로 국내외에서 실시되었던 다른 공론조사 사례를 보면 대개 숙의기간이 2~3일로서 비교적 단기로 진행되었음을 확인할 수 있다. 일본의 경우가 10일로 상대적으로 길었다는 점을 감안할 때 이번 공론화 숙의기간이 결코 짧다고 볼 수 없다. 오히려 세계적으로 유례없이 온라인 이러닝 프로그램 제공 등 다양한 방식으로 학습의 기회를 제공해 충분한 숙의가 이루어지도록 했다고 볼 수 있다.[15]

<표 2-23> 국내외 공론조사 숙의기간 비교

국가	주 제	조사시기	숙의기간
브라질	공무원의 경력 및 처우 개선	'09.6	2박3일
미국	By the People: 캘리포니아의 미래	'11.6	2박3일
일본	에너지환경정책	'12.8	10일
한국	사용후 핵연료	'15.3	1박2일
호주	입헌군주제와 공화제에 대한 공론조사	'99.10	2박3일

---

15) 신고리 5·6호기 공론화위원회, 『신고리 5·6호기 공론화 「시민참여형조사」보고서』, 2017.

제3장

시민과 시민사회

시민사회

1. 시민과 국민

'민주주의 최후의 보루는 깨어있는 시민의 조직된 힘이다'라는 문구가 김해 봉하마을 노무현 전 대통령의 묘역 묘비문에 적혀 있다. 평소 노 전 대통령이 즐겨하던 표현이라고 한다.

한국 대통령은 대국민연설에서 '친애하는 국민여러분'으로 연설을 시작하며, 한국의 역대 대통령들 대부분은 시민이라는 단어 대신에 국민이라는 어휘를 주로 사용한다. 반면 미국대통령은 'my fellow citizen'(친애하는 시민여러분)으로 연설을 시작한다. 국민은 국가의 이익을 우선시하나, 시민은 민주주의의 가치를 우선시하는 개념으로 보기도 한다. '국민'이라는 말과 '시민'이라는 말은 비슷한 듯 보이지만 그 의미에서 차이가 있다. 이 외에도 백성, 신민, 인민 등 유사한 개념들을 비교해서 살펴보면 다음과 같다.

백성(百姓)이라는 말은 '백(百) 가지 성(姓)을 가진 사람들'이라는 뜻이다. 조선시대에 백성은 지배계층인 양반과 구별되는 피지배계층을 가리켰으며, 백성은 지배를 받을 뿐 나라 운영에는 참여할 수 없었다.

신민(臣民)은 신하와 백성을 뜻하는 말로서, 군주국에서 관리와 백성을 함께 가리키는 말이다. 군주국의 주권은 군주에게 있으므로 신민은 주권을 가지지 못한 사람을 뜻한다.

인민(人民)은 '국가를 구성하는 자연인'을 가리킨다. 사회계약설에 따르면 자연인, 즉 사람이 자신의 천부적 권리인 인권을 보장받기 위하여 사회를 구성하였다고 한다. 그래서 자연인을 인민이라고 하는데, 무엇에 구속되지 않은 원래의 사람을 가리킨다고 할 수 있다. 사회계약설을 따르는 현대 민주국가에서는 인민이 나라의 주인이 된다.

국민(國民)은 '국가를 구성하는 사람'을 가리킨다. 그래서 일부에서는 국가의 구속을 받는 느낌이 있다면서 사람을 가리키는 말로 적합하지 않다고 하기도 한다. 국가 구성원인 '국민'은 국적법에 의하여 국적을 가진 사람을 가리키는데 국적은 흔히 출생이나 귀화를 통하여 취득하며, 국적을 가진 국민은 국가의 구성원으로서 권리와 의무를 가진다.

시민(市民)은 문자 그대로 보면 도시의 구성원을 가리킨다. 역사적으로 보면 시민은 도시에서 시민으로 대우받는 사람으로서, 재산이 있고 교양이 있으며 정치에 관심을 가지고 참여하는 사람을 가리켰다. 고대 그리스의 아테네에서 시민은 정치에 참여하는 주권자였다. 그리고 영국의 명예혁명, 프랑스혁명, 미국의 독립혁명(전쟁)을 '3대 시민혁명'이라고 하는데, 이때도 '시민'이라는 말을 사용한다.

이에 따라 시민은 사회와 관련한 교양을 가지고 정치에 참여하는 사람, 즉 자신이 나라의 주권자임을 자각하고 주권자로서 행동하고 책임을 지는 사람을 가리키게 되었다. 그래서 교과서에도 '민주 국민'이라는 말보다는 '민주 시민'이라는 말을 더 많이 사용한다. 시민과 유사한 말로 공민(公民)이라는 말이 있는데, 공민은 시민과 같은 의미로 사용하기도 하지만, 국가를 중시하는 사람이라는 느낌이 강한 데 견주어 시민은 인권을 중시하고 인권을 보장 받고 실현하려는 사람이라는 뜻이 더 강하다.

2. NPO(NGO) 및 시민사회의 등장

21세기는 'NGO(혹은 NPO)의 시대'라는 말이 있다. NPO는 비영리조직(non profit organization)의 영문 머리글자를 딴 말로, 비영리단체, 비영리민간단체, 비영리기관, 비영리집단 등으로 다양하게 불린다. 제3섹터 또는 시민사회조직이라고도 한다. NPO는 국가와 시장 영역과는 구분되는 제3영역의 조직과 단체를 통칭하는 포괄적 개념을 가진 말로, 이윤을 추구하지 않는 영역에서 주로 활동하는 준공공(semi-public) 및 민간(private)조직을 가리킨다.

또한 NPO와 유사한 용어로는 비정부기구라 불리는 NGO(non governmental organization)가 있다. 두 용어는 동일한 개념으로 사용되기도 하지만 NGO를 NPO에 속하는 하위개념으로 보기도 하는데, 일반적으로 NGO는 NPO 중에서 인권·환경·여성·소비자운동과 정치개혁 등의 문제에 초점을 맞추어 주로 개발도상국과 국제사회를 무대로 활동하는 비정부단체를 지칭하는 용어로 사용되어 왔다.

NPO가 존재하고 성장하는 이유를 경제학적 관점에서는 공공재의 공급에 있어 정부의 실패[16]와 시장의 실패[17]로 인한 것으로 본다. 즉, 정부와 시장이 충분한 양의 특정한 재화를 공급하고 분배하는 데 실패한 결과 그 공백을 메우기 위하여 다양한 NPO가 등장하고 활동하게 되었다는 것이다. 사회학적 관점에서는 국가권력과 경제권력이 확대·강화되는 것을 견제하기 위하여 등장하였다고 본다. 국가가 국민을 억압하고 지배하는 권력기구라는 속성을 지닌 만큼 국가권력을 감시하고 비판함으로써 사회적 통제를 가능하게 하고, 경제권력 집중으로 인한 불평등을 해소하기 위해 조직되었다는 것이다.

미국 존스홉킨스대학 시민사회연구소장인 레스터 샐러먼(Lester M. Salamon)은 NPO의 요건으로 공식조직성, 비정부성, 비영리성, 자율성(자치성), 자발성, 공익성을 꼽는다. 즉, NPO는 정기적인 모임을 갖는 것은 물론 자체적인 관리절차와 규정을 가진 조직의 성격

---

16) 정부의 시장개입은 기업의 독점적 시장지배 행위와 기업 간 부당거래를 막아 공정경쟁 환경을 조성하고, 소득분배의 형평성을 실현함으로써 빈부격차가 심화되는 것을 방지하며, 사기업이 감당할 수 없는 공공재를 공급하려는 목적으로 이루어진다. 하지만 시장의 실패를 바로잡아 최적의 자원 배분과 공정한 소득분배를 실현하려는 목적으로 행해지는 정부의 시장개입이 의도한 결과를 내지 못하거나, 기존의 상태를 더욱 악화시킬 수 있는데 이를 정부실패라고 한다. 정부실패가 발생하는 원인으로는 기업의 성장과 시장의 효율성을 저해하는 과도하거나 근시안적인 규제, 시장상황에 대한 정확한 지식과 정보 결여, 정책수립 및 집행과정에서 발생할 수 있는 비효율성과 부작용, 관료주의의 폐단과 정치적 제약, 특정 재화와 서비스의 정부독점으로 인한 경쟁력 저하, 권력과 특혜로 인한 정경유착과 부정부패 등을 꼽을 수 있다.

17) 시장실패는 정부실패와 대응되는 개념이다. 자유경제체제는 개인이 자유로이 경제활동을 할 수 있도록 시장기능에 맡기는 것을 원리로 한다. 그러나 모든 경제부문을 시장기능에만 맡겨 정부가 관여하지 않을 경우 자원배분이나 소득분배에 있어 형평성과 공정성을 잃게 되는 결과가 초래될 수 있는데, 이러한 부정적 현상을 시장실패(市場失敗)라 한다. 시장실패는 경제행위를 개인의 자유로운 선택에만 맡길 경우 개인의 이익과 관련된 부분사회에 대하여는 유익한 결과를 가질 경우도 있겠으나 사회 전체의 관점에서는 오히려 나쁜 선택·결과를 가져다주는 것을 뜻한다. 이 때문에 시장실패는 정부 개입 및 정부규제의 근거가 되며 '큰 정부론'의 입장을 뒷받침해 주는 논거가 된다. 즉, 시장에 대한 정부개입의 정당성은 이러한 시장실패를 보완하기 위한 목적에서 찾아진다. 일반적으로 시장실패의 요인으로는 불완전한 경쟁·정보의 불충분성·공공재·외부효과·자연적 독점 등이 지적된다.

을 정식으로 갖추어야 하고(공식조직성), 정부기구의 일부가 아닌 민간조직이기 때문에 정부로부터 지원을 받을 수는 있어도 정부에 의해 지배되지 않고 이사회에 의해서도 통치되지 않는다(비정부성). 또, 사업을 운영하여 이익이 발생했을 경우 구성원 사이에서 이익분 배를 하지 않고 조직의 사회적 사명과 공익활동을 위해 재투자해야 하며(비영리성), 자율에 의한 자기관리를 위해 유급 또는 무급, 상근 또는 비상근 직원을 확보함으로써 내부에 관리능력을 갖추고 외부 로부터의 통제를 배제해야 한다(자율성 또는 자치성). 그밖에 조직 활동과 업무관리에 있어 활동가가 자발적으로 참여할 수 있어야 하 고(자발성), 조직구성원의 공동이익을 추구하고 공공의 목적에 봉사 해야 하는(공익성) 등의 특징을 지니고 있다.

NPO는 단체의 활동성격에 따라 크게 서비스(service)형 단체와 보 이스(voice)형 단체로 분류할 수 있다. 서비스형 단체의 주요활동은 복지, 교육·연구, 예술 및 문화, 건강 및 보건, 상담 등의 유형·무 형 서비스 제공이고, 보이스형 단체의 주요활동은 소외계층 권익옹 호, 여성, 인권, 환경, 소비자 권리보호 등 사회문제 해결과 정치개 혁, 경제정의를 위한 사회운동, 계몽, 시민참여, 대안제시, 정부의 정 책 또는 입법 활동에 대한 감시와 비판 등이다.

이처럼 NPO는 현대사회의 중요한 이슈로 대두되었는데, 이러한 'NPO(혹은 NGO) 현상'을 바르게 이해하기 위해서는 이를 가능케 한 현대사회의 특성을 먼저 살펴보아야 한다. NGO는 비정부기구 (non-governmental organization)의 약자이고 NPO는 비영리조직 (non-profit organization)의 약자라는 데서 알 수 있듯이, 이들은 정 부와 시장이라고 하는 사회적 영역 혹은 기제에 대한 반작용으로 등장한 개념들이다.

NGO라는 용어는 1945년 UN이 창설되면서 처음 사용되었다. 원래 UN에서 처음 사용한 NGO라는 개념은 국제사회에서 정부대표가 아닌 민간인들로 이루어진 단체를 뜻하는 말로서, 정부가 하지 않는 일을 수행하거나 정부를 보조하는 역할을 수행하는 단체라는 의미를 지녔다. 특히 UN 공보국은 NGO를 '지방과 국가 또는 국제 차원에서 조직된 시민들의 자발적인 비영리단체'로 규정하며, NGO의 기능을 공익적 임무, 다양한 서비스와 인도주의적 활동, 시민들의 권익주창, 정책모니터링과 자문, 국제협약 모니터링과 의제설정 등으로 설명한다.

반면 NPO라는 용어는 미국에서 비영리 공익봉사활동을 하는 단체를 지원하기 위해 만든 개념으로서, 미 연방 세무청으로부터 면세 특권을 받는다. NPO는 주로 비정치적이고 비영리적이며, 공공서비스 생산과 공익봉사를 하는 단체를 지칭한다. 일본은 1998년 NPO법, 즉 <특정비영리활동촉진법>을 채택했고, 우리나라의 <비영리민간단체지원법>도 NPO개념을 전제하고 있다. 그러나 현재 NGO와 NPO를 서로 나누는 것이 무의미할 정도로 양자의 영역과 역할이 서로 수렴되고 있으며, 따라서 이 책에서에서는 NGO와 NPO를 유사한 개념으로 사용하고자 한다. 다만 광의의 의미로서 NGO는 시민사회 단체 일반을 지칭하는 포괄적 개념으로 사용하며, NPO와 구별되어 사용하는 협의의 NGO는 정치적 이슈를 다루거나 주창적 활동을 하는 시민사회단체를 지칭할 때 사용할 것이다.

한편 시민사회(civil society)란 이러한 NGO와 NPO를 포괄하며 시민성(civility)과 시민권(citizenship)을 가진 시민들로 구성된 사회

영역을 의미한다. 따라서 전체 사회영역은 정부(혹은 국가), 시장 및 시민사회라는 세 개의 하위영역으로 구분되며, 우리의 사회적 삶은 이 세 영역에 걸쳐 이루어지고 있다. 물론 이 세 하위 영역들이 서로 배타적인 것은 아니며, 일종의 개념적인 분류로서 중층적인 구조를 이룬다. 즉 우리는 이 세 하위 영역 모두에 걸쳐 살고 있는 것이다.

사회의 세 영역 중 시장을 중시하는 자유주의는 개인의 권익보호와 프라이버시 보장을 중요시하기 때문에 국가간섭의 최소화를 지향한다. 하지만 자유주의는 개인들 간의 편차를 초래하고 사회적 불평등을 심화시키는 부작용을 낳았다. 이에 대한 반작용으로 등장한 사회주의는 사회적 불평등을 해소하려는 목표를 갖고 있기 때문에 국가의 역할을 강조하면서 시장에 대한 통제와 개인적 삶에 대한 간섭을 강화시키려 한다. 그러나 이는 다양성과 개성이 사라지고 획일화된 사회적 삶만 강요하는 결과를 빚었다.

이런 가운데 오늘날 대두되고 있는 시민사회론은 크게 두 가지 점에 주목한다. 첫째, 시민사회는 시민들에게 여러 장점을 제공해주지만 다른 한편 부작용과 폐해를 초래하는 국가와 시장에 대해 감시, 견제 및 비판하는 역할을 수행해야 한다. 둘째, 시민사회는 국가나 시장과는 달리 시민들이 공적인 일에 자발적으로 참여하고 함께 자치(self-governing)를 행할 수 있는 제3의 영역으로 이해해야 한다. 특히 1968년 5월 프랑스에서 학생과 근로자들이 연합하여 벌인 대규모의 사회변혁운동이 발발하였는데, 이러한 68혁명 이후 소위 탈근대시대로 접어들면서, 시민사회는 국가나 시장에 대한 대안으로서 개인의 자율적 삶과 생활세계의 복원을 추구하는 자발적 공동세계의 구축이라는 의미를 부여받게 되었다.

3. 국가와 시장의 한계

  이와 같이 시민사회가 전면에 등장하고 막중한 임무를 지닌 영역
으로 간주되기 시작한 것은 소위 말하는 '국가(혹은 정부)의 한계'
및 '시장의 실패'에 따른 후기산업사회의 각종 사회문제를 해결하기
위한 문제의식에서 비롯된다. 복지국가의 위기, 발전의 위기, 환경의
위기, 사회주의의 위기 등 4대 위기가 복합적으로 작용한 '국가의 한
계'는 시민사회의 발흥을 불러왔으며, 시민사회에 영향력을 부여하
는 계기로 작용하였다. 또한 그 대안으로 제시되고 있는 신자유주의
적 의미에서의 시장도 그 자체의 한계를 노정하면서 시민사회의 필
요성을 부각시켰다. 시장 자체의 모순뿐만 아니라, 공정한 시장의
존재를 가능케 하는 국가와 사회에 대한 인식 부족은 '20대 80의 사
회' 혹은 '두 개의 국민국가(two nation states)'로 표출되는 심각한 국
가·사회적 병리현상을 유발시켰다. 이에 따라 시민사회는 국가권력
을 견제하고 시장을 감시하는 역할을 통해, 국가중심주의적 및 시장
중심주의적 문제해결 방식에 대처하는 방안으로 인식된 것이다.

  또한 오늘날 시민사회 발흥에 있어서 보다 중요한 요인은 이미 틀
지워진 기성 국가의 명령을 넘어 시민적 삶 자체를 자발적으로 복원
하기 위한 새로운 행위에 대한 요구이다. 그동안 국가와 사회가 보
다 많은 부(富), 보다 효율적인 생산체계, 보다 많은 소비를 지향하
며 자국 또는 자국민의 생존과 번영을 지향해왔다면, 오늘날 시민사
회의 움직임은 비물질적 재화와 시민의 자발적인 가치형성, 이를테
면 인권, 환경, 자원봉사 등을 통해 시민 자신의 주인의식을 형성하
고 그들 사이의 공동세계를 가꾸어 나가려는 양상을 띠고 있다. 즉

전통적 의미의 거대한 정치조직과 결별하고 자발적으로 타인들과 연대해 보다 적극적으로 삶을 탐색하려는 시민들의 행위가 시민운동을 통해 부상하게 된 것이다. 국가와 시장을 중시했던 근대세계에서는 사회의 역할을 "서로 상충하는 이해관계를 합리적이고 권위적으로 조정"하는 것으로 간주하고, 사회에서 발생하는 갈등간의 충돌을 그대로 승인한 채 이것의 관리에만 집중했다. 즉 인간은 이기적 존재이며 그 이기심의 발로란 인간의 본능이어서 제거할 수 없으며 또 경제발전에 도움이 되기 때문에 모두 제거할 필요도 없다고 보고, 사회에서 승인된 이기심에 바탕하여 권력과 이익을 어떻게 분립시키고 어떻게 분배할 것인가에만 주목한다. 즉, 사회의 역할이란 인간과 인간 사이에 자연적으로 발생하는 갈등을 조정하는데 있다는 것이다.

이때 국가는 '강제적 조정'의 역할을 맡는다. 국가는 시민들로부터 위임받아 통치할 수 있는 권한과 권력을 갖고 이를 통해 사회적 갈등을 강제적이고 권위적으로 조정하려 한다. 즉 사회의 안녕과 질서를 유지하기 위해 어느 정도의 강제성 사용을 허락하면서, 법이나 제도, 공권력 등을 통해 서로 다른 이해관계와 의견을 가진 사람들에게 국가의 결정을 수용하게 만든다. 반면 시장은 또 다른 조정의 기제로 작동한다. 강제성을 내세우는 국가와 달리 시장은 합리적 경쟁을 통한 '자발적 조정'을 목표로 한다. 즉 시장에서는 합리적인 개인들이 자신의 이익을 극대화하는 한편, 자기이익 추구가 극대화되어 궁극적으로 사회의 파괴를 초래할 정도의 충돌이 일어나기 전에 가장 효율적인 지점에서 갈등과 경쟁을 자율적으로 멈출 것이라고 상정한다. 그리하여 각자가 자기이익의 최적점에서 자연스럽게 타협

할 것이라고 예상한다. 국가가 사용하는 법, 제도에 내포된 합리성은 목표를 달성하기 위한 '도구적 합리성(instrumental reason)'인 반면 시장에서 통용되는 합리성의 기준은 '효율성(utility)'이다.

그러나 이기적 인간은 본능적으로 그 조정이 자신에게 유리하게 이루어지도록 하기 위해 여러 압력수단을 동원하고 폭력을 사용하면서까지 권력투쟁을 더욱 강화하기에 이른다. 즉 이익의 조정은 권력의 투쟁을 종식시키는 것이 아니라 오히려 그것을 증가시킬 뿐이다. 바로 이 점이 근대사회를 자가당착에 빠지게 한 원인이다. 근대의 수많은 이론들이 이익간의 조정과 협상, 타협을 주장하지만, 그리고 이러한 조정을 위한 기제로서 국가 또는 정부의 기능을 강조하지만, 결국 갈등충돌이 멈추지 않는 것은 "합리적인 너무나 합리적인" 인간들이 자기에게 유리하게 조정하기 위해 마지막 순간까지 권력투쟁을 극대화해야 한다고 생각하기 때문이다. 예컨대 국회의원들이 선거구를 조정할 때 얼마나 극렬하게 싸우는지를, 또 한국전쟁 당시 가장 치열했던 전투는 바로 휴전을 앞둔 시점에 발생했었다는 사실을 상기해 볼 필요가 있다.

또한 시장의 문제점은 그것이 설사 최종적 파국은 막을 수 있을지언정, 이익들 간의 자유경쟁이 허용되는 한 그 경쟁과정에서 승리한 자와 패배한 자, 즉 우열이 확연히 가려진다는 데 있다. 국가의 강제적 조정이 인간의 자유를 제한하는 문제를 발생시키는 반면, 시장은 자유를 극대화시켜 주지만 거기서 승리자와 패배자, 우열자, 강자와 약자, 중심과 주변을 만들어냄으로써 결국 개인들 간의 협력과 조화를 이끌어내지 못했다. 요컨대 근대 사회의 목표인 이익조정은 국가라는 강제적 조정기제와 시장이라는 자율적 조정기제의 양날을 사용하여 이루어져 왔으나 결국 자유 및 평등의 침해, 그리고 유리한 조정을 위한 권력투쟁의 극대화라는 부정적 결과를 빚고 말았다. 이 것이 바로 오늘날 현대사회가 그토록 여러 측면에서 괄목할만한 성장을 이루어왔음에도 불구하고, 현실을 더욱 더 '만인의 만인에 대한 투쟁'이 만연된 각축장으로 만들어 온 이유이다. 즉, 국가를 통해 강제적으로 혹은 시장을 통해 자율적으로 인간의 승인된 이기심을 조정하는 것으로 사회의 역할을 설정할 때, 결국 국가의 강제적 조정은 인간의 자유를 억압하고 시장의 자율적 조정은 불평등을 심화시켜 투쟁을 확대재생산할 뿐이다.

이런 상황 속에서 현대 시민사회론이 등장한다. 국가와 시장이 담당했던 조정의 한계에 대한 감시와 비판의 기제, 그리고 이러한 조정의 기제가 아닌 시민들이 서로 자치하고 공동세계를 구축할 수 있는 협력의 공간으로서의 시민사회의 중요성이 대두된 것이다. 바로 이 점 때문에 시민사회가 국가나 시장과 다른 제3의 영역으로 간주되는 것이며, 또한 그 두 영역을 지배하는 지도 원리와는 다른 원리가 요청되는 것이다.

4. 시민사회의 역할

고대에도 시민이란 용어는 있었지만 시민사회란 개념이 등장하기 시작한 것은 근대에 들어와서이다. 고대의 시민은 신분적 의미가 강한 것으로서 고대 그리스와 로마에서 시민은 노예와 반대되는 개념인 자유민을 의미했으며, 그 신분도 세습되었다. 반면 근대적 의미의 시민 개념은 한 국가나 공동체 내의 구성원을 의미하는 용어로,

경계선 밖에 존재하는 외국인과 반대되는 개념으로 쓰였다. 특히 근대 초기의 시민은 부르주아적 시민을 의미했으며, 시민사회관도 자유주의와 자본주의적 전통에서 이해하였다.

먼저 이 전통은 국가와 시민사회를 분리시키고 시민사회를 친시장적인 것으로 이해한다. 즉, 자본주의가 발달함에 따라 생산, 이익, 소유가 증가하게 되는데, 이에 따라 부르주아들이 국가로부터 자신의 이익과 경제소유권을 확보하기 위해 시민사회를 태동시켰다는 것이다. 이렇게 형성된 부르주아 시민사회는 부르주아 시민들의 권리와 이익을 제도화시키고, 집회, 결사, 종교의 자유를 강조하면서 국가로부터의 간섭을 배제한 채 시민사회의 독립성을 추구했다. 이것이 근대 자유민주주의의 발달을 가져왔으며, 오늘날 이를 일반시민들에게 확대시켜 현대적 시민사회 형성에 크게 이바지했다는 것이다. 여기서는 시민사회의 자율성을 특히 강조한다.

그러나 이런 시민사회관은 시민사회와 시장의 경계를 불분명하게 만들기 때문에 시민사회의 자율성 추구가 경제적 불균형 초래를 내포하게 됨으로써, 종국적으로는 시민사회가 경제체계에 종속되는 방향으로 흐를 위험이 있다. 특히 빈부의 격차 발생과 프롤레타리아 계급에 대한 착취는 복지국가의 필요성을 증대시켰는데, 복지국가의 등장으로 인해 국가통제가 강화되고 국가의 시장개입이 빈번해짐에 따라 시민사회가 약화되고 경제가 침체되는 악순환을 겪게 된다. 그런 점에서 자유주의적 관점의 시민사회론은 결국 시민사회 자체를 유지하지 못하는 결과를 초래하기도 한다.

반면 수정마르크스주의적 전통에서는 부르주아적 시민사회관을 비판한다. 기존의 시민사회는 부르주아 계급이 헤게모니를 통해 프롤레타리아 계급을 교묘하게 지배하는 장소라는 것이다. 이때 헤게모니란 지배계급이 지적·도덕적 지도력의 행사를 통해 창출하는 피지배집단들의 자발적 동의를 말하는데, 따라서 시민사회란 헤게모니를 둘러싸고 계급지배 및 투쟁이 이루어지는 정치적 영역이자, 시민들의 문화적이고 사적인 활동공간을 의미한다. 요컨대 시민사회를 상부구조의 한 영역으로 이해하고, 마르크스의 토대-상부구조의 단순한 이분법을 수정하여 토대-시민사회-국가의 삼분법으로 수정하고 있는 것이다.

여기서 상부구조의 일부인 시민사회는 어느 정도 상대적 자율성을 갖고 있기는 하지만 경제적이고 계급적인 면을 반영한다. 따라서 시민사회는 지배계급의 헤게모니가 이루어지는 영역인 동시에 노동자계급의 대항 헤게모니가 조직될 수 있는 장소이기도 하다. 달리 말하면, 시민사회는 생산현장에서의 노동자 계급투쟁이 전체사회의 다양한 계급관련 투쟁 및 사회운동들과 역동적으로 접합되는 지점이자, 지배계급에 대항하는 진지전이 전개되는 거점이라는 것이다.

이러한 진지전적 사회변혁에 있어서는 지식인의 역할이 중요해진다. 프롤레타리아는 공산혁명의 주체적 계급이기는 하지만, 도덕성과 역사관념을 지닌 지식인들의 헤게모니 투쟁이 선행되어야 한다. 부르주아 국가를 무너뜨리는 혁명에는 군인정신이 필요하지만, 정교하고 복잡하게 짜인 사회문화적인 헤게모니 구조의 전복에는 지식인의 예리한 분석과 전략이 요구된다. 따라서 시민사회의 활동은 지식인 중심으로 정부와 국가에 대한 끊임없는 비판과 감시를 통해 지배적인 사회문화에 저항하면서 부르주아적 헤게모니를 종식시키는데 모아져야 한다는 것이다.

그러나 이런 시민사회관은 여전히 마르크스주의적 전제를 바탕으로 지배자와 피지배자, 부르주아와 프롤레타리아, 혹은 적과 동지라는 이분법에 근거함으로써 시민들 모두의 공동세계로서의 시민사회관을 약화시킨다. 근대적 부르주아 시민사회관을 비판하고 국가와 시장의 문제점을 파헤치고 감시하는 데에는 도움이 되지만, 부르주아 시민사회가 아닌 일반시민들의 시민사회라는 현대적 개념 속에서 이 입장은 시민들 자신의 자치적 활동과 상호간의 협력을 증진시키는 데에는 전혀 도움이 되지 않는다.

이에 비해 68혁명 이후 제기된 새로운 시민사회관과 신사회운동은 시민사회 영역을 국가나 시장의 문제점을 제시하고 그 대안을 모색하는 공론의 장으로서의 성격과 시민들 상호 간의 자치적 활동을 수행하는 공동세계의 영역으로 간주한다. 따라서 이 영역에서는 국가의 자유제한 및 시장의 불평등초래에 대한 문제제기와 공동세계 속에서의 다양성 인정 및 이들 간의 조화를 위한 활동을 중요시 한다. 특히 후자의 경우는 민주주의의 발원지였던 고대 아테네의 폴리스(polis) 개념과도 상통한다. 폴리스란 시민들이 그 공동세계에 참여할 때에만 형성되고 그들이 흩어지면 사라지는 공간이다. 오늘날 민주주의론에서 참여가 중요한 것은 단순히 시민들의 숫자를 늘려 세를 불리기 위해서가 아니라 참여하지 않으면 공동세계 자체가 사라져버리기 때문이다. 이런 폴리스는 사적인 이해관계에만 매몰된 개인이나, 사적 이해관계들의 충돌을 사회적으로 관리하고 조정하는 정부와 달리, 진정한 의미의 공동체적(common) 혹은 공적(public) 영역으로서의 자격을 갖는다.

역사적으로 볼 때, 시민사회관은 초기엔 자유주의적 시민사회관에서 출발하여 수정 마르크스주의적 시민사회관이 이를 비판한 후, 지금은 신사회운동적 입장의 시민사회관이 대세를 이루고 있다. 우리나라의 경우도 마찬가지이다. 그런데 한국시민사회가 주의해야 할 점은 국가의 억압, 시장의 불평등에 대한 감시와 비판의 역할을 하는 것은 당연하지만 이것이 일종의 대항권력을 형성하거나 지나치게 정치지향적인 나머지 지식인이나 소수 활동가 중심의 '시민없는 시민운동'이 되는 것은 경계해야 한다는 것이다. 시민사회에는 적과 동지가 따로 없다. 모든 시민들은 시민사회의 구성원이며, 함께 공동세계를 구축해야 하는 주체인 것이다. 국가나 시장 영역과 달리, 새로운 시민사회의 중요한 역할은 무엇보다도 시민들이 함께 협력할 수 있는 공동세계를 만드는 데 있다.[18]

---

18) 특임장관실, 「민관협력과 시민사회발전을 위한 청사진」, 2012.

시민성과 책무성

시민사회 구성원인 '시민(citizen)'은 단순히 자신의 권리와 이해관계의 주체를 의미하는 '개인'을 의미하지 않는다. 또한 국가의 구성원으로서 권리와 의무를 갖고 애국심으로 충만하여 국가를 위해 자신을 희생할 각오가 되어 있는 '국민'을 의미하는 것도 아니다. '시민'은 이기적인 개인을 뛰어넘어 타인을 배려하며, 자신의 충성심의 대상이 개개인을 초월해 존재하는 추상체인 국가가 아니라 이 사회를 함께 살고 있는 타인들인 사람을 일컫는다. 이런 시민은 시민으로서 필요한 덕목인 '시민성(civility)'을 갖고 있어야 하며, 이때 비로소 시민사회 구성원으로서의 자격인 '시민권(citizenship)'을 온전히 획득했다고 볼 수 있다. 또한 시민단체들은 시민활동이나 시민운동을 하면서 시민사회에 대한 '책무성(accountability)'을 지녀야 한다.

1. 시민의 개념

먼저 '시민'에 대해 살펴보면, 오늘날 '시민'은 고대의 신분으로서의 시민과 다르며, 근대적 의미의 국적(nationality) 소유자로서의 시민이라는 개념과도 구별될 필요가 있다. 고대 그리스와 로마에서도 시민이란 용어는 존재했으나, 이때 시민은 자유인을 의미했으며 노예와 반대되는 개념으로 쓰였다. 한편 근대적 의미의 시민 개념은 한 국가나 공동체내의 구성원을 의미하는 용어로, 경계선 밖에 존재하는 외국인과 반대되는 개념으로 쓰인다. 특히 이러한 근대적 시민 개념은 1789년 프랑스 혁명 이후, 양도할 수 없는 천부의 권리와 공동체에 대한 의무를 갖는 시민과 이들의 동의에 기초한 공화국 개념이 유럽에 널리 퍼지면서 20세기에 이르러 일반적인 시민에 대한 정의로 받아들여졌다.

고대의 시민 개념은 기본적으로 신분의 차이와 세습을 당연하게 여기고, 노예의 노동력과 여성의 희생에 기반한 성인남자만을 대상으로 했다는 점에서 배타적이고 제한적이었다. 고대 그리스에서 시민은 법을 제정하고 지배와 피지배의 권리를 갖는다는 점에서 정치적인 의미가 강하게 내포되었던 반면, 고대 로마의 시민은 이미 존재하는 로마법 체계의 보호를 받을 수 있는 권리를 갖는다는 점에서 법적인 의미가 강했다.

한편 고대 시민과는 달리 근대적 시민은 일정한 자격요건(예컨대, 국적획득과 성실한 국가의무 수행)을 갖추어 '시민권'을 획득하기만 하면 누구나 시민이 될 수 있기 때문에 일반시민이라는 말로 표현되기도 한다. 그런 점에서 근대적 시민은 계급, 성, 인종, 지역, 학력, 사회적 지위 등과 관계가 없으며, 아니 그런 것들을 기준으로 할 때에는 오히려 다양한 계급, 다양한 성, 다양한 인종, 다양한 지역, 다양한 학력, 다양한 지위를 포함하는 사람들로 구성된다.

하지만 오늘날 시민사회 구성원으로서의 '시민'이라는 용어를 사용할 때 주의해야 할 점은 이를 단순히 근대적 의미의 시민권자라는 의미로만 해석해서는 안 된다는 것이다. 왜냐하면 근대적 의미의 시민권자는 국민국가를 단위로 할 때의 국가의 구성원을 염두에 둔 것이지만, 오늘날 시민사회의 시민은 국가 외에 다른 공적 영역을 만드는 시민으로서 '시민성'의 발현을 필요로 하고, 또 때로는 국경을 초월하기도 하면서 세계시민으로서의 의미를 갖기 때문이다. 따라서 시민사회의 '시민'은 '시민권자'나 국적을 가진 자로서의 '국민'이란 개념은 물론 '대중'이나 '민중'이라는 용어와도 구별된다.

먼저 '시민'은 '국민'과 다른데, 그 이유는 '국민'이란 수동적인 국가구성원 즉 국적을 가진 일반인을 가리키며 능동적 존재인 시민에 비해 권리와 의무를 갖고 있지만 비교적 수동적인 존재로서의 의미를 갖는다. 즉 '국민'은 국가의 통치를 받는 피통치자나 혹은 국가가 제공하는 수혜를 수동적으로 받기만 하는 수혜자로서의 성격이 강하며, 자기 자신을 능동적인 주체로 의식하지는 않는다. 또한 '민중'은 피지배자의 성격을 갖는 존재로서 저항과 비판의 행위를 하기는 하지만 능동적인 주체로서의 성격이 부족할 때 사용하는 용어이다. 따라서 수동적인 '국민'이나 저항적인 '민중'을 능동적이고 창의적인 '시민'으로 전환시키기 위해서는 그들의 역량강화(empowerment)가 필요하며, 이를 위한 가장 좋은 방법은 바로 그들을 시민적 활동에 참여시켜 능동적인 주체로 거듭나게 하는 것이다. 한편 '대중' 역시 수동적이고 획일적인 대상으로서의 집단을 일컫는다. 즉 자신의 이익에만 관심이 있고, 사회적인 의식이 불투명한 익명의 다수 집단이나 생산자들이 물품을 팔기 위해 대상으로 삼아야 하는 소비자 집단을 '대중'이라 부르며, 이 경우 역시 능동적인 사회적 주체로서의 '시민'으로 보기에는 부족하다.

2. 시민권과 시민성

'시민'이 주체적이고 능동적인 사람을 일컫는다고 할 때, 이는 자신이 주인으로서 지배자의 위치에 도달해 있다는 것을 의미하는 것이 아니라, '시민권(citizenship)'을 갖고 있으면서 '시민성(civility)'을 발휘하여 시민으로서의 역할을 다한다는 것을 의미한다. 여기서 '시민권'이란 시민됨의 자격과 소속 및 권리-의무관계를 규정하는 출처인 법적 지위(status)와 제도적 장치를 가리키며, '시민성'은 시민의 자질과 덕성 그리고 시민행동과 시민의식에 관한 것을 일컫는다. 근대 이후 세속적인 '시민권'의 확대와 규범적인 '시민성'의 발현 사이의 적절한 균형을 통해 시민에 대한 논의가 확대되어 왔다. 우리사회의 경우도 민주화 이후 시민들의 기본권과 자유권을 중심으로 시민권 확대를 추구해 왔으며, 요즘은 시민권과 더불어 타인과의 관계에 있어서 필요한 시민성의 함양을 점차 강조하고 있는 추세이다.

'시민권'이 확대된 데에는 자유주의적 시민사회관의 공헌이 크다. 자유주의적 시민사회관은 모든 개인이 자유롭고 평등하게 태어난 존재라는 기본 전제 아래 보편적인 '시민권' 개념을 공식화하는데 일조했다. 하지만 '시민권'을 법적 지위에 관한 것에 국한시킴으로써, 그것이 법을 위반하거나 타인의 권리를 침해하지 않는 한 개인에게 맡겨지며, 서로간의 '시민권'이 충돌하게 될 때 국가는 이를 미리 사전에 방지하거나 사후 조정하기 어려웠다. 따라서 지나치게

'시민권'만 강조될 경우, 시민들은 공적인 것보다 사적인 것에 더 관심을 가지며 시민으로서의 어떤 공공 행위나 공동체에 대한 참여는 기대하기 어려워진다.

따라서 시민은 타인과의 관계를 고려하고 사회적 정의와 선을 추구하는 덕목인 '시민성' 을 가져야한다. 즉 공동선(common good)을 위해 다른 사람들과 함께 행동할 수 있다는 생각을 가져야 한다. 이것이 시민사회에서 공동선이 중요한 이유이다. 하지만 이때 주의해야 할 것은 사회적 공동선을 개인의 자유와 병립시켜야 한다는 점이다. 시민 모두에게 동일한 공동선을 강요하여 그들 각자가 갖고 있는 개인적 권리와 자유를 침해하는 것을 피해야하기 때문이다. 그런 점에서 근대 민주주의에 대해 재성찰해 볼 필요가 있다. 사실 근대 민주주의의 출발은 고대나 중세에서 강조하던 공동선을 내세우기는 하지만 그 공동선의 내용과 실체를 먼저 전제하지 않음으로써 개인들이 자신의 자유를 행사할 여지를 남겨두었으며, 이것이 근대 민주주의 발전의 비결이었다. 다만 자유주의에 대한 지나친 강조가 공동선 자체를 불필요한 것으로 간주하게 만들고, 시민을 개인의 관점에서만 생각하고 행동하게 만든 것이 문제의 발단이다.

개인의 자유는 공동선과 서로 양립해야 한다. 공동선 또한 개인의 자유를 십분 고려해야 한다. 즉 공동선의 중요성을 강조하기는 하되 그 공동선의 내용과 실체를 비워둠으로써, 개인들이 공동의 선을 함께 추구해야한다는 짐을 벗게 하고 자신의 자유를 향유할 수 있도록 해야 한다. 이럴 경우에만 개인의 자유에 대한 침해없이 진정한 의미의 공동선추구가 가능해진다. 그리고 이럴 경우에만 타인과의 소통과 대화의 필요성이 제기된다. '시민권'을 가진 개인들이 '시민성'

을 발휘하여 소통을 통해 타인과의 공동의 선을 논의하고 실천할 때 그 때 비로소 '시민'이 되는 것이다.[19]

따라서 민주사회에서 시민이 되기 위해 공유해야 하는 것은 선에 대한 실체적 (substantive) 개념이 아니라, 이런 전통을 따르는 자유와 평등이라는 정치적 가치와 원칙 이다. 시민이 된다는 것은 이와 같은 가치 및 원칙과 그것이 체현된 규칙들의 권위를 인정하는 것이다. 그런 점에서 '시민'은 단순히 법적 지위로서의 '시민권'을 가진 자가 아니라, 자유와 평등을 정치적 가치와 원칙으로 삼는 사회의 일원이 되는 것을 수락한 자를 지칭한다. 또한 '시민성'이란 타인들도 이런 자유와 평등의 가치를 지니고 있으며, 그 원칙에 따르고 있다는 믿음을 갖는 태도를 일컫는다. 즉 타인의 정당성을 인정하고 그와 함께 공동세계로서의 시민사회를 일구어야 한다는 것을 직시하는 태도를 의미한다.

이와 같이 공동세계로서의 시민사회가 성립되기 위해서는 먼저 자신의 이익이나 의견에 대한 주의주장의 한계를 인식하고, 공동체를 하나의 전체로 간주하여 그곳에서 객관적이고 보편적인 진리가 실현되어야 한다는 전체주의적 주장에 현혹되지 말고, 최소한 타인들의 의견이 무엇인지 귀 기울이고 그들의 이야기를 들어보는 일이 중요하다. 그리고 다른 사람의 개인적 의견이 나의 것과 다르다고 할지라도 적어도 그가 자신의 이익달성과 권력획득을 위해 그것을 말하고 있다고 의심하지 말고, 그도 자신의 입장에서 진심을 말하고 표현하는 것이라고 간주해야 한다.

---

19) 이동수, 「지구화시대 시민과 시민권」, 『한국정치학회보』제42집 21호, 2008.

3. 시민사회의 책무성

시민에게 필요한 덕목이 '시민성'이라고 한다면, 시민단체에게 필요한 덕목은 '책무성(accountability)'이라고 할 수 있다. 일반적으로 책무성은 정부에게 요구되는 것이었는데, 시민단체의 공익적 활동이 증가됨에 따라 정부수준까지는 아니더라도 시민단체의 '책무성'에 대한 요구가 사회적으로 증대되고 있다. 이는 시민사회가 성장하고 시민단체들의 활동이 사회적 영향력을 발휘하면서, 이에 비례하여 시민단체의 사회적 책임과 책무성이 중요한 문제로 대두되었기 때문이다.

우리사회에서 시민사회의 급격한 성장은 그에 대한 반작용도 불러왔다. 시민단체들 간의 이질성이 확대되고, 최소한의 기본적 요건이나 활동의 질을 담보하지 못한 시민단체들이 난립하는 상황도 초래되었다. 신뢰도가 높고 지속적인 활동을 하는 시민단체들도 많지만, 다른 한편으로는 시민단체들의 정파성 문제나 과도한 정치참여 문제, 열악한 재정환경, 비전문성 및 대안부재, 소위 '시민없는 시민운동'이라 불리우는 현상 등과 같은 문제점을 안고 있는 단체들도 많이 있다.

이는 시민단체들의 신뢰도 하락이라는 결과를 초래하기도 하였다. 높은 도덕성이 요구 되는 시민단체 활동들이 재정운영에 있어서의 비리 및 투명성의 부재, 내부조직에 있어서의 비민주성 등으로 인해 단체 내외로부터 도전을 받았던 것이다. 사실 1990년대까지만 해도 한국의 시민단체들 사이에서는 별도로 책무성에 대한 고려가 없었다. 외부에서도 이를 기대하지 않았다. 당시는 NGO 스스로가 자신의 책무성과 활동의 정당성을 주관적으로 보증했던 것이다. 그러나 이제는 자기보증을 넘어 사회적 신뢰성을 회복하기 위해 별도의 책무성에 대한 노력을 할 때가 되었으며, 이에 책무성에 주목하게 된 것이다.

먼저 책무성은 책임성(responsibility)이나 반응성(responsiveness)과 혼용되어 사용되기도 한다. 먼저 책임성은 우리가 보통 생각하는 일반적인 책임을 의미하며 공무원이 시민에게 서비스를 제공할 때의 도의적·자율적 책임과 같은 의미를 지닌다. 이에 비해 책무성은 법률적·제도적인 책임을 가리키며 책임성보다는 한정적으로 사용되는데, 법적인 규정 혹은 계약, 약속 등으로 수반되는 조금 더 강제력이 있는 책임이라고 할 수 있다. 반면 반응성은 기대나 소망에 대한 반응이나 대응의 뜻으로 가장 소극적인 책임을 나타낸다. 요컨대 책무성은 개인 또는 조직이 과업을 이행하는 데 필요한 권한이나 책임을 부여 받았을 때, 그 일과 행동에 책임을 갖고 과업을 요구한 자에게 그 상황이나 결과를 보고, 설명, 해명할 의무이자, 그 결과에 책임을 지고 과오를 시정하거나 개선하려는 의지라고 정의할 수 있다.

책무성은 크게 네 가지 방향을 갖고 있다. 첫째, 위로 향한 책무성(upward accountability)으로 시민단체에 재정적인 후원을 제공하는 기부자나 재단, 그리고 법적 근거를 제공하는 정부나 지방자치단체에 대해 책임을 갖는다. 둘째, 아래로 향한 책무성 (downward accountability)으로 시민단체의 서비스를 받는 수혜자나 시민단체에 의해 자신의 이해가 대변되는 개인이나 집단에 대해 책임을 갖는다. 셋째, 수평적 책무성 (horizontal accountability)으로 동료 시민단체들에 대해 책임을 갖는다. 마지막으로, 안으로의 책무성(inward accountability)으로 자기 조직의 사명과 가치, 자기 조직의 구성원 등과 같이 시민단체 스스로에 대해서도 책임을 갖는다.

이와 같은 책무성을 구성하는 요소들은 여러 가지가 있다. 예전에는 인사나 예산문제 등과 같은 투입부문의 책무성이 중시되었으나, 최근에는 성과를 포함한 결과부문의 책무성이 점차 중요한 요소로 간주되고 있다. 이 요소들을 차례로 나열해 보면, ① 단체의 목적과 사명에 대한 설명, ② 어떤 절차와 방법을 통해 성과를 얻고자 하는지에 대한 설명, ③ 의사결정의 민주성, ④ 재정사용의 투명한 공개, ⑤ 물적 자원의 수입원과 사용처에 대한 정직한 보고, ⑥ 사업결과가 사명에 비추어 이해관계자들을 충족시켰는지에 대한 평가절차, ⑦ 회계에 대한 구체적이고 공식적인 체계에 대한 설명, ⑧ 책임을 져야 하는 성과들을 얼마나 성취했는지에 대한 설명 등이다.

이런 책무성의 요소들을 카테고리별로 재구성해보면, 크게 ① 시민단체의 목적이나 사명에 얼마나 부합하는지의 목적에 주목하는 공익성, ② 시민단체의 활동이 얼마나 시민들의 의사를 대변하는지에 주목하는 대표성, ③ 의사결정 과정과 절차에 주목하는 민주성, ④ 인적, 물적 자원의 사용에 있어서 얼마나 투명한지, 또 그 과정과 정보들이 얼마나 공시되었는지에 주목하는 투명성, ⑤ 시민단체의 활동이 얼마나 성과를 거두고 시민들의 호응을 얻었는가에 주목하는 영향력 등으로 나눌 수 있다.

한국의 NGO들이 이런 책무성의 기준에 얼마나 부합하고 있는지에 대한 연구결과는 아직 확실하지 않다. 다만 몇몇 연구결과들은 낮은 수준이기는 하나 영국이나 이탈리아 같은 선진국의 NGO들과 커다란 차이가 나는 것은 아니라고 보고하고 있다. NGO들의 책무성은 다른 공적 기관들에 비해 대체로 낮은 편이기 때문이다.

하지만 국내에서 시민단체들의 자발적인 책무성 강화 노력은 상당히 진행되고 있으며, 가시적인 성과도 내고 있다. 2007년에는 경실련, 기독교윤리실천운동, 녹색미래, 흥사단 등이 NGO의 책무성과 사회적 책임에 대한 문제의식을 공유하고 사회적 신뢰성을 높이기 위한 내적 혁신운동으로서 'NGO의 사회적 책임운동'을 전개하였다. 그 후 그들은 'NGO 사회적 책임운동 준비위원회'를 발족하고 주요 이해관계자인 정부, 정당, 기업, 시민, 그리고 NGO활동가들이 함께 '한국 비영리단체의 사회적 책임성 및 방향'을 모색하는 연속토론회를 가지면서, 시민단체의 책무성에 대한 캠페인을 계속한 바 있다.[20]

---

20) 특임장관실, 「민관협력과 시민사회발전을 위한 청사진」, 2012.

제4장

시민사회의 역사와 현황

한국 시민사회의 역사

정부와 시장의 조정기능의 한계에 대한 대안으로 제3섹터에 속하는 시민사회가 떠오르고 있는 것은 시민사회가 현대사회에서 발생하고 있는 다양한 문제들에 대해 시민의 자발적 참여를 통해 문제를 주체적·자율적으로 해결해 나가고자 하는 공적인 역할이 정부와 시장의 한계를 보완할 수 있다는 가능성 때문이다. 제3섹터란 다른 말로 비영리섹터, 자원섹터, 사회섹터, 독립섹터로 불리기도 한다. 영국의 블레어정부는 2006년 국무총리실 산하에 '제3섹터 지원부처'(Office of the Third Sector)'를 신설하면서, 제3섹터의 범위를 자원조직 및 공동체조직, 자선단체, 사회적 기업, 협동조합 및 공제조합을 아우르는 것으로 폭넓게 사용하고 있다.

제1섹터인 국가 그리고 제2섹터인 시장과 중첩되어 있으면서도 독립적인 제3섹터이며, 시민들 간의 자유로운 결사체이자 자율적인 공론의 장인 시민사회는 우리나라에서 민주화 이후 본격적인 사회변화의 한 축으로 등장하였다. 시민사회란 곧 모든 구성원이 시민으로서의 소속과 지위 그리고 자질과 덕성을 갖는 정치공동체라 할 수 있다. 그동안 우리의 시민사회는 권위주의적인 정치체제와 불공정한 시장체제를 민주적인 규범과 법제도로 정상화시키는 과정에서 제대로 작동되지 않은 정당정치를 대신하여 대의민주주의를 정상화시키려는 차원에서 불가피하게 정부권력과 시장권력에 대한 감시운동, 시민들의 기본권을 대변하기 위한 권익주장운동 등 시민권의 확보와 확대를 위한 운동을 펼칠 수밖에 없었다. 그리고 그러한 시민사회는 민주화 이후 주변 환경의 변화와 더불어 새로운 변화를 맞이하고 있다.

한국 시민사회의 역사를 이해하는 방법에는 여러 가지가 있다. 그중에서도 국가와 시장과 대비되는 제3섹터로서 시민사회의 실체를 형성하고 있는 대표적이고 상징적인 시민단체의 활동 사례, 즉 NGO와 NPO의 활동과 역할을 역사적인 맥락에서 통시적으로 이해하는 것은 시민사회의 의미를 좁은 범위로 다루지만 구체적으로 이해하는데 있어서 유의미한 방법이다.[21] 우리 근·현대사가 서구 선진국의 경험처럼 중세 봉건제 사회의 모순을 내생적인 발전경로에 따라 자체적으로 아래로부터 해결하기 위한 주체의 형성 및 갈등의 사회화와 통합을 통해 근대 국가와 시민사회를 형성해 나아간 것이 아니라, 일제 식민지 통치, 미군정 통치, 남북전쟁과 분단, 독재정권의 지속과 시민사회에 대한 억압 등으로 그것의 발전경로가 왜곡되었다는 것을 바로 이해하는 것이다. 따라서 한국 시민사회의 역사는 봉건제 사회에서 근대 국가-시민사회로의 이행이라는 내생적인 발전과정의 관점에서 볼 때, 그러한 발전경로가 왜곡되는 현상과 현장,

---

21) 제3섹터로서의 시민사회의 성격으로 비영리성, 비정부성, 자치성, 자발성이 강조된다.

그것이 왜곡되거나 어려워지는 사건 그리고 이것을 정상화시키고자
하는 당시 시대적 저항과 대응, 주요한 사건에 대한 분기점이 있었
다는 점을 고려하여 <표 4-1>과 같이 한국 시민사회의 역사를 크게
4시기로 구분하여 주요 특징을 개괄적으로 살펴보면 다음과 같다.

<표 4-1> 한국 시민사회의 역사

시기	1기	2기	3기	4기
(연도) 성격	1895년-1948년 (근대 시민사회의 맹아기)	1948년-1987년 (시민사회 준비기)	1987년-2000년 (시민사회 출범기)	2000년-현재 (시민사회 확대기)

제1기는 1895년부터 1948년까지 근대 시민사회의 맹아기로서, 이
시기에는 봉건사회의 내부 모순 속에서 근대적인 시민권과 시민사
회에 대한 기초가 형성되었으며, 해방이전까지 일제의 강압에 저항
하는 다양한 민권단체와 독립운동단체들이 등장하여 초창기 NGO
의 맹아가 되었다는 것이 주요 특징이다. 제2기는 1948년부터 1987
년까지 국가 및 시장의 조정기능의 한계에 대한 시민사회의 준비기
로서, 해방이후 근대적인 국가와 시장의 조정기능이 형성되는 과정
에서 NGO가 '대안'이라기보다는 민주적인 국가와 공정한 시장으로
작동되도록 하기 위한 '보완재'의 성격으로 활동하였다는 것이 이
시기의 주요 특징이다. 제3기는 1987년부터 2000년까지 자율적인
제3섹터로서의 시민사회 출범기로서, 이 시기는 1987년 민주화 운
동이후 본격적으로 등장한 다양한 NGO들이 국가와 시장에 대한
보완재가 아닌 자율적인 제3섹터로서의 성격을 가지고 본격적인 시
민활동을 시작하였다는 것이 주요 특징이다. 제4기는 2000년부터

현재까지 제3섹터로서의 시민사회 확대기로서, NGO의 양적인 확대와 더불어 질적으로 다양성이 확대되었으며, 그것의 성격도 '주창형'에서 점차 '자원봉사형', '사회서비스형', '사회적 기업형', '마을 만들기형', '협동조합형', '자생형' 등으로 분화되고 확대되었다는 것이 이 시기의 주요 특징이다.

1. 제1기(1895년~1948년)

이 시기의 주요한 현상과 특징은 봉건적인 신분제도가 잔존하는 가운데 맹아적인 수준에서 서양의 문물을 접한 지식인과 봉건적인 내부모순을 경험적으로 인식한 민중을 중심으로 근대적인 시민권과 시민사회에 대한 관점이 태동하고 있었다. 하지만 아래로부터 근대 시민사회를 개창할 만큼 성숙한 수준은 아니었다. 1948년 해방이전 조선왕조와 대한제국 그리고 일본 식민지통치 하에서는 시민권을 보장하는 법·제도적 장치가 정립되지 않았다. 물론 일본 제국주의 통치가 근대적인 법체계에 의존하기는 했지만, 이것은 일본의 한국 지배를 위한 것으로서 식민지 민중의 자유와 권리보장을 위한 목적이 아니었다. 당시 조선왕조와 일제의 전제적이고 폭압적인 국가권력에 대해 저항하는 시민사회의 정치·사회적 세력화는 취약했지만, 구한말의 동학운동, 3·1운동, 1930년대 이후의 독립운동 등이 보여주는 바와 같이, 협소한 공간과 제한된 자원을 가지고 국가권력에 대한 저항이 간헐적으로 일어났다.

1894년에 시작된 동학농민운동은 반제반봉건적인 성격을 보여준 민중운동의 전형으로, 중세 신분제사회의 모순과 군주제의 폐정 그리고 농지개혁을 아래로부터 자주적으로 요구함으로써 근대 시민사회로의 이행가능성과 잠재력을 보여주었다. 농민들은 지주와 지방수령의 예속과 수탈구조에서 벗어나 자유롭고 평등한 사회계약의 주체이자 근대 시민인 부르주아 혹은 소부르주아로 성장하기를 열망하였다. 하지만 당시 근대사회로의 이행에 소극적인 조선왕조와 외세의 압력으로 그들의 열망과 내생적인 발전전망은 억압당하였다. 1896년에 독립협회에 의해 개최된 만민공동회는 지식인에 의해 주도된 것으로서, 일제의 침탈에 대항하여 자주독립의 수호와 자유민권의 신장을 계몽하기 위해 조직된 민중집회로 근대적인 결사와 표현의 자유를 보여준 상징적인 집회활동이었다. 독립협회가 발행한 독립신문은 자유로운 언로의 확보를 통해 당시 민중의 힘을 조직하고자 했던 활동으로서, 이것은 부르주아 공론장의 성격을 지니고 있었다.

1889년의 대한제국의 헌법인 <대한국 국제(大韓國 國制)>가 제정되기는 했지만, 이 헌법은 황제의 권한만을 규정하고 시민권은 규정하지 않았다. 하지만 당시 독립협회와 만민공동회 등 개명된 지식인을 중심으로 아래로부터 시민권에 대한 요구가 나타났다. 주로 집회·결사 및 언론에 대한 자유 등 자유권과 선거제도 확립, 의회설립, 지방자치 등 정치권에 대한 요구였다. 하지만 대한제국이 제도개혁을 통해 근대적인 시민권의 보장을 정립하기도 전에 제국주의로 치닫는 일본의 침략으로 1910년 일본에 병합되고 말았다. 1910년 한일병합 이후에도 조선인의 시민권에 대한 요구는 일본에 의해 받아들여지지 않았다. 1903년에 '황성기독교청년회'를 모태로 하는 YMCA가 조직되었다. YMCA의 멤버들은 초창기부터 근대적 사회개혁 의식에 고취돼 있었기 때문에 직업교육, 농촌운동, 기독교 민권운동에 정열을 쏟았으며, 이후 이상재(2대 회장), 윤치호(4대 회장), 김규식, 홍재기 등 독립협회 지도자들이 YMCA에 대거 참여하면서 이미 해체된 독립협회의 정신을 계승하는 기틀을 세우기도 하였다. YMCA는 체육활동에도 노력을 기울여 1905년 야구를 처음으로 보급하였고, 이어 농구(1907년), 스케이트(1908년) 등을 조선에 소개하였다. 이후 1919년 2.8 독립선언과 3.1운동을 선도했고 1922년부터 물산장려운동, 농촌강습소개소운동 등으로 자립 경제운동을 펼쳤으며, YWCA 및 보이스카우트, 신간회 등의 단체도 지원함으로써 근대적인 시민주체의 형성을 도왔다.

1906-1907년까지 존재하였던 대한자강회(大韓自强會)는 개화파 계통의 합법적인 사회단체로 활동하였고, 1907-1911년까지 지속된 신민회(新民會)는 비합법적인 비밀결사 단체로서 독립운동을 전개하였다. 신민회는 한국 재야운동단체의 뿌리라고 할 수 있다. 1913년에 미국에서 창설된 흥사단(興士團)은 신민회의 후신으로 안창호에 의해 주도되었다. 1919년 3.1운동은 재야 지식인과 종교인들의 활동이 각 지역 민중들의 참여와 결합되면서 전국적인 차원에서 범국민적인 운동으로 진행되었다는 점에서, 한국 최초의 대중적 독립운동이라고 할 수 있다. 일제에 의한 억압이 전민중의 저항운동으로 승화되어 전국차원의 항거로 폭발하였다는 점에서, 시민참여운동의 기원이라고 볼 수 있다. 이러한 3·1운동은 식민지 민중들에게 주체적인 힘으로 일제로부터 벗어나 근대적인 독립 국가를 세워야 한다는 근대적 주체의식과 시민의식 및 시대적 사명감을 고취시켰다. 특히, 조선물산장려운동·외화배척운동·납세거부운동·소작쟁의·민립

대학설립운동 등과 함께 일어난 협동조합운동은 농민·노동자·지식인·일반 서민대중이 주체가 되어 자발적으로 소비조합과 신용조합을 조직함으로써 경제적 자력갱생운동을 벌이는 한편 계몽활동을 병행함으로써 민족의식을 고취시켰다. 또한 소작쟁의와 원산총파업을 통한 노동인권의 각성과 단합은 인권운동의 시초로 평가될 수 있다. 아울러 1927년 5월에 조직된 항일여성운동 단체인 근우회(槿友會)는 최초의 여성운동단체로서 그들이 제시한 여성해방과 사회개혁의 강령은 매우 선진적인 것이었다.

3·1운동 이후 1927년 이상재에 의해 신간회(新幹會)가 조직되었다. 이 단체는 민족주의계열과 사회주의계열이 연합하여 만든 독립운동단체이다. 3·1운동이후 만들어진 신간회를 비롯하여 1922년에 설립된 한국 YWCA 등 다양한 독립운동단체와 사회단체 등이 만들어졌는데, 이들이 바로 한국 NGO의 맹아에 해당한다. <시민의 신문>이 출간한 1997년 민간단체총람에 의하면 우리나라 최초의 시민단체로 1903년 설립된 서울 YMCA를 들고 있으며, 1905년에 설립된 대한적십자사와 대한변호사협회를 초기 NGO로 소개하고 있다. 또한 1913년 설립하여 무실역행을 근간으로 계몽활동과 신문화 교육에 전념했던 흥사단과 1919년에 설립한 천도교청년회, 1920년 설립된 한국불교청년회도 한국 NGO의 맹아로 포함시킬 수 있다. 이들 초기 NGO 단체들은 주로 신문화 교육활동을 통해서 한민족의 정체성과 일본의 식민지로부터 독립심을 고취하는 민중계몽활동을 전개하여 근대적 시민의식의 함양과 근대적 시민의 주체형성에 기여하고자 노력하였다.

2. 제2기(1948년~1987년)

　이 시기는 일본의 패망 그리고 또 다른 외세의 개입이라는 변화된 환경 속에서 민중들과 지식인들이 어떻게 근대적인 독립국가를 건설할 것인가에 대한 여러 방법론을 놓고 여러 정파와 진영 간에 분열하여 격렬한 논쟁과 사회적 쟁투를 벌이던 시기였다. 특히, 1945년 해방 직후 노동자·농민 등 민중운동의 분출, 1960년의 4·19, 1980년의 서울의 봄과 5·18, 1987년 6월의 직선제 쟁취를 위한 민주화운동 등을 들 수 있다. 따라서 당시 시민사회진영의 주요 관심사는 구미 선진국들의 전례를 따라서 근대적인 국가건설과 함께 자본주의적 시장경제질서를 수입하여 압축적인 방식으로 추진한 국가권력과 시장권력에 맞서 이러한 흐름을 견제하거나 그것의 폐해를 보완하는 공익적·공공적 활동의 추구였다. 당연히 그 활동수준은 국가와 시장의 영역을 넘어서는 분명한 제3섹터로서의 '대안'이라기보다는 민주적인 국가와 공정한 시장으로 작동되도록 하기 위한 '보완재'의 성격이 강하였다. 왜냐하면 이 시기에 국가권력은 국가, 시장과 구분되는 독립적인 제3섹터로서의 시민사회를 허용하지 않았기 때문이다. 즉, 시민들에게 집회·시위·결사·언론의 자유를 허용하지 않아서 시민사회의 자율적인 성장이 불가능했기 때문이다.

　해방이후 다양한 이념적·정파적 색채의 정당과 사회단체들이 백가쟁명으로 존재하였지만 이들은 미국과 소련이라는 외세의 개입에 따른 냉전과 분단의 경쟁논리로 인해 사회단체들의 다양성은 사라졌고, 획일성과 이분법을 기초로 한 이념적·정파적 대립양상을 보일 수밖에 없었다. 따라서 이러한 정당과 사회단체들은 NGO를 기

반으로 하는 시민사회적 성격보다는 국가를 건설하기 위한 준정당
적인 정치단체의 성격을 지닐 수밖에 없었다.

따라서 시민사회의 자율성과 독자성은 상대적으로 빈약할 수밖에
없었다. 해방 직후 최초로 결성된 정치단체는 여운형 중심의 건국준
비위원회를 들 수 있으나, 정당의 명칭을 최초로 명시한 것은 1945
년 9월 1일에 창당한 조선국민당이었다. 이후 준정당적 정치단체의
활동은 우후죽순의 양상으로 좌파·우파·중간노선의 무수한 정당
들이 이합집산을 거듭했다. 미군정이 들어오기 직전에 70개 이상의
정치단체가 난립했고, 1945년 말 서울 시내에 게시된 정당간판이 30
개에 이르렀다. 1947년 7월에 미소공동위원회와 국정을 협의할 것
을 신청한 남북한의 정당과 사회단체의 수는 무려 463개나 되었다.
미군정과 이승만정부는 반공주의정책을 국시로 내세우면서 이에 반
대하는 단체들의 활동을 규제 하였고, 이것에 대해 시민사회진영은
강력하게 저항하였다.

또한 군사쿠데타로 탄생한 박정희 정부 역시도 반공주의정책과
중앙집권적인 근대화 및 산업화 우선정책을 국시로 내세우면서 이
것에 대해 비판하며 다른 목소리를 내는 민중들의 생존권과 시민권
및 인권을 탄압하고, 이를 대변하려는 시민사회 진영의 활동을 규제
함으로써 이에 대한 시민들의 저항은 반정부적 시위활동으로 등장
하였다. 그리고 박정희 대통령의 서거 이후 또다시 군사쿠데타로 집
권한 전두환 정부와 노태우 정부는 권력의 정통성을 문제제기하는
재야세력과 시민사회진영의 비판과 공격을 무마하기 위해 강력한
규제와 억압으로 일관하였다. 이러한 규제와 억압에도 불구하고 당
시 시민사회진영은 계속되는 권위주의적 국가운영과 쿠데타 및 민

중생존권과 인권에 대한 억압과 탄압에 대해서 4·19항쟁, 부마항쟁, 광주민중항쟁 등으로 권력체제의 변화를 근본적으로 요구하는 반정부 민중항쟁을 펼쳤으며, 이것을 추구하는 것에 대한 사회적 공감대를 확대하는 운동에 전력하였다.

당시에는 제3섹터로서 자율적인 시민사회가 상대적으로 미약하였기 때문에 국가와 시장의 비판 및 시민권에 대한 옹호는 체제 밖의 재야운동단체와 체제내적인 NGO 단체가 담당할 수밖에 없었다. 당시 재야단체로는 1974년의 민주회복국민회의, 1970년대 후반의 민주주의와 민족통일을 위한 국민연합, 1983년의 민주화운동청년연합, 1984년의 민중민주운동협의회와 민주통일국민회의, 1985년의 민주통일민중운동연합, 1987년의 민주헌법쟁취국민운동본부, 1988년의 전국민족민주운동연합, 1990년대의 민주주의와 민족통일을 위한 전국연합 등이 있었다. 당시 체제내적인 NGO는 1959년에 설립된 (사)한국여성단체연합회, 1963년에 설립된 (사)한국부인회, 1966년에 설립된 (사)대한주부클럽연합회, 1971년에 설립된 (사)전국주부교실중앙회, 1970년에 설립된 (사)한국소비자연맹, 1976년에 설립된 (사)소비자보호단체협의회 등이 있었다. 또한 1970년대 초반 새마을운동협의회, 한국자유총연맹, 바르게살기운동협의회 등 준정부적이며 관변적 성격의 NGO가 탄생하였다. 이들은 시민사회의 영역을 스스로 대변하였다기보다는 국가정책의 정당화를 위해 시민사회의 역량을 동원하는 국민운동단체의 성격을 띠고 있었다. 국민운동을 전개했던 이 같은 NGO들은 민주화 이후 점차 시대상황이 변화하면서 관변성격에서 벗어나 녹색생활실천, 공정사회실현, 자유민주주의 가치 함양 등 공익을 지향하는 방향으로 자신의 활동을 변화시켜 가고 있다.

3. 제3기(1987년~2000년)

이 시기는 한국에서 제3섹터로서 자율적인 시민사회가 분명한 가
치지향을 갖고 출범하는 시기이다. 중산층이 대거 참여하여 이루어
진 1987년 6월 민중항쟁은 한국의 정치·사회적 민주화를 위한 일
대도약이었다. 시민들의 시민권이 어느 정도 법·제도적으로 반영되
어 가는 과정에서 비로소 국가와 시장으로부터 자율성을 지향하는
제3섹터로서의 시민사회가 출범할 수 있었다. 1987년 민주화항쟁
이후 변화된 상황 속에서 각종 NGO의 탄생이 분출하였다. 이들은
기존의 이념운동과 계급운동 및 반정부-반시장운동을 지향했던 민중
운동과 사회운동과는 다르게 권력교체와 체제교체보다는 권력과 체
제의 문제점을 시정하는 것을 목표로 하는 '시민운동'을 표방하였다.
즉, 민주화의 진전에 따른 절차적 민주주의의 도입과 사회경제적
권리의식의 증진이라는 사회적 변화에 부응하기 위한 시민사회진영
은 종전의 재야와 민중운동진영 그리고 사회단체와 다르게 국가-시
장으로부터 어느 정도 자율성을 갖는 제3의 영역으로서 '시민운동',
'시민단체', '시민사회진영'이라는 새로운 패러다임을 제시하고 그 길
을 개척하고자 하였다. 이들은 기존의 전형적인 운동방식이었던 '반
정부-반시장 민중투쟁'에서 벗어나 정부와 시장을 근본적으로 부정
하지 않는 가운데, 이들의 행태와 잘못된 정책을 비판·견제하고 수
정하기 위하여 정책대안을 제시하려는 활동을 새롭게 시도하였다.
이들은 민주화 이후 노동자, 농민, 빈민, 재계, 변호사 등 각 계급계
층별·직능단체별 차원에서 요구되는 이익의 극대화 노선에 연대하
면서도 그 이익이 사회전체의 공공성과 충돌하거나 지나친 집단이

기주의로 빠지는 경우에는 이를 바로 잡기 위한 견제와 개입활동을 통해 자신의 노선을 차별적으로 정립해 나갔다.

특히, 이들은 민중운동진영의 관성적인 운동방식이었던 '반정부 반시장적 태도'와 모든 이슈를 반정부로 환원하여 투쟁하려는 '반정부적 환원주의투쟁'에서 벗어나 여러 가지 개별적인 이슈와 사회적 쟁점에 개입하여 구체적인 정책대안을 제시하거나 언론과 미디어 매체를 통해 공론화함으로써, 사회적 공감을 얻어냄은 물론 자신의 활동범위와 영향력을 점차 넓혀가면서 사회의 중심세력으로 대두하였다. 이러한 시민사회진영은 대체로 노동운동이 추구해왔던 노동자계급의 중심성을 거부하고 다원주의적인 입장에 서서 다양한 행위자들이 겪게 되는 민생과 생활세계의 이슈를 크게 부각시켰다. 또한 이들의 운동방식은 기존 사회운동방식에서 일반화되었던 이데올로기적 설득과 물리적 공격에서 벗어나 구체적이고 실용적인 방식으로 대안제시와 언론매체를 통한 공론화로 바뀌었다. 활동 주체도 조직화된 소수에서 다양한 계층의 학생, 주부, 직장인 등 중간계층으로 이동하였다. 또한 노동자, 농민, 도시빈민의 연대를 강조하면서 무시되어 온 도시중간 계층의 상대적 중요성이 강조되었고, 운동방식에서는 체제내적인 운동을 전개하는 것을 원칙으로 하는 양상을 띠었다. 1989년 7월 창립된 경제정의실천시민연합(경실련)을 비롯한 한국여성단체연합, 환경운동연합, 참여연대 등 한국의 대표적 NGO 단체가 이 시기에 출범하거나 결성되었다.

자율적인 제3섹터로서 시민운동의 출범을 알린 경실련은 투기를 통한 불로소득 근절, 토지의 재분배문제에 대한 관심 집중, 토지공개념의 확대도입, 부동산 과표의 현실화를 입법화시키려는 전문성을 가지고 부동산투기 근절운동과 세입자 보호 및 도시빈민 주거안정 대책 촉구 운동을 전개하여 많은 시민들의 호응과 참여를 이끌어 냈다. 이후 한국은행 독립, 금융실명제 실시, 세제개혁, 재벌로 집중된 경제력의 분산, 공명선거 캠페인 등 수많은 활발한 활동을 벌여 시민사회의 힘이 시민에게서 나온다는 것을 상징적으로 보여 주었다. 1989년 2월 발족한 한국여성단체연합은 그동안 소외되었던 여성들의 인권과 권리문제를 사회적으로 쟁점화하면서 여성들의 젠더의식과 양성평등의식의 확대에 많은 영향을 미쳤다. 1993년 설립된 환경운동연합은 종전의 반정부적인 정치투쟁의 영역에서 벗어나 후기산업사회의 대표적인 주제인 환경문제를 제기함으로써 새로운 시민사회의 영역을 개척하였다. 그리고 1994년 10월 창립된 참여연대는 각계의 전문성과 활동가들의 활동성을 결합시켜 소액주주운동, 권력감시운동, 시민권리찾기운동 등 다방면에서 보다 적극적인 시민참여와 권력비판을 주도하여 종합적인 시민운동단체로 성장해 나갔다.

1990년대에 들어서 NGO를 기반으로 하는 시민사회운동은 새로운 도약을 하게 되어, 이 시기를 많은 사람들은 NGO의 르네상스기라고 불렀다. 이러한 NGO의 양적·질적 도약이 가능하게 되었던 배경은 민주화 이후 전환기적 시대상황에 따른 정부의 법제도적 지원이 있었기 때문에 가능하였다. 우선, 전환기적 시대상황으로는 소련을 중심으로 하는 사회주의 진영의 해체와 이에 따른 냉전의 종식, 세계화의 급진전, 정보통신 혁명 등으로 인해서 국가의 국정운영 방식이 폐쇄적이고 일방적인 방식에서 개방적이고 수평적인 방식으로 변화할 수밖에 없었고, 이러한 가운데 시민과 시민사회의 참여를 허용할 수밖에 없었기 때문이다. 또한 법제도적 측면에서는 시민들의 참여와 관심이 증대되면서 확대된 시민권에 기반한 시민들의 자발적 결사체가 폭발적으로 증가하였고, 이를 지원하기 위한 차원에서 정치권과 정부는 관련법규정을 개정할 수밖에 없었다. 김영삼 정부는 1994년 사회단체등록에 관한법률을 폐지하고 사회단체신고에 관한 법률을 제정하였다. 이후 이 법률은 김대중 정부에 들어와서 시민단체의 활성화를 목적으로 1999년에 <비영리민간단체지원법>으로 대체되었다.

2000년에 시행된 <비영리민간단체지원법>에 따라 이를 전후로 NGO단체들의 결성이 증가하였다. 중앙정부 부처와 지방정부 부처에 등록된 NGO들의 설립시기가 대체로 1996년 이후 45.8%를 차지할 정도로 NGO의 양적인 성장이 1990년대 중·후반에 들어와서 본격적으로 이뤄졌다. 이러한 NGO와 시민운동진영의 양적인 도약은 1994년 4월에 출범한 경실련 주도로 결성된 시민사회운동단체간의 연대조직인 '한국시민사회단체협의회(시민협)'에서 잘 드러난다. 시민협은 경실련, YMCA, 환경운동연합 등과 같은 58개의 대규모 단체가 연대하여 창립한 연대조직으로 공동정책토론회, 공명선거캠페인과 공명선거실천협의회 결성, 정치개혁입법청원 등 다양한 운동을 전개하였다. 하지만 시민협은 1994년 보다 진보적인 참여연대의 등장에 따라 단체내부에서 활동방식과 노선의 차이를 놓고 서로 다른 조직의 틀로 분화해 나갔다. 즉 1994년 창립한 시민협 내부에서, 보다 진보적인 관점에서 권력비판적인 성향의 시민단체들은 참여연대가 주도하여 결성한 2000년 1월 전국 412개 단체들로 구성된 '총선시민연대'에 가입하여 활동하였다. 또한 '총선시민연대'와 시민협이 통합한 조직이 2001년 '시민사회단체연대회의'로 발족하면서 시민협은 해산하는 운명에 처했다. 하지만 해산한 시민협은 당초 경실련과 시민협 결성의 주역이었던 서경석 목사와 뉴라이트 계열 시민단체와 북한인권운동단체 등의 주도로 2012년에 동명인 '한국시민단체협의회'로 재발족하였다.

한편 2000년 총선시민연대는 16대 4·13 총선에서 부적절한 후보자에 대한 공천반대, 낙선운동을 전개할 것을 천명하고 4월 3일 공천 반대자 64명과 반인권 전력 및 납세 비리, 저질 언행 관련자 22명 등 모두 86명의 낙선대상자 명단을 발표하였다. 이들은 피케팅이나 가두방송, 현수막 게시 등을 통해 특정후보를 떨어뜨리는 낙선운동을 전개했고, 이에 대해 일부 정치권에서는 총선시민연대의 낙천·낙선운동은 <선거법>에 저촉되는 불법운동이라고 비판했다. 그럼에도 불구하고, 이들의 운동으로 86명의 낙선 대상자 가운데 59명(68.6%)이 떨어졌고, 22명의 집중 낙선대상자 중 낙선자는 15명(68.2%)이나 되었다. 이러한 '총선시민연대'의 낙천낙선운동은 제역할을 못하는 정당정치를 보완하는 차원에서 대의적 제도정치권을 정상화시키려고 했다는 점에서 의미가 있었다. 그러나 정치적으로 중립과 합법적 운동을 지켜야 할 시민운동이 지나치게 정치적으로 개입하였다는 점과 자발적인 시민참여가 부족한 가운데 시민엘리트들에 주도됨으로써, '시민 없는 시민운동'의 전례를 보여줬다는 점 등에서 부정적인 평가와 비판여론이 제기되었다. 이러한 논란과 논쟁을 둘러싸고 제3섹터로서의 시민운동의 적절한 방향성에 대한 논쟁이 일어났으며, 이것을 계기로 시민단체의 성향에도 많은 분화와 변화가 일어나게 되었다.

4. 제4기(2000년~현재)

이 시기는 제3섹터로서 자율적인 시민사회가 양적인 면에서 비약적으로 증가하는 한편 질적인 면에서도 다양한 영역으로 분화하고 확장하는 시기이다. 우리나라에서 국가-시장-시민사회라는 3분위 모델에 입각한 제3섹터의 영역으로서 시민사회는 1987년 민주화 운동 이후 본격적으로 등장한 시민운동을 지향하는 다양한 시민단체들의 등장을 통해 발현되었다. 그러한 시민단체들의 종류가 다양함에도 불구하고 그것의 성격을 몇 가지로 분류해 보면 다음과 같다. 정부권력에 대한 비판의 관점에 선 '주창형 NGO' 영역, 시장권력에 대한 비판의 관점에 선 '주창형 NGO' 영역, 사회복지정책에 있어서 정부와의 협력을 강조하는 '사회서비스 NPO' 영역, 사회적 일자리 창출에 있어서 기업과의 협력을 강조하는 '사회적 기업' 영역, 제3섹터의 관점에서 자생성을 강조하는 '봉사와 나눔의 NGO', '마을 만들기', '협동조합', '대안생활공동체' 등의 영역이다.

우리나라의 NGO 성격은 후발 민주주의국가의 관행처럼 민주화 운동이 뒤늦게 일어나 제도적인 민주화 운동을 NGO가 일정 정도 담당할 수밖에 없었다는 점에서 주창형과 정치적 성향이 강한 제3세계형 NGO에 가깝다. 즉 정치권력과 시장권력에 맞서는 '주창형 NGO' 등으로 표현되는 '비판형'에 가깝다. 하지만 최근 들어서 선진 민주국가들이 걸어갔던 것처럼, 우리사회에서도 '주창형 NGO' 외에도 '사회서비스 NPO', '사회적 기업 영역' 등의 '협력형 NPO'가 양적으로 확산되고 있는 가운데, 점차 '봉사와 나눔을 실천하는 NGO', '마을 만들기', '협동조합', '대안생활공동체' 등의 '자생형' 중심의 시민단체들이 점차 증가하는 경향을 보여주고 있다. 이러한 현상은 한국 시민사회의 성격이 변화되고 있음을 보여주는 징표라고 할 수 있다. 특히, '한살림', 'icoop생협'과 같은 생활협동조합, '녹색가게', '아름다운 가게'와 같은 재활형 소비자운동, '그루', '아름다운 커피'와 같은 공정무역에서 보여지는 것처럼, 국가와 시민을 연계하는 사회서비스형 NGO와 NPO가 국민적 관심을 받으며 성장하고 있다.

이러한 것은 제3섹터로서 시민사회가 양적, 질적인 면에서 성숙하고 있다는 것을 보여준다. 종전까지는 정치적 권리와 이익을 대변하는 '주창운동'(advocacy)이 주도하는 양상을 보였으나 이제는 공동체에 대한 책임과 의무를 다 하는 '자원봉사활동'이 각광을 받고 있다. 1994년 후반부터 2000년대 초반에 자원봉사 NGO들이 대거 등장하였다. 1994년 4월에 자원봉사계의 전국조직인 '한국자원봉사단체협의회'(한봉협)이 창립되었고, 2003년 6월 새마을, 적십자, 한국사회복지협의회, 한국대학사회봉사협의회, 청소년센터협의회, 한국자원봉사센터협회 등 1백여 개의 자원봉사 기관 및 단체들의 전국 연합체인 '한국자원봉사협의회'가 출범했다. 우리나라의 자원봉사의 역사는 두레, 계, 향약 등에서부터 출발하지만, NGO로서 현대적인 의미와 모양을 갖추고 폭발적으로 등장한 것은 1994년대 이후이고 관련법의 제도화는 2005년 <자원봉사활동기본법>으로 정비되었다.

뿐만 아니라 우리사회가 IMF 이후 진행된 사회의 양극화 심화의 대안으로 취약계층의 일자리창출과 사회복지서비스 제공 등을 위하여 영국을 비롯한 유럽 선진민주국가에서 이미 대중적으로 안착된 제3섹터형 NGO와 NPO 영역이 시민들로부터 관심을 받으면서 새롭게 확대되고 있다. 또한 사회적 기업은 취약계층을 위한 고용창출형 사회공헌 모델로서 국가, 시장, 시민사회 세 부문이 함께 손을 잡는 일종의 민관협력모델 혹은 거버넌스 모델로 작동될 때, 더욱 활성화될 수 있다. 한국에서 대표적인 사회적 기업의 예는 '행복한 학교재단'이다. 이것은 방과 후 학교 위탁사업을 운영하는 사회적 기업으로, SK그룹의 재원과 경영 노하우, 서울시의 행정지원 역량이 결합돼 세워진 모델이다. '행복한 학교재단'은 공교육 기능 보완과 더불어 교육격차 해소, 사교육비 부담 완화, 방과 후 강사 일자리 창출 및 고용 안정 등을 목표로 하고 있다. 현재 서울, 부산, 대구, 울산 등 4개 지역의 '행복한 학교재단'은 2011년 기준 60여 개교, 1만여 명의 수강생을 대상으로 프로그램을 운영함으로써 400 여명의 강사를 채용해 신규 일자리를 창조하였다.

자원봉사, 공공서비스 공급, 사회적 기업, 마을만들기, 협동조합에 대한 관심은 시민사회의 영역을 종전의 '주창형'에서 '제3섹터형'으로 점차 재편하고 있으며, 이러한 경향은 한국의 시민사회가 분화와 확대기로 이행하고 있음을 보여준다. 이러한 재편은 2007년 사회적 기업 육성법의 시행과 2012년 <협동조합기본법>의 발효와 더불어 탄력을 받고 있다. 사회적 기업 육성법이 시행된 지난 2007년만 해도 50곳에 불과했던 사회적 기업이 2012년 현재 5년 만에 680곳으로 늘었다. 현행 <협동조합기본법>은 어떤 종류의 협동조합이든 조합원 5명만 모이면 자유롭게 설립할 수 있도록 되어 있다. 따라서 5명으로도 다양한 사회서비스와 일자리를 만드는 협동조합형 사업운영의 길이 열리게 됨으로써 자활·사회적 기업·마을만들기·생활협동조합 등의 '사회적 경제활동'을 시·군 지역 단위에서 뒷받침하고 견인할 수 있게 되었다.[22]

시민사회의 현황

 이상과 같이 한국에서 시민사회의 발전 역사는 얼마 안 되지만 그 성과는 크다. 여기에 최근 시민사회는 단지 단체수의 증가라는 양적인 면만이 아니라 질적인 차원에서도 새로운 전환기를 맞이하고 있다. 가장 주목할 만한 변화는 과거 국가와 시장을 비판하면서 성장했던 한국 시민사회는 태생적으로 반독재 민주화 또는 민중주의적인 경향을 가졌었지만, 앞서 역사에서도 살펴보았지만 2000년대 이후 제3섹터 영역이 새롭게 대두되면서 시민사회의 영역이 다양화되고 현대적인 시민사회의 상(像)을 형성하고 있다. 때문에 현재 한국 시민사회는 단체 수의 증가라는 양적인 차원을 넘어 활동 영역에서도 정치개혁이나 노동, 인권, 여성, 환경에서부터 경제, 문화, 언론, 복지, 세계화, 건강, 웰빙(well being), 다문화 이주민, 북한 인권, 뉴라이트 계열의 운동, 생태, 인터넷, 협동조합, 풀뿌리공동체, 마을만들기 지역공동체 등 다양한 분야로 확장되고 있다.

---

22) 특임장관실, 「민관협력과 시민사회발전을 위한 청사진」, 2012.

1. 한국 시민사회의 전환

한국 시민사회는 1987년 민주화 이후 새로운 전환기를 맞이하게 되었다. 하지만 한국 시민운동사에서 또 다른 전환기가 있었으니 그 것은 2000년이라고 할 수 있다. 2000년 이후 한국에서는 제3섹터 영역이 뿌리를 안착하게 되는데 그 전후의 두 가지 전환점은 이후 한국 시민사회역사에서 중요한 의미를 가지고 있다. 그런 맥락에서 2000년은 한국 시민사회의 새로운 전환점이라고 할 수 있다.

2000년은 두 가지 차원에서 시민사회 역사에서 중요한 의미를 가진다. 첫째, 역사상 처음으로 시민단체에 대한 법적 지위가 부여되고, 이를 지원하기 위한 법률적인 틀로서 <비영리민간단체지원법>이 제정되었다. 둘째, 2000년부터 시민사회 운동이 기존의 국가와 시장을 비판하면서 성장하였던 것을 벗어나 제3섹터 영역이 성숙하고 아울러 시민단체들이 구체적인 사회개혁과 발전의 방향을 제도권 내에서 모색하게 되었다.

시민단체의 제도화는 김영삼 정부 때부터 모색이 되었다. 시민사회의 질적·양적팽창이 시작되면서 시민단체에 대한 지원 법률의 필요성이 각계각층에서 제기되었다. 이때 등장한 시민단체는 과거의 계급지향·민중운동주의적인 단체와 달리 시민들의 이해와 요구 그리고 정치적 지향을 대변하는 조직으로 성장했다. 이러한 새로운 시민단체의 등장과 더불어 정부도 시민사회의 중요성을 인식하게 되면서 시민단체 지원에 관한 법을 새롭게 정비하였다.

먼저 1994년 사회단체등록에 관한 법률이 폐지되고 사회단체신고에 관한 법률이 제정되어 자율적인 시민단체 성장을 위한 제도적 장치가 마련되기 시작하였다. 이는 시민단체에 대한 정부의 인식이 개선되는 하나의 전환점이 되었다. 과거 시민단체에 대한 인식이 주로 국가와 시장의 비판자, 견제자로서 기능했기 때문에 정부 측의 시각도 좋지 않았던 것도 사실이다. 하지만 김영삼 정부에서의 전환적인 조치들은 정부 내에서 시민단체에 대한 시각을 한 단계 넓혀 주는 계기가 되었다.

이러한 분위기는 김대중 정부에 들어서 더욱 강화된다. 김대중 정부는 선임 김영삼 정부의 지원체계를 종합하여 2000년 1월 12일 법률 제6118호에 의거 비영리 민간단체의 자발적인 활동을 보장하고 건전한 민간단체로 성장하도록 지원하고 비영리 민간단체의 공익활동 증진과 민주사회 발전에 기여하기 위해 <비영리민간단체지원법>을 제정하게 된다. 물론 <비영리민간단체지원법>의 내용에 관해서는 그 미비함으로 인해 일부 비판도 제기되었다. 하지만 일정한 제약에도 불구하고 이 법의 등장은 한국에서 시민단체가 권위주의 정부시기에 민주화운동을 선도하고 사회개혁과 변화상에 관한 의제를 제기함으로써 국민의 지지를 받게 되고, 그 후속조치로서 정부가 시민사회를 국정 파트너로 서서히 인식하게 된 계기가 되었다.

다음으로, 2000년은 시민사회가 본격적으로 제도개혁적인 정치운동을 시작한 해이기도 하다. 물론 이전에도 시민단체는 다양한 제도개선과 정책건의, 투표참여 등의 제도화 된 참여가 활발했다. 하지만 본격적으로 제도적 차원에서 정치개혁을 요구하고 구체적인 후보에 대한 지지와 지원운동을 펼친 것은 2000년 총선시민연대가 15대 국회의원 선거를 앞두고 인터넷에 국회의원 자격이 안 되는 낙천낙선자 명단을 공개하면서 부터이다. 이 사건은 단지 인터넷에 명단이 공개되었음에도, TV와 신문에 보도되면서 전국적인 사건이 되었다. 당시까지만 해도 선거 입후보자의 정보가 불명확한 상태에서 후보의 여러 정치정보를 공개하고 이들에 대한 낙천낙선운동을 전개한 결과, 당시 86명의 낙선대상자 중 68.6%인 59명이 낙선하였다.

이 시기 또 다른 제도개혁적인 운동이 전개되었는데 국민기초생활보장제도(국민기초생활보장법)가 도입된 것이다. 1961년부터 시행되었던 생활보호제도(생활보호법)를 대체하는 복지정책으로, 지난 2000년 4·13총선을 앞두고 발표돼 2000년 10월부터 시행되었다. 이는 2000년 시민사회가 주도적으로 발의하여 기존 수혜자 개념을 수급권으로 규정하고 생활보호권으로 의미를 조명하는데 큰 기여를 했다. 그리고 의약분업도 시민사회의 적극적인 제도개혁 차원에서 개선되었다는 점을 감안하면 2000년을 전후한 새로운 시민운동의 흐름을 형성했다고 할 수 있다.

이와 같은 활동은 기존 시민사회가 반대를 위한 반대만이 아니라 사회개혁을 위한 대안이 될 수 있고 주체인 시민이 적극적인 정치참여가 필요함을 알게 해준 사건이라 할 수 있다. 이런 점에서 이 시기의 변화는 한국 시민운동의 발전상에 대해 해외 시민운동단체와 언론에서도 주목을 받게 한 사건이라 할 만하다.

2. 시민단체의 양적 변화

「한국시민사회연감 2012」에 따르면, 한국의 시민단체는 7,923개에 달한다. 물론 이는 등록된 시민단체만을 집계한 것으로서, 등록되지 않은 시민단체를 모두 포괄한다면 25,000여개가 넘을 것으로 추산되고 있다. 이는 2000년도의 7,600 여개에 불과했던 점을 감안하면 시민단체 수의 증가 속도가 매우 빠름을 확인할 수 있다. 약 10년 동안 시민단체(미등록 포함)은 240.61%나 증가한 것이다. 이는 과거의 증가 속도와 비교해도 놀라운 수치라고 할 수 있다. 이렇듯 한국 시민단체는 2000년 이후에 양적으로 비약적인 성장을 하고 있다.

이를 과거 시민단체 증가와 비교하면 더욱 극명하게 잘 나타난다. 이와 같은 급팽창은 2000년 이후 제도적인 지원이 확대되었고 제도권 내의 다양한 시민사회운동의 영역이 등장한 때문이다. 이런 변화상은 구체적인 지표로도 잘 나타난다. (사)시민운동정보센터의 분석에 따르면, 이러한 시민단체의 증가 속도가 잘 확인된다.

<표 4-2> 시민단체의 양적 팽창

년도	1945년 이전	1945-69년	1970-79년	1980-89년	1990-99년	2000년 이후
개수	17	136	99	413	1,231	2,390
%	0.396%	3.173%	2.309%	9.636%	26.721%	55.762%

무엇보다, 2000년을 기점으로 등록 시민단체 중의 55.762%인 2,390개가 새롭게 설립된다. 이는 1990년대의 26.721%나 1980년대의 9.636%에 비해 월등한 증가를 보이는 것이다. 역시 2000년을 기점으로 한국 시민운동의 양적인 증가를 잘 보여준다고 할 수 있다. 그리고 1990년대 이후 시민단체의 양적팽창은 이전 시기와 현저한 격차를 보이는데 그 비중도 전체 시민단체 설립 비중에서 82.483%에 달하는 것으로 집계된다.

그리고 2011년 현재 등록된 시민단체의 분야를 개괄하면 양적 팽창과 함께 시민운동 영역의 다양성도 발견된다. (사)시민운동정보센터에 따르면, 한국의 시민단체를 20개 분야로 구분한 결과 2011년 현재 가장 많은 비중을 차지하고 있는 시민단체는 복지 분야로 1,462개(18%)에 이른다. 이어 환경이 952개(12%), 정치/경제 분야가 816개(10%), 청년/아동분야가 738개(9%), 자원봉사 분야가 622개(8%) 등의 순이었다.

<표 4-3> 시민단체 분야별 단체 수

구분	단체수	비율	구분	단체수	비율
환경	952	12%	소비자 권리	87	1%
인권	223	3%	도시/가정	360	5%
평화/통일	315	4%	노동/빈민	339	4%
여성	493	6%	외국인	93	1%
권력 감시	110	1%	모금	25	0%
정치/경제	816	10%	자원봉사	622	8%
교육/연구	352	4%	국제연대	114	1%
문화/체육	398	5%	대안사회	175	2%
복지	1,406	18%	온라인 활동	101	1%
청년/아동	738	9%	기타	148	2%
계			7,923(100%)		

그 밖에 양적인 차원에서 한국의 시민단체 자체적인 역량을 측정해보면 다양한 관점에서의 시민단체의 현황과 양적 성장세를 확인할 수 있다. 자생적인 시민단체 활동을 위해서는 상근자와 회원 및 예산은 중요한 자원이다. 상근자의 역량과 함께 얼마나 많은 상근자가 존재하느냐는 시민단체 역량을 평가하는데 중요하기 때문이다.

그리고 회원과 예산 역시 단체의 크기나 자생적인 회비수입의 규모를 가늠해 볼 수 있다는 점에서 현 단계 한국의 시민단체 현황을 파악하는데서 빠질 수 없는 부분이다.

첫째, 회원규모는 조사에 응답한 2,041개 단체 중에서 평균적으로 17,331명인 것으로 나타났다. 하지만 이를 좀 더 세밀히 살펴보면 단체 간 회원 수의 차이가 매우 크다는 것을 확인할 수 있다. 이런 점은 후술하겠지만, 조사단체 53.1%가 회원 수 1,000 명 미만인 것으로 나타나 그 편차를 확인할 수 있다. 그리고 회원수가 10만 명 이상인 대형단체는 63개(3.08%)에 불과했다. 이는 여전히 시민단체의 회원이 일부 단체에 집중 되어 있고, 대부분의 시민단체는 적은 회원규모를 가지고 있음을 알게 해준다.

둘째, 시민단체 상근자 수 역시 현 단계 한국 시민단체의 역량을 파악할 수 있는 지표이다. 발표된 결과에 따르면, 설문에 응답한 1,083개 단체의 평균 실무자 수는 8.01명이었다. 보다 중요한 것은 시민단체 상근자 규모인데, 역시 5명 미만이라는 응답을 한 단체가 조사대상 단체 중에서 61.2%에 달했다. 그리고 50명이상의 상근자가 근무한다는 대형단체는 24개 단체(24.0%)에 불과했다. 이는 아직 한국의 시민단체가 상근자 규모 역시 상당히 적은 수준임을 확인해 준다.

셋째, 예산 규모 역시 시민단체 현황을 알 수 있는 지표이다. 설문조사에 응답을 한 1,130개 단체의 평균 예산은 연간 6억 원인 것으로 집계되었다. 예산이 연간 1억 원에도 미치지 못하는 단체도 41.1%로 나타나 시민사회 역사가 상당히 오래되었음에도 시민단체의 영세함이 여전한 것으로 나타났다. 하지만 연간 사업 예산이 50

억 원 이상인 단체도 11곳이나 되어 시민단체의 활동이 점차 확대
되는 측면도 있는 것으로 나타났다.

요컨대, 2000년 이후 한국 시민단체는 양적으로 급격한 성장세를
보이고 있다. 그리고 이에 따른 다양한 범위에서의 시민운동 영역도
등장하고 있는 것으로 나타났다. 하지만 여전히 상근자 수나 예산
측면에서는 과거에 비해 크게 달라지지 못한 한계를 보였다. 그럼에
도 연간 예산의 증가 등은 시민단체가 그 동안 시민사이에 뿌리를
내려 안정적인 사업을 전개하고 있음을 확인할 수 있다.

3. 시민단체의 질적 변화

이상의 시민단체의 양적인 팽창과 함께 질적으로도 한국 시민단
체의 새로운 움직임은 감지된다. 각종 조사에 따르면, 2000년 이후
새로운 흐름은 기존 한국 시민사회의 지형과 시민단체의 질적 변화
를 야기하고 있다고 해도 과언이 아니다. 이를 정리하면 다음과 같
은 7가지 차원에서의 시민단체에서의 질적인 변화상이 발견된다.

첫째, 대안 사회운동과 자원봉사, 기부 등의 비중이 증가하고 있
다는 것은 한국 시민사회 발전에서 의미 있는 변화라고 할 수 있다.
이러한 변화는 시민권에 의한 권리만을 추구하는 것이 아닌 시민성
을 통한 올바른 시민성을 확장하기 위한 방편으로서의 상호신뢰와
호혜성의 사회적 자본(social capital)이 점차 형성되고 있음을 의미한
다.[23] 사회적 자본이 사회발전을 위한 사회 공공재를 형성하기 위한

---

23) 채진원, "민주주의의 사회적 기반," 『민주주의와 인권』제11권 3호, 2011.

신뢰와 협력, 호혜성의 규범, 수평적 네트워크로 정의된다면 새로운 사회운동의 등장은 기존의 시민운동 영역과는 다른 방식의 이른바 시민성이 발현될 수 있다는 점에서 한국 시민사회 발전의 주요한 토대가 될 것으로 평가된다. 장기적으로 대안 사회운동과 자원봉사, 기부 등의 나눔문화 활성화는 기존 시민운동방식과 함께 새로운 방향성을 제시할 것으로 예상된다.

둘째, 남북관계 변화와 북한 인권에 대한 인식 그리고 이탈주민 증가로 인한 새로운 시민운동 영역이 확장되고 있다. 특히 탈북 이주민의 사회통합과 다문화 사회에 따른 제 문제를 해결하고자 하는 시민운동 단체들이 확대되고 있다. 2000년 이후 변화된 남북 관계와 북한의 생활고 등으로 인한 탈북주민들이 증가함에 따라 이들의 권리와 집합적인 이해와 요구를 담보할 수 있는 북한 인권운동단체 등의 시민단체들이 등장했다. 이들 북한 인권운동단체는 탈북난민 보호와 인권문제를 제기하며 국제적인 연대 네트워크를 구축하는 등 새로운 시민운동의 영역을 확대했다.

셋째, 한국도 해외 국내거주민이 200만 명이 넘는 다문화 사회로 진입하면서 사회적으로 여러 문제가 발생하고 있다. 이에 다문화 노동자와 다문화 가정, 다문화 2세에 대한 사회적인 관심이 제고되면서 다문화와 이주민과 관련된 시민단체도 새롭게 등장하고 있다. 물론 과거 이주민 노동자와 관련한 시민운동이 인권운동 차원에서 전개되기도 했지만 최근에는 이를 포괄할 수 있는 다문화 시민운동단체로 성장하며 한국에서도 이들이 소수가 아니라 같은 공동체를 형성하고 살아가고 있는 존재라는 점을 널리 알렸다는 점에서 새로운 변화상의 한 면이라고 하겠다.

넷째, 이념적으로 다양한 스펙트럼의 시민운동 양상이 전개되고 있다. 특히 뉴라이트(new right) 계열의 시민운동단체는 기존 진보적인 시민단체와 함께 새로운 사회운동의 한 세력으로 성장했다. 일부 과도한 이념적인 대립이 발견되기도 하지만, 한국사회의 다양한 이념적인 스펙트럼을 반영하여 진보와 보수를 아우르는 시민운동단체가 증가한다는 것은 한국 사회의 다원성을 보여주는 것으로 장기적으로 긍정적이라 할 수 있다.

다섯째, 인터넷 기반의 시민운동과 온라인에서 새롭게 제기되는 정보인권 분야도 새롭게 등장하고 있다. 오프라인에서의 시민단체도 증가하고 있지만 인터넷 기반의 시민운동과 온라인에서 새롭게 제기되는 정보인권운동은 최근 사회적 관심이 고조되면서 급격히 증가하고 있다. 먼저, 인터넷 기반 시민운동은 전통적인 시민운동이 오프라인에서의 청원, 집회, 1인 시위, 의제제안 등의 활동을 전개했다면 인터넷을 기반으로 하는 새로운 온라인 기반의 네트워크형 운동을 전개하고 있다. 다음으로 정보인권운동도 새로운 시민단체운동의 영역으로 등장했다. 특히 최근 수천만 명에 이르는 개인정보 유출 문제가 사회적으로 부각되면서 이들의 활동은 사회적인 관심을 받으며 성장하고 있다. 이러한 인터넷 기반의 시민운동은 한국의 높은 IT 수준과 최근에 새롭게 제기되고 있는 정보인권, 프라이버시 침해, 개인정보 유출, 각종 인터넷 범죄로 인한 문제점을 인식하고 이에 대한 적극적인 대안을 마련하는 차원에서 확장되고 있다.

여섯째, 2000년 이후 한국 시민단체의 역량이 강화됨에 따라, 정부 차원에서도 시민단체의 요구를 일정하게 수용하여 이를 제도화하기 시작했다. 이는 정부의 시민단체에 대한 인식의 변환도 있지만 그동안 시민사회가 추구해온 공익적인 가치와 운동 목표에 대해 다수의 국민들이 호응과 지지를 해 주었고 이를 정부가 수용한 것이라 할 수 있다. 대표적으로 시민사회의 요구가 제도화 된 것은 부패방지위원회의 신설(현재 국민권익위원회로 통합)이나 국민권익위원회의 강화, 국가인권위원회의 설치 등이라고 할 수 있다. 그 이외에 여러 제도화된 틀 속에서 시민단체의 요구가 정부차원에서 수용되면서 시민단체의 이념과 가치가 인정을 받기 시작한다.

마지막으로, 과거 관변단체로 논란이 되었던 새마을운동중앙협의회, 바르게살기운동중앙협의회, 한국자유총연맹 등이 새로운 활로를 모색하고 있는 점도 지적해야 할 것이다. 물론 이들 단체가 시민단체의 영역에 포함될 것인가는 논란의 소지가 있다. 하지만 이들 단체가 기존의 관변일변도의 틀을 벗어나서 정부와 시민단체의 매개체로서 정책적 협력을 가능케 하는 여러 국민운동을 주도하고 있는 점은 일정한 변화라 할 만하다. 이들 단체들은 기존 관변조직이라는 비판을 벗어나 공익적 활동을 위한 민관협력의 공적기구로서의 위상을 변화시키고 있다. 이는 기존 시민사회가 시민의 자발적인 운동단체를 지칭했다면 민관의 협력 차원의 국민운동 단체의 역할도 한국 시민사회에서 새롭게 재조명 될 필요성이 있다.

4. 한국 시민사회의 특징

이상에서 한국 시민사회의 양적인 변화와 질적인 변화상을 살펴보았다. 살펴본 바와 같이 한국의 시민사회는 2000년 이후 새로운 전환기로서 방향성을 모색하고 있으며 다양한 차원에서의 질적인 전환을 모색하고 있다. 그렇지만 여전히 한국 시민사회는 취약한 면도 가지고 있다. 이를 한국 시민사회의 특성으로 요약하면 다음과 같다.

첫째, 여전히 열악한 물적・인적 구조는 한국 시민사회의 취약성이 여전함을 알려주고 있다. 이는 2000년 이후에 시민운동 영역의 다원화, 수도권 집중 현상의 완화, 새로운 시민운동의 영역이라는 기존 시민운동 패러다임과는 다른 양상이 등장했다고는 하지만, 여전히 한국의 시민사회가 얼마나 취약한 물적・인적토대가 구조적 한계를 안고 있는지를 확인해 주고 있다. 물적・인적 구조는 시민사회가 지속가능한 발전(sustainable development)이 가능한가라는 차원에서 중요하다. 이는 한국의 시민단체는 다양한 영역과 새로운 실천적 모델, 그리고 삶의 질 향상을 위한 운동이 등장하면서 새로운 모습을 보이고는 있지만, 아직은 지속가능한 발전을 하기에 취약한 구조를 동시에 가지고 있음을 알려준다. 따라서 한국 시민사회가 안정적으로 발전하기 위해서는 다양한 방식의 제도적・법적인 개선이 필요하고 정부와 시장 차원의 협력과 지원이 요구된다 하겠다. 그렇다고 시민사회가 항상 외적 자원에만 의존해서는 안 될 것이다. 자칫 외부의 지원에 의존할 경우 시민사회가 가지는 독립성과 자생적인 사회감시기능이 약화될 수 있기 때문이다.

둘째, 시민단체 활동 영역의 다원화도 현 단계 한국 시민사회의 특징이라고 할 수 있다. 2011년 시민운동정보센터의 조사는 2006년 조사에서는 나타나지 않았던 외국인, 소비자권리, 모금, 자원봉사, 대안사회 등이 새롭게 시민운동의 한 영역으로 자리 잡았다. 2006년 조사에서 미약한 수준으로 나타나 사회서비스에 포함했던 항목을 사업 영역이 확장됨에 따라서 다원화 된 것이다. 우리가 주목해서 보아야 할 것은 2000년 이후 새롭게 등장하고 있는 영역 중에서 NPO적인 성격의 단체가 급증하고 있다. NGO와 달리 사회서비스 영역에서의 사업들이 증가하고 있음을 지표에서 확인할 수 있다. 이러한 현상은 2000년 이후 시민사회가 단지 권력 감시나 정치적인 이슈에만 한정된 것이 아니라 다원화된 영역으로 확장됨을 의미한다. 과거 정치지향적인 단체 중심에서 보다 광범위한 인간의 삶의 영역을 아우르는 차원에서 시민사회운동이 확장되고 있는 것이다.

셋째, 지역별 분포에서 수도권 집중현상이 점차 완화되고 있다. 물론 여전히 서울, 경기, 인천을 비롯한 수도권에 시민단체가 집중된 것은 사실이지만 최근 이러한 수도권 집중 경향이 완만하지만 완화되고 있는 것으로 집계되었다. 2009년 현재 여전히 수도권 집중화 경향은 강하나(전체의 54.25%), 2000년에 조사된 66.0%에 비하면 상당부분 완화된 것으로 나타났다. 이러한 경향은 시민단체 내에서도 자성의 목소리가 나왔던 바, 과도한 수도권 집중화에 따른 지역의 문제에 대한 소홀함 등은 시민사회가 안고 있는 숙제이기도 했다. 그러나 2000년대 이후에는 점차 수도권 집중화 경향이 완화되고, 특히 지역차원에서 대안사회 운동 영역이 등장하면서 지역의 풀뿌리 운동과 마을 살리기, 지역공동체 운동 등이 점차 활성화되고 있다.

마지막으로 2010년대의 한국 시민사회는 새로운 전환점에 있다. 기존의 주창형 운동이 주축이 되는 방식에서 점차 새로운 대안적 사회운동의 영역과 비영리섹터인 NPO영역이 확대되고 있는 것도 하나의 특징이라 할 수 있다. 실제 온라인 활동과 대안사회운동, 자원

봉사와 모금, 소비자권리, 사회적 기업 등으로 시민운동의 영역이
확장되고 있는 것은 사회의 변화상도 반영하고 있지만 역시 비영리
부분에서의 시민적 요구도 증가하고 있음을 알려준다. 그런 맥락에
서 본다면 2000년 이후의 한국 시민사회는 양적인 팽창과 함께 새
로운 대안적 패러다임의 시민사회를 실험하려는 시도가 계속되고
있다고 해도 과언이 아니다. 무엇보다 대안사회운동과 자원봉사, 모
금 등에서의 비중의 확대는 향후 한국의 시민사회의 주요 운동영역
이 단순히 주창형이 아닌 주창+사회서비스 또는 NPO 섹터의 비중
이 점차 증가할 것임을 예측할 수 있다. 그런 맥락에서 한국의 시민
사회는 새로운 패러다임 전환기에 있다고 할 수 있다.[24]

---

24) 특임장관실, 「민관협력과 시민사회발전을 위한 청사진」, 2012.

제5장

시민의 덕목과 시민교육

시민의 덕목

1. 시민의 덕목과 가치

시민이란 앞서 살펴본 바와 같이 주체적이고 능동적인 사회구성
원을 일컫는다. 즉 시민이란 시민으로서의 권리와 의무를 갖고 있으
면서, 시민으로서의 덕성을 발휘하여 자신과 사회의 발전에 기여하
는 사람을 뜻한다. 이러한 시민에게는 자유와 평등 및 정의에 관한
가치를 습득하고, 민주주의적 질서 속에서 자신의 바람직한 삶을 설
계하고 타인과의 협력을 통해 바람직한 미래사회를 위해 행동하는
것이 요구된다.

이러한 시민에게 필요한 덕목과 가치가 무엇인지에 대해서는 여
러 의견들이 있으나, 대체적으로 자유, 평등, 정의, 상생, 배려, 소통,
참여 등을 중요한 내용으로 꼽고 있다. 먼저 버츠(R. F. Butts)는 시
민이 갖추어야 할 도덕적 가치를 정의, 평등, 권위, 참여, 진실, 애국
심, 자유, 다양성, 사생활 존중, 절차 이행, 재산, 인권의 12개 항목
으로 열거하고 있다. 이러한 덕목들이 민주주의를 올바르게 유지시

켜주는 기본적 가치라는 것이다.

이와 유사한 맥락에서 록우드(Lockwood)와 해리스(Harris)는 민주주의의 기본적 가치를 다음과 같이 여덟 가지로 기술하면서 민주주의 가치체계를 정립한다. 즉 ① 권위 : 법을 준수하여야할 것과 불복종의 결과를 받아들이는 것에 대한 가치, ② 평등 : 사람들이 동등하게 대우를 받아야 할 것에 대한 가치, ③ 자유 : 사람들이 가져야 할 자유가 무엇이며 정당화될 수 있는 제한이 무엇인가에 대한 가치, ④ 생명 : 생명을 위협하거나 제거하는 것이 정당화할 수 있는 만약의 경우에 관한 가치, ⑤ 충성 : 개인의 삶에 있어서 주요한 민족, 전통, 사상, 조직에 관한 가치, ⑥ 약속이행 : 약속에 따르는 의무를 지키는 것에 관한 가치, ⑦ 재산 : 사람들이 무엇을 소유할 수 있고 그것을 어떻게 사용해야 하는가에 대한 가치, ⑧ 진실 : 정확한 정보의 표현, 왜곡, 은폐에 관한 가치이다.

한편 가장 최근에 <미국시민교육센터>가 내놓은 자료에 의하면 바람직한 시민이 되기 위해 필요한 교육의 기본 내용체계를 ① 시민자질, ② 시민의 헌신이라는 두 영역으로 크게 나누었다. 여기서 시민자질은 시민성, 개인의 책임, 자율, 시민다운 마음, 개방적 마음, 타협, 다양성에 대한 관용, 인내와 지구력, 정열, 관대함, 국가와 그 원칙에 대한 충성이라는 11개 기본개념을 상정한다. 한편 시민헌신에는 민주주의의 기본원리에 대한 미국헌법에 대한 헌신, 민주주의의 기본적 가치에 대한 미국헌법에 대한 헌신으로 크게 나누고 있으며, 그 하위내용으로는 헌법에 명시된 민주주의의 정신과 원칙을 제시하고 있다.

한편 우리의 경우 <한국교육개발원>은 민주시민의 자질을 가진

시민을 교육하기 위한 덕목을 구체적으로 제시한바 있다. <한국교육
개발원>이 제시한 4개 영역, 18개 덕목, 64개 하위 학습요소 중, 뼈
대를 이루는 4개 영역과 18개 덕목은 다음과 같다.

① 인간존엄성

a) 민주주의는 인간의 존엄성을 최고의 공동선으로 추구하고 있다.

b) 자유는 인간을 존엄하게 하는 필수조건으로, 누구에게나 보장되
어야 한다. 그러나 그 행사에는 그에 상응하는 책임이 따른다.

c) 민주적 공동체는 누구나 인간으로서 평등한 대우를 받는 정의
로운 사회이다.

d) 우리는 우리나라와 우리나라가 추구하는 민주주의적 가치에
충성하여야 하며, 우리나라에 속한 어떤 개인이나 집단도 소외
받지 않고 더불어 살 수 있도록 노력해야 한다.

② 기본질서

e) 공공질서는 사회를 유지시키는 기본이 된다.

f) 약속과 합의된 사항은 지켜져야 한다.

g) 열심히 일하고 절제하는 생활이 건전하고 부강한 사회건설의
바탕이 된다.

h) 미래에 인간이 살아남기 위해서는 인간과 자연의 조화를 추구
하여야 한다.

i) 공공질서를 해치는 일을 방관해서는 안 된다.

③ 자유(민주)사회의 절차

j) 의견과 신념의 차이에서 발생하는 갈등은 대화를 통해 평화적
으로 해결하여야 한다.

k) 집단적 의사결정과정에서는 자신의 의견을 표현하고 남의 의
견을 받아들여 합의하는 능력과 태도가 필요하다.

l) 민주사회에서는 시민들이 자신들의 문제를 결정하는데 적극적
으로 참여하여야 한다.

④ 합리적 의사결정

m) 같은 단위 자치공동체의 구성원들이 얼마나 질 높은 삶을 공
유할 수 있는지는 그 구성원들이 그들의 삶에 관련된 공공의
쟁점들을 얼마나 현명하게 결정하느냐에 달려 있다.

n) 공공의 쟁점에 관하여 토론할 때는 언어의 사용에 있어서 주의
하지 않으면 안된다.

o) 공공의 쟁점은 때때로 사실이 무엇인가에 관해 합의가 이뤄지
지 않기 때문에 발생한다.

p) 공공의 쟁점은 개인 또는 집단 사이의 가치관의 차이에서 발생
한다.

q) 합리적 결정을 내리기 위해서는 비판적, 개방적 태도를 갖는
것이 중요하다.

r) 공공의 쟁점에 관한 정보는 공개되어야 하며, 대중 전달매체의
정보를 접할 때는 그것이 과연 신뢰할만한 것인가를 살펴보아
야 한다.

이상에서 본바와 같이 시민에게 요구되는 가치와 덕목은 다양하다. 하지만 공통적인 것은 자신의 존엄성뿐만 아니라 자신과 함께 살고 있는 타인에 대한 존중 및 자신이 속해있는 민주사회에 대한 충성 및 공공성에 대한 존중 등이 포함된다는 점이다. 인간으로서 시민은 존중되어야 하며 자신의 권리와 자유를 향유해야 한다. 반면 사회의 책임있는 구성원으로서 시민은 자신과 다른 타인과도 좋은 관계를 유지해야 하며, 자신이 속해 있는 사회의 원칙과 그 사회가 추구하는 민주적 가치를 존중해야 하는 것이다.

2. 시민의 권리

시민의 덕목 중 먼저 권리에 대해 살펴보자. 민주사회라면 시민은 마땅히 자신의 자유와 권리를 보호받을 수 있어야 한다. 그리고 시민이기 이전에 한 인간으로서 마땅히 누려야 할 기본적 권리를 갖는데, 이런 자연적 권리(natural rights)는 타인에게 양도될 수 없고 국가나 타인에 의해 침해될 수 없는 권리이다. 인간의 자연권은 민주국가에서 시민의 기본권(basic rights)으로 대부분 법률에 규정되어 있으며, 시민의 기본권은 헌법 및 다른 법률들에 의해 보장되고 국가에 의해 침해받지 않는다.

시민의 권리가 강조되고 이를 보장하기 위한 법제화가 활발히 진행되기 시작한 것은 근대에 접어들어서이기는 하지만, 고대에도 법적·제도적 권리로서 시민권이 이미 존재하였다. 솔론의 개혁 이후 고대 아테네에서도 노예와 구분되는 것으로서 법적·제도적으로 향유하고 보호받아야 할 시민의 권리가 있었는데, 이는 법의 적용에 있어서 차별받지 않을 권리(isonomia), 정치적 발언을 할 수 있는 권리(isegoria), 출신성분을 이유로 차별 받지 않을 권리(isogonia), 정무에 참여할 권리(isokratia)와 같은 원칙을 통해 구체화되었다. 또한 고대 로마에서는 정치공동체의 일원인 로마시민들이 영토의 확장으로 인해 직접적인 참여가 점차 어려워지자 자신의 권리를 법적으로 보장받는 것이 더욱 중요한 문제가 되어 시민의 권리에 대한 법제화가 체계적으로 추진되었다.

이러한 시민권 사상과 법치주의 원리는 우리 헌법에 구체화되어 있다. 헌법 제10조는 "모든 국민은 인간으로서의 존엄과 가치를 가지며, 행복을 추구할 권리를 가진다. 국가는 개인이 가지는 불가침의 기본적 인권을 확인하고 이를 보장할 의무를 진다"고 규정하고 있다. 그리고 헌법 제37조 제1항은 "국민의 자유와 권리는 헌법에 열거되지 아니한 이유로 경시되지 아니한다"라고 규정하고, 제2항은 "국민의 자유와 권리는 국가 안전보장, 질서유지 또는 공공복리를 위해 필요한 경우에 한하여 법률로써 제한할 수 있으며, 제한하는 경우에도 자유와 권리의 본질적인 내용을 침해할 수 없다"고 규정하고 있다. 우리 헌법에 보장된 시민의 기본적 권리는 크게 행복추구권(제10조), 자유권(제12~23조), 정치권(제24~25조, 제72조, 제130조 제2항), 평등권(제11조), 사회권(제31~36조), 청구권(제26~30조)으로 분류할 수 있다. 행복추구권은 인간으로서의 존엄과 가치를 존중 받을 권리(인간존엄권)와 행복을 추구할 수 있는 포괄적 권리이다. 행복추구권의 내용은 헌법에 구체적으로 열거되지 않았지만, 보통 생명권, 행동자유권, 인격권, 휴식권, 수면권 등을 포함하는 것으로 간주된다.

자유권(civil right, right to freedom)은 국가기관이나 타인으로부터 구속이나 제약을 받지 않고 개인이 자유롭게 생각하며 표현하고 행동할 수 있는 권리이다. 자유권에는 신체, 거주 이전, 직업 선택, 주거, 사생활, 통신, 양심, 종교, 언론, 출판, 집회와 결사, 재산권의 자유가 포함된다(단 사상의 자유는 자연법상 기본적 권리이지만, 우리 <헌법>에서는 기본권으로 보장되지 않았다). 참정권 또는 정치권(political right)은 시민이 자신의 자유와 권리를 보장하기 위해 정치과정에 능동적으로 참여할 수 있는 권리이다. 참정권에는 선거권, 공무 담임권, 국민투표권 등이 있다.

평등권(equal right, equality before the law)은 불합리하게 차별받지 않고 법에 의해 평등하게 대우받을 수 있는 권리이다. 평등권에는 차별받지 않을 권리, 기회 균등의 권리, 혼인과 결혼생활에서 양성의 평등, 선거권의 평등이 포함된다. 사회권(social right)은 시민이 국가에 대하여 인간다운 생활을 적극 요구할 수 있는 권리이다. 사회권에는 교육권, 근로권, 노동권(단결권, 단체교섭권, 단체행동권), 복지권(인간다운 생활을 할 권리), 환경권, 혼인·가족생활·모성·보건의 보호 받을 권리 등이 포함된다. 청구권(right of appeal)은 정부 또는 공공기관에 의해 침해당한 기본권의 구제를 청구할 수 있는 적극적 권리이다. 청구권에는 재판청구권, 청원권, 형사 보상 청구권, 국가 배상 청구권, 국가 구조 청구권, 범죄 피해자 구조 청구권 등이 포함된다.

이러한 권리들은 구체적인 법률들에 의해 실제적으로 보호를 받는다. 이때 권리의 발생 근거가 되는 법률의 종류에 따라 공권(公權), 사권(私權), 사회권(社會權)으로 분류된다. 공권(public rights)은 헌법, 형법, 행정법 등 공법에서 인정되는 이익을 누릴 수 있는 법률상의 힘이다. 공권은 공적 법률관계에서 인정되는 권리로서 일반적으로 국가적 공권과 개인적 공권으로 구분된다. 국가적 공권은 국가 또는 공공단체가 개별 시민에 대하여 가지는 권리로서 국가권력의 작용 방식에 따라 크게 입법권, 행정권, 사법권으로 구분되고, 국가의 목적에 따라 경찰권, 규제권, 과세권, 재정권, 군정권 등으로 분류할 수 있다. 개인적 공권은 개인이 국가 또는 공공단체에 대하여 가지는 권리로서 <헌법>에 보장된 기본권(자유권, 참정권, 평등권 등)이 있다.

사권(private rights)은 민법, 상법 등 사법에서 인정되는 이익을 누릴 수 있는 법률상의 힘이다. 사권은 개인 간 법률관계에서 인정되는 권리로서 권리의 내용에 따라 인격권·신분권·재산권 등으로 구분되고, 권리의 작용에 따라 지배권·청구권·항변권 등으로 분류할 수 있다. 사회권은 자본주의의 진전으로 나타난 부의 편중, 빈부격차의 심화, 계급갈등의 심화 같은 불평등을 해결하기 위해 국가가 개인 간의 법률관계에 개입하여 보장하는 법률상의 힘이다. 사회권은 생존권적 기본권으로 불리기도 하며, 모든 시민의 최저한의 생계를 보장하고 실질적 평등을 실현하기 위한 권리이다. 사회권은 1919년에 독일의 바이마르 헌법에 처음 규정되었고, 우리 헌법에서도 교육권, 근로권, 노동3권, 인간다운 생활을 할 권리, 환경권 등을 보장하고 있다.

이 외에도 시민이 일상생활을 영위하는데 있어서 권리를 보호해 주는 수많은 구체적인 법률들이 있다. 예컨대 재산권이나 지적재산권, 소비자의 권리 등이 그러하다. 민주사회는 이와 같이 시민들이 자유와 존엄성을 누릴 수 있도록 권리를 주고 법률들의 규정을 통해 그것을 공적으로 보장해준다.

3. 시민의 의무와 책임

민주사회에서 시민은 권리를 갖는 한편 시민으로서의 의무와 책임 또한 갖는다. 이에 대해서는 헌법을 비롯하여 각종 법률에서 구체적으로 명시하고 있다. 일반적으로 볼 때, 시민의 자유와 권리 등에 대해서는 많은 관심과 논의가 있어 왔으나, 시민의 의무와 책임에 대해서는 등한시하는 경향이 있다. 하지만 공동체 구성원을 의미하는 시민에게는 자유와 권리만큼 의무와 책임에 대한 요구도 크다고 할 수 있다.

민주사회인 고대 아테네의 시민을 논하면서, 아리스토텔레스는 좋은 사람과 좋은 시민을 구분하고 있다. 그런데 이를 구분하는 중요한 잣대는 바로 신중함(prudence) 혹은 책임감(responsibility)이다. 즉 좋은 사람이란 글자 그대로 도덕적이고 좋은 성품을 가진 사람을 의미하는 반면 좋은 시민이란 책임감 있는 사람을 뜻한다는 것이다. 이때 시민적 책임감은 개인의 윤리적·철학적 판단에 기초하는 것이 아니라, 개인이 소속된 사회와 체제에 대한 책임성을 의미한다. 이런 책임감은 단순히 개인적 의무만을 의미하는 것은 아니다. 오히려 책임감은 자신이 속한 공동체의 다른 구성원 즉 다른 시민들과 함께 연대할 수 있는 정치적 우애(friendship)를 가리킨다.

여기서 정치적 우애란 서로 사적으로 잘 알지는 못하더라도 상대방을 의식하고, 배려하며, 사려 깊게 행동하는 것을 의미한다. 그런 점에서 아무리 도덕적이고 정의로운 일을 한다손 치더라도 타인을 희생해가면서 하는 것은 좋은 시민이 아니라는 것이다. 정치적 우애란 최소한 관계의 지속을 전제로 서로를 이해하려는 자세, 이러한 자세 속에서 배양되는 상호 간의 신뢰, 또 대립이 있을 경우 다른 사람의 필요를 이해하려는 자세를 필요로 한다. 그리고 이런 자세를 가진 좋은 시민들 사이에서만 합의라는 것이 가능해진다. 한편 고대 로마의 키케로는 시민으로서 가져야 할 최고의 덕성은 품위(decorum)라고 말한다. 품위란 삶의 터전으로서의 공동체와 그 삶을 공유하는 다른 구성원인 동료 시민들에게 갖는 애정으로부터 비롯된다. 시민이 공동체에 갖는 애정이 바로 애국심인데, 이것이 강조되는 이유는 어떤 다른 요소들, 예컨대 인종, 부족, 민족, 언어적 동질성보다도 애국심을 가질 때 구성원들 간의 유대가 훨씬 더 강하고 친밀해지기 때문이다. 그런 점에서 공적 영역으로서의 공동체에 대한 이익을 고려하지 않고 사적 이익만 추구하는 것은 정의롭지 못한 일이며, 공동체의 다른 시민들의 존재를 부정하는 결과를 초래한다.

책임에 대한 논의는 시민의 덕목과도 연관된다. 그런데 이를 더욱 구체화시키고 행동강령으로 만든 것이 의무의 개념이다. 그리하여 시민은 자신의 권리를 법적으로 보장받을 뿐만 아니라 공동체를 위해 자신의 책임과 의무사항을 법적 의무로 부여받고 있다. 시민의 책임과 의무는 단순히 당위적인 선언을 넘어서 헌법이나 각종 법률에서의 명시를 통해 시민들의 행동에 직접 영향을 미치고 있는 것이다.

우리 헌법에서도 여러 종류의 의무를 명시해 놓았다. 먼저 교육과 근로는 시민의 권리인 동시에 의무로도 규정된다(제31~32조). 또한 우리 헌법은 국가안전 보장, 사회질서 유지, 공공복리의 증진을 위해 모든 국민에게 납세 및 국방(병역)의 의무를 부여하고 있다(제38~39조). 하지만 국가가 국민에게 세금을 부과할 때에는 반드시 조세의 종류와 세율을 법률로 정해야 한다(제59조 조세법정주의). 그밖에 우리 헌법은 환경보전의 의무(제35조 1항), 공공복리에 적합한 재산권 행사의 의무(제23조 2항) 등을 부과하고 있다.

시민의 의무는 또한 법에 의해 일정한 행위를 하거나 하지 말아야 할 법률상의 구속이고, 의무의 발생 근거가 되는 법의 종류에 따라 공법상 의무, 사법상 의무로 분류된다. 공법상 의무에는 앞서 지적한 것처럼 헌법에 규정된 교육, 근로, 납세, 국방, 환경보전, 공공복리에 적합한 재산권 행사의 의무 등이 포함된다.

한편 공무원법에 따르면, 공무원은 성실, 복종, 직장이탈 금지, 친절과 공정, 비밀 엄수, 청렴, 품위 유지, 영리업무 및 겸직 금지, 정치운동 금지의 의무 등을 지닌다. 교육법에 의하면, 교사는 교육권(수업권)-교육과정의 편성권, 교재의 선택권, 평가권, 징계권 등-을 갖지만 동시에 교육의 의무와 학생의 보호·감독 의무를 지니고, 반면에 학생은 학습권, 교육과정의 선택권, 자치활동권, 시설 이용권을 갖지만 교칙 준수, 교원의 연구 활동 방해금지, 학내 질서유지의 의무를 지닌다.

사법상 의무는 동전의 양면처럼 사적 권리와 대응되는 관계에 놓여 있다. 그래서 우리 민법 제2조 제1항에서는 "권리의 행사 및 의무의 이행은 신의를 좇아 성실히 이행하여야 한다"고 규정하고 있으며, 이런 신의성실의 원칙을 위반했을 때 그 권리의 행사는 무효가 된다. 예컨대, 민법상 친권자는 자녀를 양육할 권리와 부양의 의무를, 그리고 부부는 서로에 대해 정조를 요구할 권리와 정조의 의무를 동시에 지닌다. 사용자는 피사용자(근로자)를 관리·감독할 권리와 감독의 의무를 동시에 지닌다. 또한 계약의 체결에서 한쪽은 중요 정보를 고지 받을 권리를 다른 한쪽은 중요 정보를 고지할 의무를 지닌다.

이상에서 살펴본 바와 같이 시민은 시민으로서의 자유와 권리를 갖는 한편, 시민으로서의 책임과 의무를 지닌다. 이는 시민이 개인적으로 좋은 사람이 되는 것에 그치지 않고 자신이 속한 공동체와 그 공동체에서 함께 살아야 할 다른 시민들을 배려하고 공동체 유지를 위해 행동함으로써 좋은 시민이 되어야 한다는 것을 뜻한다.[25]

---

25) 특임장관실, 「민관협력과 시민사회발전을 위한 청사진」, 2012.

시민교육

1. 시민교육의 필요성

성숙한 시민사회의 탄생과 활성화는 선진화된 법·제도만이 아니라 자발적인 참여와 공동선(common good)을 추구하는 덕목(virtues)을 지닌 시민이 존재할 때 실질적으로 가능하다. 이러한 시민의 덕목은 공동체 구성원들이 공동으로 만들어낸 사회적 산물이자 교육적 산물로 이해될 필요가 있다. 따라서 시민적 덕목을 함양하고 촉진하기 위한 가장 기초적인 토대는 시민교육이다. 시민교육이 무엇인지에 대한 개념정의는 다양하다. 일반적으로 시민교육이라 함은 민주주의의 가치를 존중하고 그 기본원리와 제도를 이해하며 민주역량을 높여 공동체 삶의 향상을 위해 보다 적극적으로 참여할 수 있게 하려는 제반 교육 및 활동을 말한다. 하지만 시민교육의 출발점이 되어야 할 것은 '공동체 구성원으로서의 시민'이 지녀야 할 기본적인 권리와 의무 및 책무에 관한 것이다. 즉, 시민이 자신의 행복한 삶을 추구하는 데 필요한 능력과 자질 그리고 그러한 삶이 공동체와 국가차원에서 실질적으로 보장되도록 하는 데 필요한 가치와 규범 및 법제도에 대한 것이다.

시민교육의 구체적인 내용과 실제는 시대적 상황마다 변화하여 왔지만 그것의 핵심은 공동체의 구성원으로서 살아가는 성숙한 시민이 가져야 할 제반의 권리와 자격에 관한 사항인 시민권뿐만 아니라 공동체 구성원으로서 시민이 지녀야 할 덕목과 자질에 관한 사항인 시민성이다. 특히, 시민성에서 중요한 것은 시민이 혼자가 아니라 다른 사람과 함께 살기 위해 필요한 공동선을 추구하는 덕목이다. 이것의 핵심은 공동선을 추구하되 그것의 내용에 대해 자신이 미리 결정하여 결론을 내는 것이 아니라 다수의 구성원들이 공감할 때까지 공동선의 공간을 비워놓고 타인의 이야기를 경청하며 대화하며 토론하는 삶의 태도이다.

민주화가 된지 30년이 넘은 최근 우리나라도 '시민교육의 필요성'에 대한 논의가 본격화되고 있다. 2010년 6월 3일 민주화운동기념사업회 교육사업국은 정보지 '시민교육' 2호를 발간했다. '시민교육' 2호에서는 '지역과 시민교육'이라는 주제로 지역 공동체 형성을 위한 다양한 교육활동들을 소개했고, 특집으로는 자기계발적인 교육 중 치유와 관련된 시민교육 사례를 다루었다. 시간이 흘러갈수록 시민교육의 중요성은 점점 강조되고 있다. 여러 선진국에서 시민교육을 통해 성숙한 시민을 길러내는 것이 지구화 시대의 인류 공존의 핵심적인 일이라는 인식이 확산되고 있다. 하지만 아직 시민교육의 필요성과 이에 대한 사회적 합의가 부족한 우리 현실에서 '시민교육'은 관련 정부, 학계, 공교육, 시민단체들이 서로 소통하고 현장의 소중한 지혜를 모으는 장(場)으로서 주목받고 있다.

지난 시기동안 압축 경제성장 모델과 민주화 그리고 세계화와 IMF 위기상황을 경험한 한국사회의 주된 화두는 민주화 이후의 대안적 민주주의를 모색하는 것이었다. 그것의 핵심은 시민의 참여와 자치 그리고 정부와 시민사회간의 민관협력과 거버넌스의 제고 등 민주주의 공고화를 어떻게 촉진할 것인가이다. 특히, 지구화, 정보화, 후기산업화, 탈냉전 등의 전환기적 시대상황에 의해 발생하는 여러 사회적 갈등을 생산적이고 창조적인 긴장과 균형으로 통합하여 명실상부한 민주공화국을 수립해 갈 것인가와 관련되어 있다. 아울러 지속적으로 목도되고 있는 노사갈등, 사회 양극화, 비정규직의 양산, 세대격차, 지역감정과 이념갈등 뿐만 아니라 다문화와 지구화의 도래와 더불어 문화갈등, 역사갈등, 영토갈등 등을 해결하고 어떻게 지구공동체 사회로 나아갈 것인가이다.

시민사회가 발달하지 않은 후발민주주의 사회에서의 시민교육은 대부분 국가에서 진행해 왔듯이 국민교육(도덕, 국민윤리)의 일환으로 실시되어 왔다. 이 과정에서 민주시민교육은 국가가 주도해왔던 시민교육의 주류에 대한 안티테제로서 시민사회의 형성과 구축, 그리고 확장과 함께 하는 시민의 비판적 의식화 과정 및 스스로의 시민적 기호를 상징화하고 표현해 내는 전반적인 시민자율형 교육과정으로 성장하였다. 민주시민교육은 국가와 시장의 문제점에 대한 비판과 더불어 대안 공동체에 대해 문제제기를 담당해왔다는 데 시대적 의의가 크다. 그럼에도 불구하고, 국가의 시대를 넘어 국가 간의 배타적 경계가 약화되는 지구화시대를 맞고 있는 현재에는 이러한 국민중심주의에 입각한 민주시민교육의 한계가 지적되고 있다. 그리고 그러한 평가와 더불어 그 대안으로 지구시민사회(global civil society)를 지향하는 시민교육의 방향 정립이 주요한 테제로 제시되고 있다. 이러한 테제가 검토되고 있는 배경에는 탈근대사회로의 전환 속에서 포스트모더니즘과 신사회운동의 결합 속에 나타나고 있는 다양한 '새로운 사회운동 형태들' 예컨대 여성운동, 환경운동, 평화운동, 주민자치운동, 마을 만들기 운동, SNS 운동, 국제협력운동, 자원봉사활동, 민관협력, 거버넌스 등이 시민사회의 경향을 과거와 비교할 수 없을 정도로 다양화시키고 있기 때문이다.

지금까지 우리나라 시민교육에 관한 이론화와 방법론은 대부분 미래시민의 주역인 청소년기 이하 학생들을 대상으로 학교에서 이루어지는 정규 교과과정 속에서 다루어졌으며, 이로 인해 시민사회 구축과정에서 나타났던 다양한 비판적 성인교육의 장면들을 이론적 틀 안에 포괄적으로 담아내지 못하는 실정이었다. 더더욱 학생은 물론 성인조차도 우리사회가 마주하고 있는 시대상황인 지구화, 정보화, 후기산업화, 탈냉전에 따른 전환기적 혼란과 갈등 그리고 대안 공동체사회에 필요한 시민의식과 덕성 그리고 매너에 대해서 기본적인 소양교육이 제대로 되어 있지 않은 실정이다. 선진화된 민주주의의 기반은 건강한 시민사회이며, 이것은 건전한 시민의식과 시민의 덕성(civil virtue) 및 시민들 간의 신뢰관계인 사회적 자본의 축적과 관련되어 있다. 이것의 형성과 함양의 문제는 정부와 시민사회의 적극적인 관심과 사회적 투자가 없이는 불가능하다. 그런 면에서 지난 2-30여 년간 우리 사회의 민주화와 시민성 형성을 위한 투자로서의 민주시민교육이 기여 한 바는 매우 크다.

그러나 그렇다고 해서 한국사회 안에서 시민사회의 확장과 성숙이라는 시민운동의 공동과제가 충분히 달성된 것은 아니다. 한국사회를 역사적으로 성찰해보면 시민으로의 성숙과정이 취약하였으며, 따라서 시민의 덕성을 육성하는 일은 시민사회의 지속적인 과제임이 분명하다. 특히 점점 더 상호 연결되어 있는 지구촌 구성원들의 공동의 인식과 실천으로서만 해결이 가능한 지구촌의 위기와 초국가적인 문제인 환경생태계와 지구온난화 문제 등에 직면한 지금, 우리는 시민사회나 공공성 혹은 공동선의 개념을 지역사회나 국가로부터 아시아를 경유하여, 지구촌 전체를 사고하고 성찰하는 <넓이>와 <깊이>로 나아가야 할 필요가 있다. 이러한 관점에서 볼 때, 시민교육은 민주시민교육을 포함하여 지구 시민교육, 다문화교육, 통합교육(통일이후 정체성 통합)으로 그 지평을 확장할 필요가 있다.

2. 해외 시민교육 사례

1) 독일

독일이 '민주'에 강조점을 두는 시민교육을 국가적 차원에서 위로부터 강력하게 시작할 수밖에 없었던 배경에는 당시 독일이 해결해야 될 절박한 정치·사회적 문제에 대한 정치권의 합의와 국민적 공감대가 컸기 때문이다. 독일의 정치권은 좌우이념을 넘어 2차 대전 후 히틀러의 전체주의를 청산하고 새로운 민주주의 국가를 건설해야 한다는 시대적 사명이 있었다. 이것을 위한 하나의 방법으로 과거와는 완전히 다른 새로운 정치교육을 시행하게 되었다. 독일은 이 정치교육을 통해 독일인을 민주시민으로 양성해 새로운 민족적 동질감을 창출하고 동·서독 통일에 대비하는 시민의식 개혁운동을

국가적으로 추진함으로써 통일방안에 대한 국론 결집을 도모하고자
하였다.

독일은 독립기관으로서 '연방정치교육원'(Bundeszentrale für
politischeBildung)을 내무부 산하에 설립, 예산만 정부에서 지원하고
운영은 여야 각 정당의 추천인과 언론계와 학계 인사들에게 일임함
으로써 정치적 중립성을 형식적·절차적으로 유지하였다. 교육을 수
행하는 기관은 국가와 비정부기구로 나누어진다. 국가기구에 속하는
단체로는 정부 각 부처, 학교, 연방정치교육원과 주정부의 시민대학
(Volkshochschule), 군대 등이 이에 속하며, 이외에도 유적지 보존사
업회와 기념사업회가 있다. 비정부기관으로는 각 정당과 정당관련
재단, 교회, 노동조합, 시민운동단체, 크리스천 아카데미, 언론매체
등을 꼽을 수 있으며, 이들은 전국적으로 4,000~5,000개를 헤아릴
정도로 광범위하다. 독일이 국가적인 차원에서 민주시민교육을 강력
하게 실시할 수 있었던 배경에는 진보와 보수, 좌우이념을 떠나서
민주주의체제를 부정하는 전체주의세력의 득세를 더 이상 용인하지
말자는 데 여·야의 초당적 합의가 있었기 때문에 가능했다. 이러한
공감과 합의는 민주시민교육의 운영 및 내용적인 면에서도 초당적
이며 중립적인 관점을 유지하도록 하는 절충적이고도 유연한 결과
를 가져왔다. 독일인의 대부분은 통일 이후에도 민주시민교육이 민
주적 정치문화의 불가결한 기본요소로서 계속 추구되어야 하며, 그
초당적이며 중립적인 시민교육의 방법론으로 '다원성의 통
합'(integration in diversity)의 원칙을 선호하고 있다.

2) 미국

미국에서 시민교육이 강조될 수밖에 없었던 배경은 독일과 다른 당시 시대적 상황과 관련되어 있다. 1960-70년대 베트남 전쟁, 반전 운동, 워터게이트 사건 등은 미국식 민주정치체제의 우월성에 대한 국민의 신뢰성 저하를 가져왔고, 이것은 국가의 신뢰성에 대한 회의로 연결되었다. 또한 1970-80년대 고도산업사회로의 발전에 따라 청소년 범죄의 급격한 증가, 사회계층 집단 간 갈등으로 인한 사회 통합의 위기 등의 심각한 사회문제가 발생했기 때문이다. 이러한 배경에서 시작된 미국의 시민교육은 "다양성이 보장되는 자유·개방사회의 체제유지 및 통합력 강화를 위한 미국적 정신 함양"이라는 통합교육(시민의 헌신)과 "민주적 기본질서를 준수하고 사회발전을 뒷받침할 수 있는 시민적 자질의 개발과 적극적 행동양식의 훈련"이라는 행동교육(시민의 자질)이라는 두 가지 목표를 가지고 시작되었다.

통합교육은 미국의 역사, 개척정신, 연방주의 정신을 배양하고 세계보편주의(universalism)와 세계 1등 국민의 긍지를 함양하는 것을 그 주된 내용으로 설정하였다. 행동교육은 공공질서와 국가정책에 대한 지식 함양과 효율적 참여에 필요한 지식과 규범의 확충, 타인의 기회와 권리를 존중하는 행동규범과 지식 교육, 경제·사회생활에서의 책임의식과 자주정신의 고취, 그리고 국제관계의 이해 및 이타정신과 창조적 애국심의 함양 등을 그 주된 내용으로 하고 있다. 현재 미국의 시민교육은 주별로 차이는 있지만 대체로 두 가지 형태로 강화되고 있다. 첫째는 학교 교과과정에 시민교육 과목을 포함시키는 것이다. 시민교육은 학생들에게 효과적인 시민참여에 필요한 지식, 기술, 정신을 교육시킨다. 이는 '시민윤리', '민주주의', '미국역사', '미국정부'라는 과목을 통해 실현된다. 둘째, 일종의 체험학습으로 청소년들로 하여금 실제 정책에 참여하게 함으로써 실제 민주적 결정과정을 경험시킨다. 15개 주의 경우 일정 수의 학생들을 주 교육위원회(state board of education)의 위원자격으로 참여케 하고 있다

또한 이러한 미국의 시민교육은 일정한 국가중심의 제도화를 통해 이루어지기보다는 사회교육의 형태로 시민사회 영역에서 자율적으로 행해지고 있다. 시민사회에서 행해지는 교육활동을 위해 연방, 주, 자치단체의 차원에서 결성된 변호사협회가 각 단체의 교육활동이나 프로그램을 지원한다. 그리고 NED(National Endowment for Democracy)나 NEH(National Endowment for Human Right)와 같은 공익재단에서도 교육활동을 지원하고 있으며, 아울러 국제적으로도 지원활동을 전개하고 있다. 미국의 대표적인 민간 시민교육단체는 시민교육센터(CCE: Center for Civic Education)이다. 이 단체는 1964년 캘리포니아 주립대학(UCLA)에서 결성된 초중고생을 위한 시민교육 프로그램에 관한 소위원회에서 출발하여, 1969년 캘리포니아 변호사협회 산하에 있다가 1981년 독립하였다. CCE는 미 의회에서 통과된 민주주의 교육법에 준하여 교육부로부터 예산을 받아 운영되고 있으며, 비영리기구로써뿐 아니라 정치적으로도 독립되어 있는 초당파적 조직을 표방하고 있다. CCE는 미국 내 30개 주에서 실행하고 있는 '시민(civics)' 과목의 교재와 프로그램을 직접 제공하고 있고, 세계 70여 개 나라와 손잡고 국제 프로그램을 진행하고 있는 명실상부한 미국 시민교육의 대표주자이다.

3) 영국

영국에서 시민교육의 필요성이 강조되었던 배경 역시 독일이나 미국과는 다른 시대적 상황과 연결되어 있다. 영국은 1980년대 들어서면서 영국 사회가 당면하고 있는 심각한 사회문제인 투표율 하락과 공적기구에 대한 국민적 신뢰 하락, 청소년 범죄 등의 문제해결을 위해 우선적으로 시민의식 정립이 필요하다는 인식에 기초하여, 시민의식을 중점적으로 연구 분석하는 '시민의식위원회'를 구성하였다. 여기에서 연구 분석된 학교 시민교육의 방향은 '국가공통교육과정위원회'와의 접목을 통하여 세부적인 공교육지침에 의해 시민교육으로 실시되었다. 영국 시민교육의 초점은 주로 사회 및 교내 봉사활동을 통한 참여에 중점을 두어왔다. 그러나 영국 사회가 당면하고 있는 심각한 사회문제 해결을 위해서는 시민의식 함양에 중점을 두어야 한다는 인식하에 사회 각계 인사로 구성된 '시민의식위원회'가 발족되어 국가공통교육과정위원회와의 접목을 통해 시민교육의 방향이 설정되었다. 1989년도 들어 국가공통교육과정위원회는 시민의식위원회의 시민교육 연구결과를 토대로 국가공통교육과목으로 선정한 10개의 기초교과 외에 시민교육을 환경교육, 보건교육, 진로지도, 경제 및 산업에 대한 이해 등을 5개 학습주제로 설정하였다. 1990년대에는 시민의식 함양과 문제해결 능력 배양에 중점을 둔 시민교육에 의한 세부지침이 마련됨에 따라 영국 학교의 시민교육은 이 세부지침에 의해 실시되고 있다. 이 지침은 공동체 의식, 다원화 사회, 시민의 의미, 시민과 법, 가족, 민주주의, 일, 취업 및 여가선용, 공공서비스 등을 시민교육의 필수 학습주제로 설정하고 있다.

영국 정부는 시민위원회가 1998년에 작성한 보고서인 "학교에서의 시민교육과 민주주의 교육"을 통해 "정치문화의 변화"와 "적극적인 시민으로서 생각하는 정치문화"창출의 필요성을 인식하고 2002년에 시민교육을 국가공통교육과정에 정식으로 포함하였다. 영국 정부가 늦게나마 시대의 변화에 따라 '좋은 시민'(good citizenship)과 '적극적인 시민'(active citizenship)의 필요성을 인식하였기 때문이다. 학교에서는 정규교육과정을 통해서 민주시민이 되기 위한 준비로 지식, 기술력과 이해력에 중점을 두어 교육을 실시한다. 7~9학년 과정에서는 질문과 의사소통, 참여와 책임 있는 행동을 개발할 때 교양 있는 시민이 되기 위한 지식과 이해력을 획득하고, 정치적, 정신적, 도덕적, 문화적인 이슈들과 문제, 사건들에 대한 생각하고 토론하는 방법을 습득한다.

이상으로 독일, 미국, 영국에서 진행된 바 있는 시민교육의 주요 특징과 배경을 다음과 같이 비교하여 요약할 수 있다. 독일의 시민교육은 1970년대 중반 히틀러 등으로 상징되는 나치세력의 부활을 근본적으로 막기 위한 차원에서 정치권의 초당적인 합의로 진행되었으며, 위로부터 국가중심의 시민교육이 강력하게 추진된 것이 특징이다. 미국의 시민교육은 1960-70년대 베트남 전쟁, 반전운동, 워터게이트 사건 등으로 표출된 미국식 민주정치체제의 우월성에 대한 불신과 위기에 대한 반성차원에서 강한 체제통합과 사회통합을 목표로 진행되었으며, 철저하게 아래로부터 시민사회영역이 주도하고 이것을 주와 관련단체들이 간접적으로 지원하는 방식으로 추진되었다는 것이 특징이다. 영국의 시민교육은 1980년대 심각한 사회문제로 등장한 투표율 하락, 공적기구에 대한 국민적 신뢰 하락, 청소년 범죄 등의 문제해결을 위해 시민의식의 정립이 필요하다는 인식하에서 진행되었으며, 아래로부터 시민사회를 대표하는 '시민의식위원회'와 위로부터 국가를 대표하는 '국가공통교육과정위원회'가 공동으로 협력하여 구체적인 방안을 마련하여 추진하였다는 것이 특징이다.

3. 한국의 시민교육 현황

현재 우리나라에서 시행되고 있는 시민교육의 내용과 방식은 선진국과 비교해 볼 때, 매우 열악한 실정이다. 제도교육에서는 교과서에 시민교육의 내용이 양적인 차원에서 점차 확대되고는 있으나 그 내용과 방식이 피상적이며, 구체적인 경험과 체험에서 출발하지 못하고 있다. 또한 평생학습을 목적으로 설치된 사회교육기관들은 취미나 직업훈련 등의 프로그램에 치중하고 있어 제도화된 시민교육을 담당하기에는 역부족인 실정이다.

한국에서 시민교육의 제도화를 위한 그동안의 논의 현황을 살펴보면 다음과 같다. 1997년 10월 경제정의실천시민연합, 참여연대, 한국여성단체연합, 한국YMCA 전국연맹, 환경운동연합 등 시민교육을 주요사업으로 실행하고 있는 11개 단체가 민주주의 발전을 위해서는 시민교육이 체계적으로 진행되는 것이 중요하다고 생각하고 민주시민교육포럼을 구성하였다. 이후 민주시민교육포럼은 <민주시민교육지원법(안)>을 작성, 입법청원을 하였다. 또한 민주시민교육을 연구하는 학자들 중심의 민주시민교육협의회는 1997년 10월 30일 <민주시민교육지원법(안)>을 발의하였고, 1999년에는 민주개혁

국민연합을 포함한 30여개의 단체가 민주시민교육 네트워크를 구성하고 민주시민교육관련법 제정을 위해서 연대활동을 했다. 또한 김대중 정부 당시 제2건국범국민추진위원회도 당시까지 논의되었던 <민주시민교육관련 법률(안)>을 수정·보완한 <민주문화진흥법(안)>과 <민주시민교육지원법률(안)> 등의 입법화를 시도하였다.

민주시민교육관련법 제정을 위해에 적극적으로 참여한 주체는 학자그룹 중심의 민주시민교육협의회와 시민단체 연대기구인 민주시민교육포럼, 김대중 정부 하에서는 한국자유총연맹과 민주개혁국민연합이 중심이 된 민주시민교육네트워크 등이다. 또한 한국시민단체협의회는 독자적으로 법안을 만들기 위한 노력보다는 이러한 논의가 공론화 될 수 있는 장을 여는 데 역할을 했다. 법안을 추진하는 주체들의 공통점은 한국의 민주주의 발전을 위한 중요한 요건으로 민주시민교육의 필요성을 적극적으로 제기하고 이를 활성화하기 위한 제도와 지원체계 등의 기반형성은 국가의 역할로 보는 것이었다. 민주시민교육포럼은 정치적 중립성과 시민단체들의 독자적 활동의 여지를 최대한 보장하고 직접 실행하기 보다는 다양한 시행주체를 지원하고, 촉진시키는 기구가 되어야 한다는 관점에서 국무총리실 산하에 민주시민교육발전위원회를 두는 것을 골자로 하는 독자적인 <민주시민교육지원법>을 준비하였으나 국회에 입법청원을 하지는 못했다.

민주시민교육포럼이 구성된 이후 민간영역에서 단일안이 제출되어야 한다는 공감대를 서로 확인함에 따라 민주시민교육포럼과 민주시민교육협의회는 구체적인 협의 과정을 거쳐 2000년 1월 시민교육진흥법을 의원 발의로 제출하기도 하였다. 민주시민교육네트워크는 독자적인 법안을 만들었으나 역시 국회에 제출하지는 않았다. 이러한 활동은 대체로 2000년 초반까지 계속되었으나 정치권의 무관심과 미합의로 인해 임기 만료로 자동 폐기되었다. 시민사회 내부에서도 단일한 법을 만드는 공감대 형성에 실패하고, 추진세력이 약화되어 별다른 성과가 없었다. 하지만 민주시민교육포럼을 주축으로 한 시민단체의 법제화를 위한 노력은 2004년 말부터 다시 본격화되었다. 이전에 법제화를 추진했던 주체들은 시민사회의 발전을 위해서 민주시민교육지원체계의 필요성을 다시 한 번 절감하고, 변화된 상황에 맞는 새로운 법안을 구상하여 의견수렴을 하였으며, 법안의 추진주체를 보다 강화하여 시민단체연대회의의 결정으로 시민교육위원회를 구성하여 실무적인 추진을 하고 있다. 그리고 (사)바른사회시민회의와 밝은정치시민연합은 17대 국회에 이어 18대 국회, 19대 국회, 20대 국회에 이르기까지 <민주시민교육지원법(안)> 상정을 추진하고 있다. 관계자들은 '촛불 혁명'을 통해 시민민주주의 열기도 뜨겁게 표출된 점 등을 감안하면 지금이야말로 민주시민교육지원법을 마련하고 관련 기관을 설립하기에 가장 적합한 시기라며 "이를 위해 정부 기관과 관련 단체의 협력적 거버넌스가 요구된다"고 주장하고 있다. 또한 중앙선거관리위원회는 최근에 선거연수원을 중심으로 민주시민교육원 설립을 위하여 내부적으로 장기발전계획을 수립하여 추진해나가고 있다.

4. 한국 시민교육의 방향

시민교육을 제도화하는 것은 상술한 해외사례의 시사점에서 보여주듯이, 시민교육의 당위적 필요성은 물론 현실적인 차원에서 교육

내용, 방법론, 기구설치와 운영, 재정운용 등에 대하여 정치권 간에 그리고 시민사회진영 간에 고도의 초당적 합의가 절대적으로 필요한 문제이다. 특히 시민교육의 필요성과 제도화방식은 해외사례의 시대적 맥락을 참조하되 교조적으로 답습하지 말고, 우리나라의 실정을 구체적으로 반영하여 민주화 이후 지구화, 후기산업화, 정보화, 탈냉전 등 전환기적 시대 상황이 제기하는 사회적·정치적 문제를 해결하는 맥락에서 적실성을 갖는 시민교육의 내용과 방법 그리고 절차를 설계할 필요가 있다.

독일에서 시민교육의 제도화는 시민단체에서 제기되었다기보다는 좌우이념을 떠나 히틀러세력에 반대하는 정치권의 이해관계로 초당적인 차원에서 합의되어 쉽게 제도화될 수 있었다. 하지만 우리의 경우는 정치권의 이해관계보다는 시민단체의 필요성에서 제기되었다는 점에서 독일의 경우와 달리 시민단체 간에 그리고 정치권간에 국민적 공감대 확대와 합의가 중요한 문제로 대두되었다. 따라서 시민교육관련법안의 명칭과 교육내용 등과 관련해서는 철저하게 초당적이고 중립적인 차원에서 '민주시민교육'보다는 '시민교육'으로 넓게 정하고, 그 내용 역시도 상술한 바와 같이 국민중심주의에 입각한 시민교육 보다는 지구시민사회(global civil society)를 지향하는 시민교육으로 폭넓게 다뤄질 필요 가 있다.

특히 다문화교육과 통합교육(통일이후 사회통합) 및 숙의민주주의 교육(deliberative democracy education)도 강조돼야 한다. 즉 지구화는 문화의 다원화, 가치의 다원화를 촉진하면서 새로운 지구촌의 가치와 규범을 창출하게 된다. 이러한 변화된 상황을 능동적으로 맞이하기 위해서는 지구시민으로서 성숙한 생활태도와 매너가 요구된다. 세계인권 선언에 제시된 세계 시민교육의 목표와 내용을 시민교육의 내용으로 참고할 필요가 있다. 즉 세계인권선언에서 제시되고 있는 것처럼 인류가 공동으로 지향해야 할 가치를 생명존중, 자유, 상호존중, 정의와 평등, 배려, 도덕적 인격 등을 그 내용으로 반영할 필요가 있다. 결국 시민교육은 지구공동체 구성원으로 함께 살아가면서 인류의 공동 목표 달성을 위해 필요한 자질과 능력을 함양하는 교육적 과정으로 설계될 필요가 있다. 그리고 설치되는 관련기관의 위상과 역할은 철저하게 독립성과 자율성을 유지하되 국가와 시민을 연결시키는 관설민영(官設民營)의 중간지원조직으로서의 성격을 가질 필요가 있다.

즉, 이 중간지원조직으로서의 관련기관은 독일의 연방정치교육원처럼 직접적으로 시민교육의 방향과 내용을 결정하고 집행하는 중앙/지방정부 주도의 시민교육기관이라기보다는, 제3섹터와 민관협력의 촉진을 위해 노력하고 있는 일본의 관설민영의 NPO지원센터의 위상과 역할과 유사하게, 학교, 대학, 학회, 시민단체 등 다양한 주체들이 다양한 내용과 방법으로 시민교육과 시민교육교사 양성교육을 진행할 수 있도록 이것을 육성하고 촉진하기 위한 행정적·재정적 지원기구의 성격을 가질 필요가 있다. 시민교육의 제도화를 위해서 정부는 상술한 내용을 포함하는 합리적인 안과 로드맵을 마련하여, 국회와 시민사회와의 공론화작업에 나설 필요가 있다. 대체로 다음과 같은 내용이 시민교육의 제도화를 위한 관련 지원 법률안에 담길 필요가 있다는 의견이 제시되었다.

첫째, 초·중등 과정의 공교육에서부터 시민사회에 관한 교육이 포함되어야 한다. 둘째, 시민교육을 위한 기관은 정치적 중립성·독립성을 지켜야 하며 관설민영의 중간지원조직의 성격을 가져야 한다. 셋째, 독립적인 기관으로서 시민교육의 독립성과 자율성을 확보하기 위해서는 독립적인 예산편성권과 운영을 위한 기금의 설치 및 후원금에 대한 조세감면 등이 필요하다. 넷째, 양질의 시민교육을 행할 수 있게 하기 위해서는 전문 인력 양성이 필요하며, 교재와 프로그램 개발이 필요하다. 다섯째, 시민교육의 질과 효과적인 방법을 지속적으로 확보하기 위해서는 시민교육에 대한 여론조사, 평가 및 시정을 위한 방안도 포함되어야 한다.[26]

---

26) 특임장관실, 「민관협력과 시민사회발전을 위한 청사진」, 2012.

제6장

시민참여

기부와 자원봉사

　참여는 민주주의 국가에서 중요한 시민의 권리이다. 민주주의가 가지고 있는 의미 자체가 시민의 참여를 담보하고 있기 때문이다. 민주주의는 고대 그리스에서 중세말기의 유럽의 도시국가를 거치면서 현대적인 시민혁명을 통해서 현대의 가장 많은 다수의 궁극적인 가치를 가진 정체(政體)로서 의미를 가지게 되었다. 그렇지만 민주주의는 필연적으로 몇 가지 제약을 가질 수밖에 없다. 그것은 광대한 국민국가 차원에서 정체를 형성하는 것이기에 시민들이 참여할 수 있는 방식이 몇 가지로 한정된다. 투표는 시민에 의한 대표를 선출하거나 국가적인 중요한 사안을 직접 국민들에게 묻는 방식이지만, 일상화하기에는 한계가 있다. 때문에 대부분 현대 민주주의 국가에서는 행정적인 경향이 강해지면서 정부 운영상에서 선출직보다 임명직의 권한이 강화되고 있다. 그리고 시민들의 대표로 이루어진 입법부 자체도 시민의 의사를 충분히 반영하지 못하는 문제점이 노정되고 있다.

　이에 현대 민주주의 국가에서는 시민의 참여를 확대하고 시민의 의사를 국정에 반영하려는 많은 제도적 보완을 모색하고 있다. 이러한 대의제 민주주의의 한계와 시민참여의 필요성을 보았을 때 시민사회의 역할은 중요하다. 시민사회는 현대 민주주의에서 가장 중요한 시민참여를 활성화할 수 있는 하나의 통로이기 때문이다. 그런 맥락에서 시민사회는 시민참여를 확대하고, 시민들의 의사를 반영하기 위한 정치 매개집단(intermediaries) 적인 속성을 가진다. 참여에서 매개집단은 주로 시민과 권력 간의 관계에서 시민의 관점을 연계하는 기능을 하는 조직을 의미한다. 시민사회가 매개집단으로서 기능하는 이유는 일반 시민들은 지식과 기술, 물적·인적 자원이 부족하기 때문에 직접 정부를 상대로 협상하는데 어려움이 있기 때문이다. 최근 시민사회의 발전은 단순히 정부 정책에 시민들의 의견을 개진하는 것이 아니라 공적 이익을 실현하기 위한 시민참여 영역도 활발해 지고 있다. 시민사회가 다양화되고 아래로부터의 생활 속의 운동이 확대되면서 단순한 정부에 건의하고 협상하고 요구하는 것이 아니라 스스로 참여를 통한 사회의 공공재를 생산하기도 한다. 그런 차원에서 최근 시민참여는 과거와 달리 정부를 상대로 하는 것이 아니라 자발적으로 공적 서비스를 생산할 수 있는 기부나 자원봉사 영역까지 확장되고 있다.

기부와 자원봉사는 나눔에서 유래한다. 나눔은 어떤 대가를 바라지 않는 자발적, 이타적, 공익적 활동이다. 나눔은 도움이 필요한 사람들에게 직접 또는 현금이나 현물을 모금 하는 기관들을 통해 제공하는 기부(giving)와 이웃돕기(helping) 활동이며, 또 소중한 시간으로 자원봉사(volunteering)를 하거나 지역사회나 단체에 참여(participating)하는 활동이다.

1. 기부

　일반적으로 기부는 개인의 사적, 공적 기부에 기초한다. 개인들은 지속적으로 체계적인 기부로 자신이 추구하는 기부의 목적을 달성하기 위해 재단이나 법인을 설립해 기부활동을 하는 경우도 적지 않다. 한국에서는 개인들이 기업이나 기업재단 등의 법인기부보다 더 많은 비중을 차지한다. 가장 많은 규모의 소득공제 기부금에서 2000년부터 개인기부가 법인기부를 크게 앞서 왔다. 1999년부터 외환위기의 직접적인 영향을 받은 기업들의 기부가 상당히 위축된 반면에, 개인들은 금 모으기 운동 등으로 외환위기를 극복하는데 적극적으로 동참했기 때문이다. 외환위기가 닥치면서 전대미문의 기록으로 대량실업과 빈곤이 확대되어 생계지원 등의 복지수요가 급증했지만 국가와 시장의 역량은 절대 부족한 가운데, 나눔활동으로 민간 사회 안전망을 구축하는 새로운 변화가 일어났다.

　기부는 소득공제 기부나 모금기관을 통한 기부 형태로 공식화되는 특징이 있다. 기부는 개인들의 물질(현금이나 현물) 기부에 기초해 개인적으로 또는 직장, 학교, 단체 등 조직을 통해 도움이 필요한 개인들에게 직접적으로 또는 모금기관이나 공익 시민단체를 경유해 전달되는 비교적 조직화된 활동이다. 모금을 할 수 있는 공인된 기관 또는 단체들을 통하지 않고 개인 대 개인으로 전달되는 이웃돕기도 많지만, 이제 많은 기부금은 소득공제용 연말정산에서, 모금기관들의 모금현황으로 드러나는 비교적 공식적이고 조직화된 활동이 되고 있다. 복지기관이나 시민단체들도 법적으로 정부의 모금기관 승인을 받아야 하므로 아직은 많은 기관들이 공인을 받지 않아 공식적인 모금활동을 할 수 없는 상태이다. 한국은 <소득세법> 시행령과 <법인세법> 시행령에 따라 개인이나 법인이 소득공제를 받을 수 있는 기부금대상 민간단체를 정기적으로 지정하고 있다.

한국인의 기부인구는 갤럽의 2011년 개인설문 자료에서 보여주듯이, 일본(24%)보다 무려 10% 더 높은 34%로 조사되었다. 통계청의 국내 설문조사를 참고하면, 기부자는 2011년 현재 42%로, 2006년 31.6%와 2009년 32.3%에 비해 계속 늘고 있다. 연간 기부 회수도 2006년 4.7회에서 2011년 6.1회로 늘었고, 1인당 연간 기부금도 종교기부 (헌금, 시주 등)를 제외한 순수기부가 2003년 57,000원, 2005년 70,000원, 2007년 109,000원으로 늘었다.

또 주요 모금기관들의 모금 실적에서는 뚜렷한 증가세를 보여준다. 대표적인 사회복지공동모금회(사랑의 열매)의 경우 모금액이 2004년~2009년 사이에 두 배 가량 늘어, 연 평균 32%에 달하는 증가율을 보여준다. 공동모금회의 모금액은 개인보다 기업의 기여가 더 높지만 증가세에서 개인기부가 기업기부를 훨씬 능가한다. 기업의 사회공헌도 꾸준히 늘고 있지만 개인들의 기부참여가 폭증하고 있는 것이다. 다른 모금기관들도 공동모금회에 비해 모금액은 비교적 적지만, 연평균 증가율에서는 유니세프(UNICEF)와 굿네이버스는 연평균 50% 이상의 증가율로 높은 모금실적을 올리고 있다. 또 온라인 기부 등 간편한 기부방법이 개발되면서 기부자들이 부쩍 늘고 있다. 온라인을 대표하는 해피빈 기부활동에는 매년 50만 명의 네티즌들이 기부자로 참여했고, 2009~2011년 기간 매년 300만 명에 근접해, 기부금도 연평균 60억 원에 달했다.

다음으로 기부문화의 새로운 변화상을 살펴볼 필요가 있다. 기부문화의 변화상에서 빼놓을 수 없는 것은 온라인 기부이다. 정보통신 기술이 발전함에 따라 온라인을 활용한 기부활동이 증가하고 있다. 그러나 온라인을 통한 기부활동의 빈도와 규모에 대해서는 정확한 통계가 나와 있지 않다. 다만 온라인 기부활동을 짐작할 수 있는 사례로는 한국정보화진흥원의 2010년 네티즌 조사결과, 주요 포털 사이트 사례, 금융기관과 통신사 등의 사례를 통해 아래와 같이 정리해볼 수 있다.

먼저 한국정보화진흥원이 조사한 2010년의 온라인 나눔현황 조사를 참고해보면, 온라인 기부활동의 동향을 가늠해볼 수 있다. 조사에 응한 2,500명의 네티즌들의 응답을 기초로 살펴보면, 응답자의 81%가 기부활동을 한 것으로 조사되었고, 기부자들은 정기적으로(27.8%) 또는 비정기적으로(72.2%) 참여했다는데, 주요 기부처는 사회봉사단체와 종교단체로 나타났다. 기부활동의 빈도는 '월1회'(29.5%), '2~3개월에 1회(22.3%), '6개월에 1회'(26.4%)로 비교적 정기적인 기부활동을 한 것으로 나타났다. 또 기부금액은 1회 평균 32,000원 정도로 연간 256,000원 가량 된다. 주된 기부이유로 '사회적 배려'(68%)가 가장 많았고, 기부금을 보낸 기부처는 '기부캠페인을 하는 포털/클럽/미니홈피 등'이 64%로 가장 많아, 오프라인에서의 주요 기부처(종교단체나 사회봉사단체)와는 두드러진 차이를 보여준다. 온라인 기부자들은 온라인 방식에 81%가 만족한다고 답했고, 불만으로는 '사용처 피드백이 충분하지 않음'을 꼽았다.[27]

다음으로 주요 포털과 금융기관, 통신사, 온라인 쇼핑몰, 항공사 등의 사례를 통해 온라인 기부활동의 현황을 살펴볼 만하다.

---

27) 한국정보화진흥원, 『온라인 나눔현황 조사』, 2010.

첫째, 주요 포털의 기부활동은 네이버의 해피빈, 야후의 나누리, 싸이월드의 사이좋은 세상, 다음의 희망모금 등이 있다. 해피빈은 2005년7월부터 운영되고 있는데, 3,600개가 넘는 사회복지단체와 77개 후원파트너 기업을 네티즌과 연결하여 누구나 참여할 수 있도록 한 대표적인 나눔 사이트이다. 나누리는 국제원조단체인 월드비전이 후원대상자를 선정해 나누리 홈페이지에 소개해 네티즌이나 후원기업이 나눔활동에 참여하고, 나눔 뒷이야기에 소개하는 프로세스를 가지고 있는 모금사이트이다.

둘째, 은행, 카드사, 보험사 등의 금융기관은 마케팅의 하나로 판매이윤의 일부를 기부금으로 사용하는 방식으로 나눔문화에 동참하고 있다. 신용카드사의 경우 사용시 발생하는 포인트를 지정 기부처에 기부할 수 있는 창구개설, 언제든 지원하는 곳에 기부할 수 있도록 사이를 운영한다.

셋째, 그밖에도 통신사, 쇼핑몰도 온라인 기부문화 확산에 동참하고 있다. 명분은 기업의 사회공헌이며, 이를 통해 자사의 이미지 제고와 경쟁사와의 경쟁력 확보를 위한 경영 비즈니스 목적도 갖고 있다. 인터넷 쇼핑몰 G-마켓의 경우, '후원쇼핑'의 개념을 통한 새로운 비즈니스 모델을 제시하고 있는데, 판매자가 후원 상품을 설정하면 G-마켓은 '노출 우선권'을 부여해 소비자의 관심을 증대될 수 있도록 '후원사실'을 표시하는 방식이다.

이상과 같이 다양한 온라인 기부활동이 활성화되고 있지만, 온라인 기부활동은 몇 가지 문제점과 과제를 안고 있다. 첫째는 네티즌의 관심에 부응하는 아이템 개발과제가 있다. 둘째는 신뢰도 제고를 위한 정보제공 부족 문제도 있다. 그럼에도 새로운 기부문화 정착을 위한 참신한 시도는 계속되고 있다.

마지막으로 기부에서 나타나는 새로운 변화상은 시민단체를 지원하는 모금활동이 증가하고 있다는 것이다. 가장 일반적인 모금방법은 정부의 "기부금모금단체" 지정이다. 2011년 말까지 약 3,000여 기관단체들이 "기부금모금단체"로 지정을 받았다.[28] 이와 같은 기부문화의 확대 추세는 향후 시민사회의 발전에 크게 기여할 것으로 내다본다. 그간 재정적인 어려움을 겪었던 시민단체들이 일반 시민의 기부활동으로 많은 도움을 받고 있기 때문이다. 따라서 정부나 기업의 재정지원으로부터도 점차 해방되는 자율적인 시민사회의 발전도 기대해볼 만하다.

2. 자원봉사

기부와 함께 나눔문화의 한 영역이라고 할 수 있는 자원봉사는 기관이나 단체를 통해 조직적, 체계적으로 이뤄지는 경우가 많지만, 주변에서 도움을 필요로 하는 이웃을 돕는 활동에 일정기간 시간을 내서 참여하는 경우까지를 포괄하는 것이라 할 수 있다. 자원봉사는 사전적인 의미로서는 어떤 일을 대가 없이 자발적으로 참여하여 도우는 것을 지칭한다. 하지만 최근 자원봉사는 이러한 협소한 의미보다 광범위한 의미로서 인식되고 있다. 즉 자원봉사활동은 주변에 도움을 주는 것을 기본으로 하지만, 이들에게 현금이나 현물 또는 서비스 제공의 비정기적, 사적 활동이라는 차원에서 기존의 '이웃돕기'와 구분

---

28) 기획재정부는 소득세법 시행령과 법인세법 시행령에 따라 개인이나 법인이 소득공제를 받을 수 있는 기부금대상 민간단체를 정기적으로 지정하고 있다.

해볼 수 있다. 무엇보다 자원봉사가 이웃돕기로부터 구분되는 점은 공익적인 단체를 통해 이뤄지는 공식적 활동이라는 특성이다. 비공식적(informal) 자원봉사를 이웃돕기로 구분하는 국가들이 많지만, 최근 국제 표준화 작업을 진행 중인 국제노동기구(ILO)는 비공식 자원봉사활동인 이웃돕기까지 자원봉사에 포함시키는 보편적인 개념정의를 제시해 각국이 새로운 자원봉사 조사를 진행하고 있다. 국제노동기구는 헌혈이나 장기기증, 정당활동도 자원봉사로 간주한다.

국제노동기구(ILO)는 자원봉사활동(voluntary activity)은 "자원봉사자 자신의 가계나 친지가 아닌 타인의 이익을 위해 법적 강제에 의하지 않고 금전적 지급이나 보상이 없는 노동(work)"이라 정의한다. 이 같은 개념정의는 몇 가지 특징이 있다. 첫째, 자원봉사활동은 자원봉사자가 아닌 타인에게 경제적 가치를 가진 '노동'이 되어야만 한다. 자신의 즐거움을 위한 악기연주는 '노동'이 아니므로 자원봉사에 해당되지 않는다. 둘째, 자원봉사활동으로 이뤄지는 '노동'은 무급 노동이어야 한다. 활동에 필요한 경비를 환급받거나 시장가격에 훨씬 못 미치는 사례금을 받은 '노동'이라고 자원봉사가 아니라고 볼 수는 없다. 그러나 낮은 수준의 임금에 해당되는 현물(in-kind) 보상을 받은 '노동'은 자원봉사로 간주하기 어려울 것이다. 셋째, 자원봉사자 또는 그의 가족이 자원봉사 '노동'을 통해 어떤 수혜를 받는 경우, 그 '노동'은 반드시 타인에게도 혜택이 되어야만 자원봉사로 간주할 수 있다. 넷째, 자원봉사 '노동'은 비강제적(non-compulsory)이고 비의무적(non-obligatory)이어야 한다. 상당한 선택의 여지가 주어질 때만이 자원봉사가 성립된다. 한국의 <자원봉사활동기본법> 제3조 1항은 "자원봉사활동이라 함은 개인 또는 단체가 지역사회·

국가 및 인류사회를 위하여 대가없이 자발적으로 시간과 노력을 제공하는 행위를 말한다."로 제시하며, 또 제2조 2항에서는 "자원봉사활동은 무보수성·자발성·공익성·비영리성·비정파성·비종파성의 원칙 아래 수행될 수 있도록 하여야 한다"고 명시하고 있다.

한편 자원봉사는 사회 전반적인 의식개선과 함께 전 세계적으로 크게 확장되고 있다. 한국에서도 이러한 영향으로 최근 급격한 증가세를 보이고 있다. 실제 통계청이 조사하고 있는 한국인 교육수준별 자원봉사 참여율은 199년 13.0%에서 2011년에는 17.6%로 꾸준한 증가세를 보이고 있다. 이는 아직 자원봉사 선진국에 비하면 낮은 수준이지만 점차 자원봉사가 증가하고 있다는 점을 감안하면 장기적으로 확대될 것으로 기대된다. 자원봉사에서도 노블리스 오블리제(noblesse oblige)로서 교육과 소득 수준이 높은 사람들이 더 많이 참여해 나누며, 또 사회적으로 많은 보수를 받으며 지위가 높은 직업을 가진 사람들의 자원봉사 참여가 비교적 높다는 것이 선행연구들의 결과로 제시되고 있다. 그러나 이런 일반화는 국가에 따라 다소 두드러진 차이를 보이며, 한국의 경우는 예외적인 국가에 해당된다고 볼 수 있다. OECD에서 한국인의 노블리스 오블리제 실천 수준은 미흡한 것으로 보인다.

<표 6-1> 한국인 교육수준별 자원봉사 참여율

(%)

	1999년	2003년	2006년	2009년	2011년
전체	13.0	14.6	14.3	19.3	17.6
초졸이하	8.7	10.0	8.9	10.4	24.0
중졸	20.5	27.7	30.8	42.4	39.8
고졸	11.9	12.2	11.4	15.0	13.6
대졸이상	12.7	13.6	12.7	18.4	16.2

한편 자원봉사는 시민사회에 대한 기여차원에서도 중요한 위상을 차지한다. 일반적으로 자원봉사를 단순히 서비스 제공 등의 이웃돕기 차원이라는 인식에서 벗어난다면, 시민사회 차원에서도 자원봉사는 중요한 기여를 한다. 자원봉사는 시민사회의 절대적인 인력 자원으로서 경제적 가치를 생산한다. 시민사회의 무수한 기관과 단체들은 정부와 기업과는 달리 절대적으로 자원봉사자의 '무급 노동'에 의존해 조직을 유지하며 사업을 진행하고 있다. 바꿔 얘기하면, 자원봉사자들이 조직의 행정, 업무, 행사 등 '일'을 도와주지 않으면 시민사회 조직들은 사업 추진은 물론 조직 유지조차 어려울 수도 있다고 볼 수 있다.

첫째, 자원봉사는 무급의 노동력을 활용할 수 있다는 점에서 시민사회에 기여한다. 실제로 국제비영리조직분류(ICNPO)의 조사에 따르면, 36개국의 시민사회조직 인력 가운데 임금직이 56%, 자원봉사자가 44%를 차지한다. 시민사회조직의 인력에서 자원봉사자가 차지하는 비중이 가장 높은 그룹에 스웨덴(75.9%), 노르웨이(63.2%), 핀란드 (54.3%)가 포함되어 있고, 그밖에도 프랑스(51.6%), 영국(44.2%), 독일(40.4%), 미국 (36.9%) 등이며, 시민사회조직이 자원봉사자를 잘 활용하지 않고 있는 한국(22.8%)과 일본(24.5%)은 하위 그룹에 속해 있다. 그동안 한국의 시민단체들은 자원봉사자 활용에 적극적이지 못한 것이 사실이다. 그 원인은 아직 한국에서 자원봉사는 단순한 의미의 이웃돕기라는 협소한 의미로 인식되고 있기 때문일 수도 있다. 따라서 다른 많은 단체들은 자원봉사자 활용에 대한 이해부족부터, 활용방안의 전략부재 문제들을 안고 있다.

둘째, 자원봉사자가 시민사회조직의 인적 구성에 상당한 비중을 차지하기 때문에 재정적 기여도 또한 상당하다고 볼 수 있다. 다시 ICNPO의 조사에 따르면, 34개국 사례에서 시민사회조직의 수입은 회비와 이용료(fees)가 53%로 가장 많은 비중을 차지하고, 정부 지원이 34%, 그리고 기업이나 개인의 기부금이 12%를 차지한다. 그런데 여기에 자원봉사자의 활동시간을 인건비로 환산해 다시 계산해보면, 마지막 후원금 비중이 31%로 상승 하면서, 정부 후원금 비중(26%)을 능가한다. 또 회비와 이용료 비중은 42%로 줄어든다. 실제로 자원봉사자 비중이 높은 북유럽 국가들의 경우, 자원봉사자의 재정적 기여가 포함 된 시민 개인들의 후원 역할이 가장 높은 비중을 차지한다는 것을 알 수 있다.

셋째, 앞서 서술했듯이 시민단체를 지원하는 기부자들의 행렬이 점차 늘면서 시민사회는 국가와 시장을 견제하는 자율적인 영역을 확보해갈 수 있을 것이다. 더불어 시민단체들은 시민 기부금의 확보를 위해서도 모금 마케팅을 위한 모금전문 자원봉사자의 활용과 모금활동 자원봉사자들의 활용이 단체 활동에서 큰 비중을 차지할 것이다. 그간 시민단체들은 자원봉사자 활용에 적극적이지 못한 것이 사실이다. 현장 활동 중심으로 사업을 추진하는 시민단체들은 자원봉사자의 역할에 크게 의존해 왔지만, 다른 많은 단체들은 자원봉사자 활용에 대한 이해부족부터, 활용방안의 전략부재 문제들을 안고 있다.

이제 모금활동은 선택사업이 아니라 단체의 사업지원뿐 아니라 시민참여에 기초한 시민중심의 활동을 하기 위해서도 필수사업이라는 인식이 확대될 것이다. 이제 한국도 선진사회형 시민사회로 발전하는 새로운 변화를 맞고 있다고 볼 수 있다. 서구 주요국들의 자원봉사활동의 기초는 모금 활동에 있다. 한국인 자원봉사 활동 가운데 모금활동은 2.9%에 불과하지만, 서구 주요국에서는 제1의 자원봉사 활동이 되고 있다. 미국의 경우, 국가봉사단 자료에는 2008~2010년 기간의 주요 활동은 모금 26.5%, 음식 모집/배분 23.5%로 금전과 물품 모금활동에 절반의 자원봉사활동이 몰려 있다. 영국인 자원봉사자의 65%가 모금과 기금 관련 활동을 하고 있는데, 청소년(61%)부터 장년층(65~70%), 노인층(64%)에 이르기까지 전 연령층이 모금활동에 동참한다.29)

---

29) 특임장관실, 「민관협력과 시민사회발전을 위한 청사진」, 2012.

청원과 직접행동

1. 청원

시민은 개인적으로 또는 매개집단인 시민단체를 통해 정책과정에 참여할 수 있다. 때문에 가장 많이 활용되는 방법 중의 하나가 청원(請願)이다. 청원은 사전적으로 시민이 국가 기관에 대하여 어떤 사항에 관한 희망을 진술하는 행위를 지칭한다. 여기에서 국가기관이란 단순히 행정부만을 상정하는 것이 아니라 입법부와 사법부, 지방자치단체 등 전 국가기관을 망라한다. 그리고 청원은 시민의 개별적 또는 집단적 권리와 이익이 침해된 경우에만 하는 것이 아니라는 점에서 소원(訴願)과는 구별된다. 청원은 피해의 구제와 공무원의 비위의 시정 또는 공무원에 대한 징계나 처벌의 요구, 법률·명령·규칙의 제·개정 또는 폐지, 공공의 제도 또는 시설의 운영, 기타 공공기관의 권한에 속하는 사항에 한하여 할 수 있다.

청원이 의미를 가지는 것은 적극적 참여제도로서 시민 또는 시민단체가 주도권을 가지는 참여 형태라는 점이다. 때문에 적극적 참여

제도로서 청원과 주민참여 제도를 통칭해 시민의 직접청구로서 민주정치의 이상에 가장 가까운 제도라고 평가한다.[30] 일반적으로 직접적 청구형태는 스위스의 칸톤과 미국의 주에서 등장한 참여제도로서 일정한 요건을 가진 시민들의 발의에 의해 국가의 공공문제에 관한 결정에 참여하는 제도로서 의미를 가진다.

이에 한국에서도 1987년 헌법 개정 당시 청원제도의 필요성을 인지하고 청원에 관한 조항을 삽입한 바 있다. 그러나 청원제도가 본격적으로 사회적으로 주목을 받게 된 것은 시민사회가 성숙한 단계에 이르는 2000년대부터라고 할 수 있다.

청원의 구체적인 법적 근거는 헌법과 <청원법>에 의거 규정된다. 헌법 제26조에서는 "모든 국민은 법률이 정하는 바에 의하여 국가기관에 문서로 청원할 권리를 가지며, 국가는 청원에 대하여 심사할 의무를 진다"고 규정하고 있고, <청원법>[시행 2007.7.4 법률 제8171호]에서는 이러한 청원권행사의 절차와 청원의 처리에 관한 사항을 규정하고 있다. 구체적으로 <청원법> 제3조에서는 청원을 제출할 수 있는 기관(청원대상기관)을 ① 국가기관 ② 지방자치단체와 그 소속기관 ③ 법령에 의하여 행정권한을 가지고 있거나 행정권한을 위임 또는 위탁받은 법인·단체 또는 그 기관이나 개인으로 규정하고 있고, 같은 법 제4조 (청원사항)에서는 ① 피해의 구제 ② 공무원의 위법·부당한 행위에 대한 시정이나 징계의 요구 ③ 법률·명령·조례·규칙 등의 제정·개정 또는 폐지 ④ 공공의 제도 또는 시설의 운영 ⑤ 그밖에 국가기관 등의 권한에 속하는 사항으로 규정하고 있다.

---

30) 이승종 외, 『시민참여론』(서울 : 박영사), 2011.

그러나 청원이 장점만을 가지고 있는 것은 아니다. 청원이 그 장점과 함께 문제점도 동시에 가지고 있다. 여기서 시민단체들이 주목해서 활용하고 있는 것은 시민참여의 한 방편으로서의 입법청원이다. 물론 다른 행정기관의 청원도 무수히 많은 것이 사실이지만 너무 많은 관계로 이를 체계적으로 자료화하기는 어렵다. 그리고 여러 성명서 및 사회단체와 연대하여 발표하는 자료 등도 광범위한 의미에서의 청원의 영역에 포함될 수 있다. 그런 맥락에서 본다면 청원은 다양한 형태와 방식을 가지고 있다.

다만 입법청원은 국회 의안정보시스템을 통하여 데이터가 발표되고 있다. 입법청원은 국가기관이나 지방자치단체를 상대로 법률·명령·조례·규칙 등의 제정·개정 또는 폐지에 관한 청원을 의미하는 바 입법청원에 관하여 비교적 자세한 규정을 두고 있는 법은 <국회법>이다. <국회법> 제9장(청원)에서는 청원서의 제출(의원의 소개 필요), 청원의 심사·보고 등에 관하여 규정하고 있고, 국회청원심사규칙(국회규칙)에서 청원심사에 관한 구체적 사항을 규정하고 있다.

국회의안정보시스템에 따르면, 2000년 이후 국회 입법청원 통계를 보면, 16대 국회가 765건 접수에 4건 채택, 17대 국회가 432건 접수에 4건 채택, 18대 국회가 272건 접수에 3건 채택으로 나타났다. 물론 상당수의 접수된 청원이 소위원회 등에 계류되어 있는 것을 감안해도 청원을 통한 입법화가 제도적으로 상당히 어려움을 알려준다. 하지만 입법청원이 그대로 원안대로 통과되기 보다는 정당또는 국회 위원회에서 조율 후에 입법화 되는 경우도 있기 때문에 청원의 채택 건수 이외의 큰 의미를 가지고 있다.

첫째, 입법청원은 청원 그 자체로서 시민과 시민단체가 공공정책에 직접 참여하는 의미를 가진다. 대의제 민주주의 하에서 쉽게 정책에 접근하기 어려운 조건에서 입법청원은 시민들의 의사와 요구를 반영할 수 있는 중요한 통로 기능을 수행한다. 18대 국회에서 입법청원이 크게 줄어들기는 했지만 입법청원은 시민단체와 시민들의 법안을 직접 발의하기 위한 시민참여 행위로서 의미를 가지고 있다.

둘째, 입법청원은 실제 채택률은 저조함에도 불구하고 그 자체가 가지는 사회적 환기 효과가 크다는 점에서 의미성이 있다. 사회적 환기효과는 입법청원을 통해 여론을 형성하여 이를 국회에서 입법화 할 수 있는 계기를 마련해 준다는 점에서 중요하다. 실제 입법청원은 법제화하는 것도 중요하지만 법안의 필요성과 문제점 개선 등의 사회적 환기 효과도 상당하다. 실제 시민단체에서는 입법 발의의 내용을 공개하여 국회의원들과 행정부를 견제하는 수단으로 사용하기도 한다.

그럼에도 18대 국회기간(2008~2012) 동안 접수된 272건의 청원 중 200여건이 소위원회에 계류되어 있었다는 점을 감안하면 입법청원제도의 맹점을 잘 알려준다. 국민참여의 중요한 수단 중의 하나인 입법청원이 현실적으로 상당히 어렵고 국민들이 입법권에 영향력을 행사하기는 근본적으로 제약요소가 있음을 알려준다. 그럼에도 청원제도는 시민 또는 시민단체가 국회에 법안을 발의하여 시민의 입장에서 입법화 할 수 있는 유용한 통로라는 점에서 의미를 가지고 있다. 다만 활용에서 보다 많은 개선이 필요하고 이를 보완할 수 있는 다양한 노력이 요구된다 하겠다.

그런 맥락에서 현행 <청원법>의 내용을 세부적으로 검토해 볼 필요가 있다. <청원법>의 내용과 달리 <국회법> 제123조(청원서의 제출)에 따르면, 1항에 국회에 청원을 하려고 하는 자는 의원의 소개를 얻어 청원서를 제출하여야 한다는 조항이 있다. 이는 시민들이 자유롭게 입법 청원을 하는 것이 아니라 반드시 국회의원의 소개를 얻어야 함을 명기하고 있다. 그러다 보니 <청원법>의 입법취지를 <국회법>에서 제대로 반영하지 못한다는 일부 비판도 있다.

2. 직접행동

다음으로 살펴볼 시민참여의 유형은 직접행동(direct action)이다. 직접행동은 "협력과 지지를 철회하거나 세금납부 거부, 스트라이크, 보이콧, 특정 법률에 대한 도전 등 정부나 기업체와 같은 강력한 제도나 기구에 압력을 행사하는 수단"으로 정의된다. 에이프릴 카터(April Carter)는 직접행동을 지구화 시대에 민주주의의 후퇴를 막아내고, 더 많고 더 강하고 더 좋은 민주주의로 나아갈 수 있는 최소한의 수단으로 간주하고, 과반수가 넘는 수많은 작은 사람들에게 유일하게 허용된 민주적 안전장치로 규정한 바 있다.[31] 그는 직접행동이 현 단계 후퇴하는 민주주의에서 시민들이 스스로 자신의 시민권을 유지·향상하기 위한 한 방편으로 간주한다. 특히 신사회운동이 등장한 이후 제도화된 의회정치와 직접행동이 어떤 관계가 있는지에 대한 많은 논란이 있었다. 하지만 직접행동이 증가한다는 것은 역설적으로 제도정치가 제대로 작동하지 않았을 경우라고 할 수 있다.

---

31) 조효제 역, 『직접행동』(서울 : 지식인), 2007.

직접행동은 자유민주주의가 특정 사회집단의 이익을 비호할 때 이에 대한 저항의 표시로 나타난다. 때문에 직접행동은 주로 "여성, 인종적 소수자, 원주민, 노인, 장애인, 이민자 등 사회적으로 배제된 이들이 자신들의 권리를 찾기 위한" 동기에 이뤄진다. 그리고 직접행동은 민주적 가치에 대한 믿음이 확산되어 있는 환경에서 나타난다. 권력의 자의적, 권위적 지배에 대한 거부감이 직접행동에 의한 저항을 부른다. 대중이 민주주의의 결핍을 느낄 때, 자신들의 의사가 정책결정에 반영되지 않거나 정치적 접근이 차단되었다고 느낄 때 스스로 해결하는 수단으로서 행동에 호소한다. 그러므로 직접행동은 대중이 주류정치에 불만을 갖고 있음을 뜻한다.

직접행동은 시민들이 공공정책에 문제의식을 가지고 적극적으로 의사를 개진하고 이를 행동에 옮긴다는 점에서 참여의 중요한 형태이기도 하다. 즉, 선거라는 제도적인 참여의 틀이 아닌 중요하고 긴급한 이슈인 경우 선거 때까지 그 평가를 미룰 수는 없다. 그럴 경우 시민들은 적극적으로 자신들의 의사를 표출하고 공적인 문제에 대한 해결을 요구할 수 있는 것이다. 직접행동은 그런 차원에서 시민참여의 중요한 요소이기도 하고 시민참여의 가장 직접적인 형태이기도 하다.

그러나 때에 따라서 직접행동은 불법적이고 비합법적인 영역으로 발현되기도 한다. 직접행동의 개념에서도 확인되지만 합법적인 압력을 행사하는 방식도 직접행동의 범주에 들어가지만, 스트라이크, 보이콧, 특정 법률에 대한 도전도 직접행동의 범주에 들어가기 때문이다. 특히 한국에서는 집회와 관련된 법률이 집회에 관한 신고를 하게 되어 있는 관계로 이를 둘러싼 논란도 존재한다. 하지만 직접행동은 시민들이 스스로 자신의 의견을 전달하는 방식으로 그 의미성을 가진다.

일반적으로 한국에서의 직접행동은 시위와 저항, 보이콧 등의 형태로 나타난다. 물론 직접행동의 유형이 스트라이크, 보이콧, 특정 법률에 대한 도전 등 다양하지만, 한국에서 일반적인 의미의 직접행동은 시위, 저항, 보이콧을 지칭한다. 저항과 시위일지라도 기존의 참여 방식과 달리 제도적인 차원 또는 비제도적인 차원에서 전개된다. 직접행동의 두 가지 양태를 구분한다면, 먼저, 법률적인 위법성에 따라서 합법적인 직접행동과 비합법적인 직접행동이 있다. 그리고 이슈의 성격에 따라서 정치투쟁인지, 비정치 영역의 경제투쟁 또는 제도개선 투쟁으로 구분할 수 있다. 또 참여집단의 성격에 따라서 노동자, 학생, 농민 등의 직접행동으로 구분이 가능하다.

1987년 민주화 이후 한국의 시민운동은 직접행동과 긴밀한 연관을 가지고 있다. 이와 같이 직접행동은 다양한 형태로 나타나기 때문에 이를 집계할만한 데이터가 부재한 것이 사실이다. 광의의 의미로서 집단행동을 정의한다면 하루에도 수십 건의 집단행동이 지역단위에서 일어나고 있기 때문이다. 특히 보이콧이나 불매운동은 인터넷 상에서나 현실공간에서 심심치 않게 등장하는 단골메뉴라는 점에서 집계의 어려움은 더하다고 할 수 있다. 때문에 본 청사진에서는 집단행동의 변화상을 중심으로 활용 가능한 데이터를 적용했다. 민주화 이후에 제도적·절차적 차원의 민주화가 진행됨에 따라 시민사회의 직접행동은 몇 가지 특징이 나타난다. 물론 이러한 특징은 시민단체 만을 상정한 것이 아니라 각종 이익단체와 노동운동, 농민운동 등을 망라한 것이기 때문에 이를 일반화할 수는 없다. 하지만 전반적인 직접행동의 추세를 파악하고 사회 제 집단 중에서 강력한 위치를 점하고 있는 시민단체의 직접행동의 양식에서도 그 함의를 찾을 수는 있다.

한국의 직접행동 양상을 살펴보면 최근 몇 가지 변화가 나타난다. 직접행동의 큰 특징은 첫째, 불법 폭력시위가 점차 줄어들고 있다. 물론 직접행동의 주체가 시민단체만을 상정하지 않음을 감안해도 현저하게 불법 폭력시위는 하향세를 보이고 있다. 집회와 시위는 2008년 이후로 지속적인 감소추세를 보이고 있다. 경찰청 자료에 따르면 서울의 집회 및 시위는 2008년에 13,406건, 2009년에 14,384건, 2010년 8,811건으로 2011년 7,762건으로 감소했다. 2008년이 미국산 쇠고기 수입반대 촛불집회가 있었던 점을 감안하면 전반적인 집회 시위는 감소하고 있고 여기에 불법 폭력 시위는 현저히 감소하고 있다. 2008년 89건에서 2009년 45건, 2010년 33건, 2011년 45건으로 나타났다. 그리고 집회와 시위에 단골로 등장했던 화염병의 사용은 2007년 이후 단 2건에 불과하다. 그리고 2007년과 2008년, 2010년, 2011년에는 화염병을 이용한 불법시위가 등장하지 않았다.

둘째, 대규모의 직접행동과 함께 1인 시위 방식의 소규모 직접행동이 증가하고 있다. 2008년 이후 대규모의 집회 및 시위는 감소했지만 그렇다고 시민들의 직접행동이 감소한 것은 아니다. 오히려 합법적이고 제도적인 틀 속에서 점차 증가하고 있다. 실제 정부부처와 각급 기관 등 공공기관 앞에서의 1인 시위는 거의 일상화되어 있을 뿐만 아니라 주요한 사회적인 쟁점이 있을 때마다 1인 시위와 합법적인 릴레이 시위 등은 계속 증가하고 있다. 이를 공식적으로 집계할 수는 없지만 2008년 이전에 비해 점차 제도적인 집단행동으로 그 방향성이 옮겨 가고 있는 것으로 해석할 수 있다.

셋째, 인터넷과 SNS 등의 첨단 정보통신기술을 활용한 직접행동의 방식이 다양화 되고 있다. 인터넷은 시민들의 자발적인 조직화와 동원의 기제로서 시민참여 가능성이 높다. 해외의 사례를 거론하지 않아도 국내에서는 2002년 효순·미선양 사건, 2004년 탄핵반대운동과 국민연금 사건, 2005년 서귀포 부실도시락 사건, 2008년 미국산 쇠고기 촛불 시위 등 인터넷 발(發) 단일 이슈 운동(single issue movement)은 주요한 시민운동의 영역이 된지 오래다. 최근에는 트위터나 페이스북이 시민운동에 도입되면서 직접행동을 위한 유력한 도구가 되기도 한다. 실제 사회고발성 이슈나 사회문제를 환기하는데 있어서 인터넷과 SNS는 유력한 시민직접행동의 도구가 되었다. 이에 자극을 받은 시민단체에서도 인터넷을 활용한 조직화와 동원, 회비모금, 이슈 알리기 등을 적극 활용하고 있는 추세이다.

넷째, 직접행동의 주체가 다양해지고 있다. 이는 한국 시민운동의 네트워크화와 연결된 것이고 사회이슈가 복잡하기 때문에 등장한 것일 수도 있다. 하지만 최근의 직접행동은 일개 단체가 주도하는 것이 아니라 국내외적인 연대운동 방식으로 표출된다. 얼마 전 한국에서 사회적으로 이슈가 되었던 쌍용자동차와 한진중공업 사례는 이러한 네트워크화의 한 단면을 제공하고 있다. 과거에는 환경이나 여성, 생태, 평화, 경제민주화, 복지 등의 한두 가지 이슈를 중심으로 시민운동단체에서 중심적으로 직접행동을 전개했지만, 최근에는 사회적인 사안일 경우 시민운동단체가 네트워크 형태로 결집하여 직접행동을 전개한다는 특징을 보이고 있다.

이상의 직접행동 상의 특징은 여러 해석의 가능성이 있다. 하지만 분명한 것은 현 단계 시민참여의 양식이 새로운 패러다임에 맞게 변화하고 있으며, 그 영향으로 직접참여의 방식도 과거의 같은 방식에서 새로운 모색을 하고 있다는 점이다. 이와 같은 직접참여의 형태가 변화하는 것은 긍정적인 차원과 부정적인 차원이 동시에 나타날 수 있다. 긍정적인 측면에서는 시민사회의 성숙에 따른 제도적 차원에서의 시민참여 방식이 강화되고 있다는 점이다. 그러나 부정적인 측면은 시민사회가 가지고 있는 견제와 감시 기능이 자칫 약화될 우려도 있다. 그런 맥락에서 본다면 직접행동은 양면성을 가질 수밖에 없다. 지나친 정부와 시장 권력에 저항하는 직접행동은 계속되어야 할 것이고 이것이 자칫 체제내적인 타협보다는 건강한 긴장관계를 형성했을 때 직접행동의 목적도 달성될 수 있을 것이고, 보다 중요하게 시민들의 의사와 요구를 제대로 표출할 수 있을 것이다.[32]

---

32) 특임장관실, 「민관협력과 시민사회발전을 위한 청사진」, 2012.

주민자치와 참여

주민자치와 참여는 다양한 통로가 마련되어 있다. 이는 지방자치제도가 도입된 이후 지방자치를 위한 다양한 참여제도가 만들어진 때문이기도 하지만 2000년 이후에 활발해지기 시작한 지역에 기반한 시민사회가 등장하면서 부터라고 평가할 수 있다. 실제 지역을 기반으로 하는 주민참여는 다양한 루트로 확대되고 있다.

한국에서 주민참여제도는 1995년 민선단체장 선거를 전후로 하여 활성화되기 시작하였다. 1990년대 초반 지방자치제가 실시되기 이전까지만 하더라도 공식적 참여자로서 정부기관인 지방정부가 정책과정을 지배하였으나, 주민이 정치와 행정에 대한 지방자치의 핵심이라는 점에서 1990년대 후반부터 각종 주민참여제도가 도입되기 시작하였다. 위원회제도, 공청회, 주민의견조사, 제안제도, 주민간담회 등의 제도를 시작으로 하여 옴부즈만 제도, 행정정보공개제도 등이 도입되었으며 최근에는 주민참여예산제도, 주민투표제 등이 도입되고 있다. 또한 인터넷 등을 이용한 전자정부를 구축함으로서 정보공개의 접근성과 가용성을 높여 '열린 정부'를 실현하고 있다. 여기에서는 주민참여제도의 대표적인 형태로 주민자치센터와 주민발의·주민투표 등 직접적인 주민참여제도를 고찰하도록 하겠다.

1. 주민자치

1991년 지방자치제도가 실시된 이후 주민자치에 대한 인식이 확산되고 있다. 지방자치 제도의 실시 이후 한국은 정치와 행정상의 변화상을 실감하고 있다. 지역 정치차원에서 지방정부의 장과 지방의원을 주민들이 직접 선출한다는 점에서 정치적 차원에서 분권이 가시화되었다고 할 수 있다. 이처럼 우리나라에서도 선거에 의한 지방정부의 장과 지방의회 의원을 선출하면서 주민자치에 대한 새로운 인식을 하게 된 계기가 되었다.

특히 2000년 이후에 활발해지기 시작한 지역기반 시민사회가 등장하면서부터 주민자치 운동이 활성화되고 사회적인 관심이 제고되었다. 그런 맥락에서 최근의 주민자치의 범주는 단순한 중앙집중식의 통치 행위가 아닌 스스로 통치하는 방식으로서의 주민자치가 점차 확대되고 있다. 뿐만 아니라 최근에는 지역에서의 마을만들기 운동과 결부되어 주민자치는 더욱 부각되고 있는 상황이다.

현재 대표적인 주민자치 제도는 주민자치센터(회관)가 있다. 주민자치센터는 1999년부터 지방자치법에 따라 읍·면·동 기능전환 추진, 주민의 문화·복지 및 자치기능 강화 등을 위해 읍·면·동사무소 여유공간 등에 주민자치센터 설치가 시작되었다. 일부 지역에서는 '동 주민센터(종전의 동사무소의 변경된 이름)'와의 용어혼동을 줄이기 위해 주민자치센터를 '주민회관', '자치회관'등으로 사용하고 있다. 전국 주민자치센터 설치는 2011년 1월 기준으로 전국 3,477개 읍·면·동 중 2,681개 읍·면·동에 설치되어 있다. 그리고 계속 증가추세에 있다.

이러한 주민자치센터의 운영은 주민자치위원회에서 자발적인 주민참여로 이루어지고, 위원회의 구성은 지역 내의 다양한 시민들과 시민단체가 참여하고 있다. 주민자치위원회의 심의를 거쳐 읍·면·동장의 책임 하에 주민들의 자율운영을 기본 방침으로 하고 있다. 이처럼 주민자치센터는 자발적인 지역거버넌스를 시행하며, 지방자치제도에서 지역의 문제를 스스로 해결할 수 있는 자립 능력을 확대하고 있으며, 기존 중앙정부 위주의 시민자치 운동이 아닌 풀뿌리에서의 지역자치운동을 전개하고 있다.

주민자치센터의 기능은 대략 여섯 가지로 분류할 수 있다. 첫째, 주민자치기능으로 주민참여를 바탕으로 지역문제의 토론, 마을 가꾸기, 자율방재 등의 자치활동의 장이자 구심점 역할을 수행한다. 둘째, 지역사회 진흥기능이다. 주민자치위원을 중심으로 지역운동을 펼치거나 지역복구 활동, 봉사 및 불우이웃돕기 등 지역 공공서비스 생산에 기여한다. 셋째, 지역복지 기능으로 지역 내 사회적 약자의 보호, 재난구호 활동에 주민의 참여를 조직화하여 문제를 해결하는 복지향상 기능을 수행한다. 넷째, 문화여가 기능으로 주민들의 욕구에 맞는 다양한 문화·취미생활 관련 프로그램을 제공하고, 이를 위한 장소와 기회를 부여하는 등 주민들의 문화적 삶의 기회를 높인다. 다섯째, 주민편익 기능으로 주민자치회관의 활용도를 향상시키고 회의실, 교육장, 행사장 등의 공간으로 활용하고 지역관련 정보를 제공하는 기능을 말한다. 마지막으로 여섯째, 시민교육기능이다.

학교교육 이외의 지역사회의 민주시민교육, 외국어교육, 정보화교육과 취업 관련 기술 교육 등을 개발·제공한다.

주민자치센터를 운영하는 주민자치위원회는 지역마다 차이가 있지만, 시민이 직접 주민자치를 위해 참여할 수 있는 공간으로 유용하다. 지역마다 차이는 있지만 주민자치위원은 각계각층의 주민대표 10~25명 내외로 구성되고, 위원들은 주민자치회관의 운영에 주민들을 위한 봉사자로서 역할을 수행한다. 위원 위촉은 주로 동장이 추천을 하지만, 시민사회단체에서 추천하거나 공개모집 방식으로 주민자치센터 운영에 전문적인 지식이 있는 자를 위촉한다.

이와 같은 주민자치센터와 주민자치위원회가 문제점이 없는 것은 아니다. 현실적으로 운영상에서는 많은 어려움과 제도적인 문제점도 가지고 있는 것이 사실이다. 무엇보다 많이 지적되고 있는 것이 주민자치위원의 구성과 관련된 문제이다. 주민자치위원회가 자율적으로 주민자치센터를 운영하기 때문에 그 위상과 역할은 크다고 할 수 있다. 그런데 일반 주민들의 참여가 확대되지 않아 주민대표성이 부족하다. 이는 각계각층의 주민대표를 선출해야 하지만, 아직 상당수의 시민들은 이러한 조직이 운영되고 있는지에 대한 인식이 부족한 상황이다. 그렇다 보니 상당수가 소수의 의견을 대표하거나 지역 명망가 중심으로 주민자치센터가 운영되고 있다는 비판도 있다.

그리고 또 다른 문제점은 주민자체센터의 위상과 역할에 부합하는 전문성 있는 인사의 부재와 교육프로그램의 확충, 시설 이용에 대한 홍보 등이 미흡한 실정이다. 이처럼 사회적 공공서비스를 만들기 위한 기제로서 주민자치센터가 중요한 기능을 하지만, 주민대표 선출 방식의 개선이나 운영상의 보완이 있어야 할 것이다. 그러나 주민자치센터가 문제점만을 가지고 있는 것은 아니다. 최근 연구에 따르면, 주민자치센터는 천편일률적인 문화, 생활체육 분야에만 치중해 있다고 비판받았던 초기 모습을 벗고, 지역의 고유성을 기반으로 특화된 주민자치 프로그램을 마련해왔으며, 주민자치센터박람회와 주민자치센터 전국협의회 등 다양한 기회를 창출하고 있다.

2. 주민참여

주민참여제도는 주민발의(initative), 주민투표(referendum), 주민소환(recall), 주민감사청구, 주민소송, 주민참여예산제도 등을 들 수 있다. 주민참여의 형태에는 여러 가지가 있고 또 각 나라마다 또는 연방제 국가인 경우 지역마다 제각기 다르다. 그러나 주민참여의 역사가 오래되고 제도가 비교적 잘 발달되어 있는 미국이나 스위스에서 실시하고 있는 형태로는 타운미팅·공청회·주민자문위원회·주민발의, 주민투표, 주민소환 등이 있다. 타운미팅(town meeting)은 미국에서 실시되고 있는 대표적인 주민참여로서, 이는 행정위원이 정책결정과 관련된 안건을 사전에 제시하고 그 지역의 주민들을 참여케 하여 토의와 표결을 통해 정책을 결정하는 직접적인 주민참여의 형태이다. 공청회(public hearing)는 비록 정책결정권을 갖지 않으나 주민이 공개회의에 참석하여 그들의 의견을 정책결정 기관인 의회나 행정기관에 진술하여 이를 정책에 반영할 수 있게 하는 주민참여의 형태이다.

한국의 대표적인 주민참여제도를 살펴보면, 먼저, 주민발의는 지방자치법 제13조의 3에 의거 '조례의 제정 및 개폐 청구권'을 두고 있다. 미국이나 스위스의 시민발의를 원형으로 하여 1999년부터 도입이 되었다. 행정안전부 자료에 따르면, 2000년의 조례제정·개폐청구는 4건이었지만 2001년의 12건, 2002년의 2건에서 2003년 48건으로 증가하고 있다.[33] 이후 조례제정 개폐청구 건수는 크게 증가하지는 않았지만 주민의 의견을 자치단체에 반영하고자 하는 안이나 주민의 문화수준을 제고하기 위한 안들이 많다. 이에 청구요건, 청구대상의 제한, 서명수집의 어려움 등으로 활용실적이 낮고 개인정보 유출 등 운영상의 문제점이 있었지만, 주민들이 원하는 조례안을 부결시킨 지방의원들에 대해 다음 선거에서 정치적 책임을 물을 수도 있다는 장점이 있다.

주민투표는 1994년 지방자치법이 개정되면서 근거가 마련되었다. 그런데 실제는 2004년 1월 주민투표법이 제정되고 이 법이 시행된 2004년 7월부터이다. 주민들이 주민투표의 실시를 청구하기 위해서는 전체 유권자 총수의 5분의 1에서 20분의 1사이의 서명을 받아야 한다. 주민투표는 지방의 중요한 공공문제에 대하여 시민이 직접 투표로서 최종적인 결정을 내리도록 한다는 제도로서 시민참여의 주요한 제도적 장치이기도 하다. 우리나라에서 최초의 주민투표는 2005년 7월 28일 제주도특별자치법 시행 주민투표였고, 이후 주요한 지역 의제가 발생할 때마다 주민투표는 시민들의 의사를 표현할 수 있는 주요한 방법이 되었다.

주민소환제도의 경우 제주특별자치도에서의 입법화를 거쳐 2006년 5월 2일 '주민소환에 관한 법률'이 국회를 최종 통과하였고, 2007

---

33) 행정안전부, 『2008 행정안전 백서』, 2008.

년부터 시행되고 있다. 주민소환제도는 고대 그리스의 오스트라시즘에서 유래한 것으로 선거에 의해 공직에 취임한 자를 임기만료 전에 해직하도록 주민이 결정한 제도에서 그 유래를 찾아볼 수 있다. 일반적으로 주민소환은 선거에 의해 선출된 공직자에 대해 일정 수 이상의 유권자가 서명하여 해임을 청구하면 주민투표를 거쳐 해임시킬 수 있다. 이러한 면에서 주민소환제는 선출직 지방 공직자의 부패를 견제하는 강력한 제도적 장치라고 볼 수 있다. 현행법에 따르면 광역과 기초단체장, 지방의원은 각각 유권자의 10%와 15%, 20% 이상의 찬성으로 주민투표가 가능하고, 소환 대상자는 유권자 3분의 1 이상 투표와 과반의 찬성이 나오면 해임되도록 규정하고 있다. 그러나 법의 남용으로 인한 혼란을 막기 위해 취임 뒤 1년 이내, 남은 임기 1년 이내, 그리고 같은 사람은 1년 이내에 다시 소환 청구를 할 수 없도록 되어 있다. 우리나라에서도 청구요건의 제한성(지방자치단체장과 지방의원)과 요건이 너무 강하다는 한계는 있지만 직접 민주주의의 세 가지 도구(주민투표, 주민발의, 주민소환)가 모두 갖추어 졌다는 점에서 그 의미성을 찾을 수 있을 것이다.

그러나 주민소환제도 역시 단점이 있다. 주민소환제의 남발로 인한 국민 세금의 낭비 문제점이나 소환추진 사유가 직무와 예산낭비 등과 같은 포괄적인 것으로 나타나 오히려 지역에서의 정쟁을 부추긴다는 비판도 있다. 그럼에도 불구하고 주민소환제도는 민주주의에서 시민이 대표자를 견제할 수 있는 기제라는 점에서 그 의미를 폄훼할 수는 없다. 따라서 일부에서는 오히려 주민소환제의 문제점을 해소하고 보다 적극적으로 주민소환제도의 긍정적인 측면을 보완해야 할 것이란 주장도 있다.

그리고 이러한 제도 이외에 또 다른 주민참여 제도로는 주민감사 청구가 있다. 감사청구는 지방자치법 제13조의 4에서 명시하고 있다. 이는 기존 행정감독기관이나 의회의 감사에 대한 대안이 되고 있는데, 2006년 1월부터 주민소송제도가 시행되었다. 당시 민선 지방자치 3기에 이르는 과정에서 지방자치단체의 집행부가 자치 권력의 남용이나 공익을 저해하는 행정 비리를 저지르더라도 이를 통제 또는 제재할 수 있는 수단이 결여되어 있다는 사실에서 시작되었다. 주민감사청구제도는 1996년 1월 서울특별시가 전국최초로 도입하였고, 이후 1998년 7월 전면적으로 지방자치단체 전반에 관한 주민 감사제도를 신설하기로 입법화했다. 이후 1999년 2월 전국 처음으로 전남 해남군에서 지방의원의 발의로 '해남군 주민감사 청구절차 및 운영 등에 관한 조례'가 제정되었다.

주민감사청구제도는 지방자치단체와 그 장의 권한에 속하는 사무의 처리가 법령에 위배되거나 공공의 이익을 저해하는 경우, 주무부장관 또는 상급 광역자치단체에 주민들이 감사를 청구할 수 있는 권리이다. 2000년 이후 2008년까지의 주민감사 청구 현황을 살펴보면 다음과 같다.

<표 6-2> 주민감사 청구현황

년도	2000	2001	2002	2003	2004	2005	2006	2007	2008
청구 건수	5	17	20	9	7	13	28	22	19

그러나 주민감사청구제도에 대한 비판도 존재한다. 감사청구의 근본취지는 시민들의 권리라는 차원에서 중요하지만 도입된 지 여

러 해가 지났지만, 실제적으로 지방자치단체를 감시·견제하는 기능을 하고 있지는 못한 것으로 평가된다. 아직 제도의 효율성이 보장되지 않고 상급기관에서의 주민감사청구에 대한 이해가 부족하다는 점에서 향후 제도적인 보완이 필요하다.

주민참여예산제도(participatory budgeting)는 주민이 예산의 편성과정에 직접 참여해서 예산편성에 영향력을 행사하는 제도이다. 쉽게 말해서, 주민참여예산제도는 지방자치단체가 주민과 함께 예산을 편성해 나가는 새로운 예산편성체제이다. 동 제도는 주민자치 이념을 재정분야에서 구현하는 새로운 지역거버넌스의 한 형태로서 참여 민주주의의 실현, 집행부 예산편성권한의 주민 공유, 집행부 기능의 유연한 보완, 지방정부와 주민간의 새로운 소통경로 개설 등의 의미를 지닌다. 그리고 참여예산제도는 논란의 여지가 있지만, 지방의회 예산심의 활동의 한계를 해소해 주는 대의민주주의 제도의 보완적 기제로서의 의미도 지닌다. 국내외의 실시 경험을 대체로 살펴볼 때, 주민참여예산제도는 예산편성 권한의 주민 공유(sharing), 분권(decentralization), 권한이양(empowerment)의 과정 내지 수단적 도구로서의 특성을 지닌다.

주민참여예산제도는 브라질 포루투 알레그레(Porte Alegre)시에서 시작된 것으로 1996년 UN에 의해 세계 40대 훌륭한 시민제도의 하나로 선정되기도 했다. 그 후 주민참여예산제도는 먼저 남미지역으로 급속히 전파된 다음 차츰 유럽, 아시아, 아프리카 등 전 세계로 확산되었다. 남미지역의 경우 16,000 여개의 도시 중 1,000개 이상의 도시에서 주민참여예산제도를 실시 중에 있고, 서유럽의 경우 2008년 현재 100개 이상의 도시들이 주민참여예산제도를 실시하고 있다. 그 중에는 스페인의 세비예(Seville)와 같이 인구 70만 명이 넘는 대도시들을 비롯해서 파리, 로마, 리스본, 베를린의 자치구(district)들도 포함되어 있다.

한국에서도 지난 2003년 광주시 북구가 전국 최초로 주민참여예산제도를 실시하고 있고, 광역시로는 2007년 대전광역시가 전국 최초로 도입했다. 이후 전국적으로 확대되어 광범위하게 적용되다가 지방재정법 개정으로 2011년 9월부터 의무화됐다. 주요 운영방법은 주민위원회 위원을 위촉 선정하여 교육을 시키고, 각 분과 위원회별로 예산안을 심의, 의결하는 방식이다.

그렇지만 주민참여예산제도는 이와 같은 제도적 합리성과 장점을 갖고 있음에도 불구하고 실천적 측면에서 여러 가지 문제와 과제를 안고 있다. 여기에는 제도도입의 실용성 문제와 함께 제도운영과 관련된 사회적 거래비용(social transaction cost), 공정성, 효과성 측면의 과제들이 중요한 핵심쟁점으로 자리한다. 이와 관련해서 보다 구체적으로 언급하자면, ① 참여자의 주민 대표성 문제(누가 주민을 대표해서 예산편성과정에 참여할 것인가의 문제), ② 예산의사결정 영향력의 공정성 및 효과성 담보문제(예산편성 과정에 참여한 주민의 예산 영향력이 실제로 공정하고 효과적인지에 관한 문제), ③ 객관적 의견수렴과 합리적 영향력 행사문제(다양한 주민의 의견·수요·선호를 어떻게 객관적으로 수렴해서 합리적 방식으로 예산편성에 영향력을 행사할 것인지에 대한 문제), ④ 불평등 참여와 불평등 영향력 행사 문제(시민단체 등이 주도하는 참여예산에 있어서 참여과정과 결과에 대한 이해관계의 공정성 및 편의성과 관련된 문제), ⑤ 제도도입의 목적달성 가능성 문제(제도가 의도하는 바인 재정의 투명성과 효과성이 실제로 높아지고, 제도의 운영원리인 민주성, 개방성, 평등성이 실제 운영과정에서 실현될 것인지에 대한 문제), ⑥ 주민참여와 관련된 거래비용(transaction cost), 참여유인 비용(incentive cost) 문제 등을 지적할 수 있다.

마지막으로 주민참여 제도 중에서는 주민소송제도가 있다. 주민소송제도는 일본에서 시작되었는데, 지방자치단체의 위법한 예산집행을 견제하고 지방자치단체 및 주민 공동의 이익을 보호하기 위하여 주민 또는 납세자에게 원고적격을 인정하는 공익소송 제도이다. 지방 공공단체 직원이 위법 또는 부당한 재무회계행위를 행함으로 인하여 직접적으로 지방자치단체가 손해를 보게 되고 결과적으로 주민이 손실을 입을 경우, 주민의 청구에 의하여 직원의 위법 부당한 행위를 예방·시정할 수 있게 만든 제도이다.

우리나라에서는 2006년부터 주민소송제도가 시행되고 있으며, 이에 따라 지방자치단체의 위법한 재무회계 행위에 대해 지역주민이 자신의 개인적 권리·이익의 침해와 관계없이 그 위법한 행위의 시정을 법원에 청구할 수 있다. 소송대상은 지방자치단체의 위법한 재무회계행위로 자치단체가 행하는 공금의 지출, 재산의 취득·관리·처분, 자치단체를 당사자로 하는 매매·임차·도급 그 밖의 계약의 체결·이행이 위법한 경우이거나, 지방세·사용료·수수료 등 공금의 부과·징수를 위법하게 태만히 한 경우이다.

이상과 같은 주민참여제도는 점차 확대되고 있으며, 지역의 의제를 바탕으로 시민이 다양하게 제도적으로 참여할 수 있는 통로를 만들고 있다. 아울러 그동안 중앙에 의존하던 시민사회 역시 지역에 관심을 돌리게 되었으며, 삶에서의 시민운동, 지역의 특성에 맞는 풀뿌리 운동을 고양시키는데 있어서 중요한 공헌을 한 것이 사실이다. 물론 이를 보완하기 위한 여러 제도적인 고민이 있어야 할 것이지만 지역의 의제에 대해 스스로 관심을 가지고 지역민이 참여할 수 있다는 점에서 중요한 참여 기제라고 할 수 있다.[34]

---

34) 특임장관실, 「민관협력과 시민사회발전을 위한 청사진」, 2012.

제7장

시민사회의 역량 강화

회원과 활동가

시민사회의 역량 강화를 위해서는 시민사회를 구성하고 있는 '시민'과 '시민단체'의 역량강화를 뒷받침할 수 있는 인적, 물적 기반의 구축이 요구된다. 그것의 핵심으로 첫째는 시민들의 자발적인 참여 기반, 둘째는 안정적 재정확보를 위한 회원의 확대, 셋째는 전문적이고 창의적인 활동을 행할 수 있는 활동가의 확대, 넷째는 시민과 활동가들이 함께 참여하고 활동할 수 있는 열악하지 않으면서도 정보화된 사무공간과 사무시설의 확대, 다섯째는 시민단체들 간의 협력과 연대의 네트워크 확대이다. 이 중에서 첫째로 언급한 자발적으로 참여하는 '시민'은 시민단체를 구성하고 있는 회원과 활동가의 인적기반을 제공하고 회비납부를 통해 물적인 기반을 제공하는 한편, 시민단체의 활동에 참여함으로써 인적·물적인 차원에서 시민 스스로의 역량과 시민단체의 역량강화를 동시에 꾀함으로써 모든 것의 기초가 된다는 점에서 매우 중요하다.

1. 회원의 역량 강화

시민단체의 인적구성은 크게 회원과 활동가로 구분된다. 회원은 시민단체를 구성하는 인적·물적 기반을 제공하는 사람들을 말하며, 활동가는 이런 구성원들 중에서 단체를 대표하거나 단체가 추구하는 활동을 전문적으로 혹은 전업적으로 기획·실천하는 사람을 말한다. 시민단체의 회원규모에 대한 현황은 (사)시민정보센터가 1997년부터 2009년 현재까지 관련 자료를 수집하여 발표하고 있는 <한국민간단체총람>과 <한국시민사회연감>을 통해 파악할 수 있다. 하지만 이 자료들은 미기재한 단체수가 많고, 기재한 단체라고 하더라도 현황파악에 필요한 응답질문에 대해 누락이 많아 시민단체의 수와 회원의 수 등 시민단체의 전반적인 현황에 대해 실체적으로 이해하는 것은 어려운 실정이고 대략적인 규모만을 파악할 수 있다.

<표 7-1> 시민단체 회원규모 연도별 비교

(%)

구분	1997년	2000년	2003년	2009년
100명 미만	25.7	24.9	14.3	9.8
100-999명	42.6	42.4	54.1	53.1
1,000-9,999명	19.3	20.8	21.8	25.7
10,000명 이상	12.3	12.0	9.8	11.4

2009년 현재 시민단체의 회원규모를 보여주고 있는 자료를 보면, 회원규모는 1백 명 미만의 회원이 9.8%, 1천명 미만의 회원은 53.1%, 1만명 미만의 회원이 25.7%이며, 설문에 응답한 시민단체의 평균

회원 수는 17,331명인 것으로 밝혀졌다. <표 7-1>은 1997년부터 2009년 현재까지 시민단체의 회원규모의 추세를 비교해주는 자료이다. 100명 미만의 회원단체는 1997년 25.7% 에서 2009년 현재 9.8%로 감소하는 추세에 있다. 100-999명의 회원단체는 1997년 42.6%에서 2009년 현재 53.1%로 증가하는 추세에 있다. 1,000-9,999명의 회원단체는 1997년 19.3%에서 2009년 현재 25.7%로 다소 증가하는 추세에 있다. 10,000명 이상의 회원단체는 1997년 12.3%에서 2009년 11.4%로 다소 감소하는 추세에 있다. <표 7-1>이 보여주는 중요한 특징은 1백명 이상 1천명 미만의 회원단체가 2007년 42.6%에서 점차 증가하여 2009년 현재 53.1%를 보여줌으로써, 한국 시민단체의 절대다수인 절반이상이 1,000명 미만의 비교적 크지 않은 소규모 회원단체라는 점이다.

이러한 특징은 시민단체 수(2009년 현재 25,886개)의 빠른 증가에도 불구하고, 단체의 회원 수가 상대적으로 감소하고 있음을 보여준다. 이것은 그동안 시민운동의 중요한 문제로 지적받아왔던 문제 즉, '시민 없는 시민운동'의 실체와 그것의 문제점을 보여주고 있는 실상과 연관성이 있다는 점에서, 시민사회의 사회적 기반인 회원의 참여역량이 약하다는 것을 반영해준다.

그렇다면 회원의 참여역량이 부족한 배경은 무엇일까? 그것의 핵심에는 첫째, 시민들이 자연스럽게 자신의 시민성과 개성을 드러낼 수 있는 공간(다양한 시민활동모임)을 만들고 그곳에 참여할 수 있도록 삶의 여건이 개선되지 않은 것이다. 둘째, 시민단체 활동공간에 대한 시민들의 적극적이고 능동적인 참여의 부족이다. 셋째, 시민단체 활동가들의 체계적인 회원확대 및 관리 사업에 대한 인식과 투입역량의 부족이다.

위에서 지적된 회원규모 현황에서 드러난 문제점을 개선하기 위한 회원의 역량강화의 방향성은 다음과 같다. 회원의 역량강화를 하기 위해서는 위에서 지적한 '시민 없는 시민운동'의 실체와 그것의 문제점을 직시하는 것에서부터 출발할 필요가 있다. 한국 시민사회가 구조적인 측면에서 갖는 가장 취약한 부분이 개인적 차원의 '사회적 참여', 즉, 시민 개개인의 자아실현을 목적으로 하는 '시민활동'이 매우 부족하다는 것인데, 이것은 다양한 회원들의 참여확대와 민주적 의사결정과정 없이 목적달성을 위한 도구적 활동으로 관행화된 시민단체의 활동방향과 방식에 반성을 촉구하는 대목이다. 따라서 회원의 역량강화를 위해서는 다음과 같은 노력이 필요하다.

첫째, 시민단체 스스로 이러한 '구조'와 '환경'을 시급히 개선하는 쪽으로 활동의 방향과 방식을 집중하는 것이 시급한 일이다. 특히, 정부와 시민단체들은 '자원봉사활동', '지역사회활동' 등 시민참여의 넓이와 깊이를 확장시키는 작업으로 '시민활동'이 획기적으로 확대되도록 이에 대한 지원과 협력을 집중할 필요성이 있다.

둘째, 시민단체의 민주성·투명성·책무성과 관련한 역량을 변화시켜야 한다. 이를 위해 회원확대 사업과 회원관리의 체계화가 필요하다.

셋째, 시민단체들은 상근자와 전문가 중심이 아닌 회원중심의 민주적 의사결정과 상향적 참여구조의 활성화가 요구된다.

넷째, 시민단체들은 수입과 지출의 투명한 공개와 신뢰성을 확보함으로써 자연스럽게 시민들이 회원활동과 후원·기부활동으로 참여할 수 있도록 해야 한다.

다섯째, 정부는 시민들의 후원·기부활동에 대해 면세혜택의 범위를 넓혀줌으로써 시민사회의 토대인 시민들의 회원참여를 강화시켜 줄 필요가 있다.

여섯째, 시민들의 자발적인 참여가 다양한 시민활동이 시민단체의 회원의 확대로 자연스럽게 이어지기 위해서는 시민 개개인의 삶의 질의 개선노력과 함께 시민의식이 함양되어야 한다. 이를 위해서는 시민교육의 제도화가 필요하다.

2. 활동가의 역량 강화

<표 7-2> 시민단체 상근활동가 규모

실무자 수	1명-4명	5명-9명	10명-49명	50명-99명	100명 이상
단체수	663	260	136	18	6
%	61.2	24.0	12.6	1.7	0.5

<표 7-2>는 2009년 현재 시민단체 상근활동가의 규모(응답한 단체 수 1,083개)를 보여주는 자료이다. 5명 미만의 상근활동가 규모가 61.2%, 10명 미만의 상근활동가 규모가 24.0%, 50명 미만의 상근활동가 규모가 12.6%이며, 평균적인 상근활동가의 수는 8명이다. 이 자료가 보여주는 중요한 특징은 5명 미만의 상근활동가 규모의 단체가 2009년 현재 한국 시민단체의 61.2%나 된다는 점이다. 이러한 지표는 상술한 한국 시민단체 회원의 규모와 마찬가지로 시민단체 활동가의 규모가 매우 작다는 것과 함께 그 근무환경도 열악하다는 것을 보여준다. 즉, 시민단체 수의 양적인 증가에도 불구하고, 회

원과 활동가의 규모가 상대적으로 작고, 활동가의 근무여건이 열악할 수밖에 없는 것은 우리나라 시민사회의 사회적 기반과 토양 그리고 상근활동가의 질적인 역량이 상대적으로 약하다는 것을 보여준다.

따라서 이러한 활동가 현황에서 드러난 문제점을 개선하기 위한 활동가의 역량강화가 절실하게 요구된다. 이것의 중요성과 필요성에 대해서는 '새로운 사회를 여는 연구원(새사연)'이 2009년 발표한 시민단체 활동가 역량에 관한 의식 및 실태조사 결과보고서에서 잘 드러나고 있다. 보고서에 의하면, 시민단체 활동가의 역량 향상의 중요성(99.6%)과 시급성(98.8%)에 대해서는 응답자의 절대 다수가 중요하고 시급한 문제로 제기하고 있다. 활동가 역량강화의 방향성은 다음과 같다. 시민단체 활동가들에게 문제점으로 지적되고 있는 '역량'과 '능력'의 문제는 조금은 심각한 수준인 것으로 평가되고 있다. 2009년에 '새로운 사회를 여는 연구소'가 조사한 <시민단체 활동가 역량에 관한 의식 및 실태조사 결과보고서(새사연 보고서)>에 의하면, 시민단체 활동가들 본인 스스로의 역량에 대해 '낮다'는 의견이 55.3%로, '높다'는 의견 44.3% 보다 높은 것으로 조사되었다. 이것은 시민단체 활동가들이 소속단체와 스스로의 역량에 대해 비교적 낮게 평가하고 있다는 점에서 활동가들의 역량을 강화하기 위한 노력이 시급한 것으로 보인다.

특히, <새사연 보고서>는 시민단체 활동가들의 역량이 낮은 이유에 대해서 활동가의 근무환경이 열악하기 때문이라는 의견이 30.4%로 가장 높은 것으로 나왔다. 활동가의 역량을 강화하기 위한 체계적인 시스템이 부족하다는 의견이 12.5%로 두 번째 높게 나왔으며, 다음으로 시민활동가들이 시민과 괴리되어 있기 때문이라는 의견이

10.7%, 시민단체의 전략과 비전의 부재 때문이라는 의견이 8.9%로 각각 나왔다. 아울러 <새사연 보고서>는 시민단체 활동가들의 역량 강화를 위한 소속단체의 지원 실태가 열악하다는 것을 보여주었다. 평소에 소속 단체로부터 직무 관련 교육 또는 자기계발을 위한 비용을 지원받은 경험이 있는지에 대해, 응답자의 56.9%가 '경험이 없다'는 것으로 답변했고, 반대로 42.7%가 '경험이 있다'고 답변함으로써, 활동가의 절반 이상이 역량강화를 위한 지원을 받지 못하고 있는 실정으로 나타났다. 경제적인 지원을 받더라도, 지원받은 비용은 평균 33만원으로 충분치 않았다. 이러한 지표 역시도 활동가의 열악한 근무환경을 보여주고 있다.

이상의 지적에서 드러난 활동가 역량의 문제점을 요약해보면 다음과 같다. 시민단체 수의 빠른 증가에도 불구하고, 회원과 활동가의 규모가 상대적으로 작은 것은 시민단체들의 활동이 아직까지 시민사회에 충분하게 뿌리를 내리지 못할 만큼 많은 약점이 있다는 것과 함께 시민활동의 사회적 기반과 활동가의 역량이 충분하게 조성되지 못하고 있다는 것을 보여주고 있다. 그렇다면 활동가의 역량이 강화되지 못하는 핵심적 배경은 무엇일까? 여러 가지 이유가 있다. 그 핵심에는 첫째, 시민단체 활동가들의 사업방식에 있어서 대시민적 소통능력과 리더십의 부족, 둘째, 시민단체 활동가들의 열악한 근무환경과 리더십 부족 등이 자리를 잡고 있다. 이상의 문제점을 개선하고 활동가의 역량을 강화하기 위해서는 다음과 같은 과제가 요구된다. 첫째, 시민단체 활동가와 지도부들의 리더십 향상을 위한 체계적인 시민교육이 필요하다. 둘째, 시민단체 활동가들의 대시민적 소통능력과 사업에 있어서 시민적 반응성을 반영하는 판단능력의 강화가 필요하다. 셋째, 활동가에 대한 체계적인 교육과 전문적인 역량의 강화가 요구된다. 넷째, 활동가의 근무환경 개선과 재충전이 필요하다. 다섯째, 활동가의 해외연수와 국제교류 강화가 요구된다. 여섯째, 성숙하고 책임 있는 시민단체로의 성장에 대한 비전 수립이 요구된다. 일곱째, 제3섹터로서 자율성과 자생성을 가진 시민사회에 대한 인식전환과 전망에 대한 비전 수립이 요구된다.[35]

---

35) 특임장관실, 「민관협력과 시민사회발전을 위한 청사진」, 2012.

시민단체

　시민단체의 역량강화를 위해서는 시민단체에 대한 정부와 기업의 지원과 함께 시민단체간의 협력과 연대에 기초한 네트워크의 강화가 요구된다. 이를 위해서는 첫째, 시민단체의 규모 현황과 시민단체의 역량에서 드러난 문제점을 시민단체 스스로가 인식하고 해결하기 위한 자기역량을 함양하는 것이 중요하고, 둘째, 그동안 시민단체와 정부 그리고 시민단체와 기업 간의 관계에서 드러난 적대적이고 부정적인 인식을 개선하고 서로를 파트너로 존중하는 가운데 협력을 도모하는 것이 중요하다. 셋째, 시민단체의 역량강화를 위해서는 시민단체 간에 불거지고 있는 이념상·정파상의 갈등과 활동방식상의 차이를 줄이고, 시민의 생활과 눈높이에서 연대와 협력을 중심으로 하는 네트워크를 모색하는 것이 중요하다.

　우선적으로 시민단체의 문제점을 시민단체 스스로 인식하고 해결하는 가운데 시민단체의 자생력과 체질을 강화하는 것이 중요하다. 시민단체의 현황과 문제점을 살펴보면 다음과 같다. 1997년에서부터 2009년 현재까지 시민단체의 수 규모의 추이를 보면, 한국 시민단체의 수는 1997년 3,900개에서 2000년 7,600개, 2003년 18,180 개, 2006년 23,017개, 2009년 현재 25,886개로 점차 증가하고 있는 추세이다. 그 증가추세는 2009년 현재 1997년 대비 약 6배의 성장세를 보여주고 있다. 그렇다면 2009년 현재 한국 시민단체의 분야별 분포는 어떠한가? (사)시민정보센터가 조사하여 발표한 한국시민사회연감(2012)에 의하면, 환경이 12.0%, 인권이 2.0%, 평화통일이 4.0%, 여성이 6.0%, 권력감시가 2.0%, 정치경제가 11.0%, 교육연구가 4.5%, 문화체육이 4.0%, 복지가 20.0%, 청년아동이 9.0%, 소비자권리가 1.0%, 도시가정이 3.0%, 노동빈민이 3.0%, 외국인이 2.0%, 모금이 0.5%, 자원봉사가 7.0%, 국제연대가 2.0%, 대안사회가 2.0%, 온라인 활동이 2.0%, 기타가 2.0%를 보여준다. 전체적으로 순위가 높은 복지(20.0%)와 환경(12.0%) 그리고 정치경제(11.0%)가 전체의 43.0%를 차지하는 것으로 나타났다.

한국시민사회연감(2012)자료를 통해 드러난 2009년 현재 한국 시민단체의 분야별 분포를 정부-시장-시민사회간의 관계를 고려하여 크게 <비판형>, <협력형>, <자생형>으로 나누어 그것의 비중경향을 살펴보면 다음과 같다. '복지분야'가 대체로 <협력형>에 가깝고, '환경'과 '정치경제'가 <비판형>에 가까우며, '모금'과 '자원봉사' 및 '대안사회'는 <자생형>에 수렴된다는 점을 볼 때, 그 비율이 <협력형>이 주도하는 가운데, <비판형>이 따르고 있고, <자생형>이 매우 낮은 비율인 것으로 보인다. 이러한 유형의 특징은 한국 시민단체가 정부-시장-시민사회의 바람직한 관계설정측면에서 볼 때, 과거에 비해 시민사회의 자율적이고 자생적인 영역인 제3섹터 영역이 증가하고 있기는 하지만, 아직까지 정부와 시장에 대한 <비판형>과 정부와 시장에 대한 <협력형>이 다수를 점하고 있어 상대적으로 제3섹터로서 시민사회 영역의 자율성을 반영하는 <자생형>이 적다는 문제점을 보여주고 있다.

이어서 시민단체 역량의 문제점을 살펴보면 다음과 같다. 첫째, 시민단체의 사회적 신뢰성, 영향력 약화이다. 동아시아연구원(EAI)이 2005년부터 2011년 현재까지 조사한 한국의 대표적인 시민단체(민변, 참여연대, 경실련, 뉴라이트)의 신뢰도와 영향력의 추이를 조사한 자료에 의하면, 신뢰도와 영향력 모두에서 2005년에 비해 2011년 현재 그 시민단체의 신뢰도와 영향력이 감소하는 것으로 나타나고 있다. 즉, 신뢰도는 2005년 5.02로 시작하였으나 2011년 현재 4.6로 하락하였으며, 영향력 또한 2005년에 4.81로 시작하였으나 2011년 현재 4.32로 하락하고 있다.

이러한 지표는 시민단체의 대국민 영향력과 신뢰도가 어떠한 문제로 인하여 하락하고 있다는 것을 보여주고 있다는 점에서, 시민단체의 역량 강화의 필요성을 제기한다. 시민단체의 신뢰도와 영향력이 다소 하락하는 배경에는 다음과 같은 요인들이 연관되어 있다. ① 시민단체의 관성화이다. ② 시민단체의 관료화이다. ③ 시민단체의 무책임성이다. ④ 시민운동의 권력지향성이다. ⑤ 시민단체의 과도한 중앙집중성이다. ⑥ 시민단체의 과도한 정파편향성이다. ⑦ 시민과 회원보다는 지식인, 전문가 중심성이다. ⑧ 매니지먼트와 자원동원방식의 과도성이다. ⑨ 이념적-정파적 편향성 등에 대한 시민들의 비판과 불만이다.

둘째, <자생형> 시민단체의 부족이다. 2009년 현재 한국 시민단체의 지역별 분포비율을 보여주는 한국시민사회연감(2012)에 의하면, 한국 시민단체들은 서울에 28.7%, 경기에 20.80%, 인천에 4.71%, 대전에 3.15%, 부산에 6.42%, 울산에 2.83%, 대구에 5.3%, 광주에 3.99%, 제주에 1.41%, 강원에 4.28%, 충남에 3.44%, 충북에 3.69%, 경북에 2.20%, 경남에 2.96%, 전남에 1.94%, 전북에 4.87%로 분포하고 있다. 서울 28.74%, 경기 20.80%, 인천 4.71% 등 수도권 전체의 합이 54.25%로 나타나 한국의 시민단체가 수도권에 집중되어 있는 것으로 보여 진다. 인구비율로 볼 때, 수도권 인구가 우리 전체 인구의 약 50%라는 점에서 수도권에 우리나라의 시민단체가 54.25%로 몰려 있는 것이 당연한 수치라고 볼 수도 있다.

하지만 2000년 이후 2009년까지 시민단체의 수도권 집중 추이를 비교하여 볼 경우에는 상황이 달라진다. 즉, 우리나라의 시민단체의 수도권 집중성이 여전히 큰 것으로 이해된다. 우리나라 시민단체의 수도권 중심성은 2000년에 66.00%, 2003년에 49.88%, 2006년에 54.70%, 2009년에 54.25%로 점차 약화되고 있으나, 2009년 현재에도 여전히 과반수가 넘고 있다는 점에서 문제의 심각성을 보여준다. 이것은 우리나라 시민단체의 근거지가 대체로 수도권 중심성을 벗어나지 못하고 있다는 보여준다. 역으로 지방과 지역이라는 풀뿌리 공간에 근거하지 못하거나 그러한 전망을 갖지 못하고 있음을 보여준다. 이러한 현상이 발생하는 배경에는 지방차원에서 시민단체의 성격이 대체로 제3섹터로서 시민사회 영역의 자율성을 반영하는 <자생형>이 부족한 가운데, 상대적으로 수도권과 중앙차원에서 정치권력과 시장권력에 대한 <비판형>이 많았기 때문인 것으로 추론된다.

셋째, 시민단체의 열악한 재정적·인적 자원부족이다. 한국 시민단체의 재정적·인적 자원은 매우 열악한 수준이며, 시민단체에서 일하려는 활동가의 부족과 열악한 활동비는 시민단체에 몸담으려는 예비활동가들에게 비전을 제시하지 못하고 있다. 또한 국내 시민단체 중 참여연대, 환경운동연합 등 소위 '회원 규모 1만 명 이상의 메이저급'으로 불리는 단체들의 예산에서 회비수입이 차지하는 비율은 70-80%로 매우 높은 편인데 반해, 지역에서 활동하는 시민단체들의 회비수입은 이보다 훨씬 낮은 편이다. 아울러 시민단체에 참여하려는 회원의 부족이 문제다. 회원 확보는 시민 단체의 자립과 시민단체의 영향력 면에서 매우 중요한 물적·인적 자원에 해당한다.

1. 정부와 기업의 지원

이어서 시민단체 역량 강화를 위한 정부와 기업의 지원 방향을 살펴보면 다음과 같다. 시민단체의 역량을 강화하기 위한 정부와 기업의 지원 방향의 핵심은 첫째, 정부의 법·제도 지원과 둘째, 기업의 물적 지원과 파트너십 형성이다. 첫째, 정부의 법·제도 지원의 방향은 다음과 같다. 여러 가지가 있지만 핵심적으로 시민단체의 인정(認定) 법인화와 기부금 활성화를 위한 조세혜택으로 맞춰질 필요가 있다. 일본정부는 현행 우리나라의 NGO 관련법령인 <비영리민간단체지원법>과 다른 차원에서 NPO 단체를 법인화하고, 이들 단체의 정보공개와 회계보고 등을 통한 투명성과 책무성을 높이기 위한 목적에서 인증(認證)과 구별하여 인정(認定) 법인제도를 운영하고 있다. 또한 인정(認定) NPO법인에게 기부할 경우 기부자에게 소득공제의 혜택을 주도록 일본 <NPO법(특정비영리활동촉진법)>과 조세법을 운영하고 있다.

이처럼 한국 시민단체의 운영·재정상의 한계를 개선하기 위해서는 한국에서도 "가칭 한국식 인정(認定) NPO법인 활동촉진법"을 추가적으로 마련하자는 학계와 시민사회의 목소리가 있다. 일본의 경우 인정(認定) 특정비영리활동법인은 2001년도 세법개정(<조세특별조치법>등의 일부 개정법률)에 따라 '국세청장'의 인정을 받아야 하고, 인정 NPO법인에게 개인, 법인, 상속인 등이 기부할 경우 여러 가지 세제특례를 주고 있다. 즉, 일본정부는 <NPO법(특정비영리활동촉진법)>을 제정함으로써 시민사회의 사회공헌활동을 보다 용이하게 하는 한편, NPO법인의 공익성을 더욱 강화하였다. 일본 내각부 시민활동촉진과에 의하면 2011년 3월 31일 현재 NPO법인으로 인증을 받은 법인 수는 175,226개이며, 일본 국세청에 의하면 2011년 7월 1일 현재 인정유효기간 내에 있는 인정(認定) NPO법인은 223개이다.

이러한 "가칭 한국식 인정(認定) NPO법인 활동촉진법"은 현행 <비영리민간단체지원법>의 대상이 되고 있는 NGO들의 인정(認定) 법인화를 촉진할 수 있다. 이것은 NGO 단체가 사회적인 법인격을 취득하는 것을 말하는 것으로, 시민단체의 신뢰성을 높이고, 세제혜택의 대상에 따른 투명성을 높이며 내부 업무체계를 개방적으로 정비할 수 있기 때문에 NPO법에서와 같이 인정(認定) NGO 법인화의 요건과 절차를 규정하는 것이 반드시 필요하다. 그러나 이러한 인정(認定) NGO의 법인화는 관할관청의 자의적인 해석의 여지를 없애기 위해 허가주의가 아닌 인가주의를 채택해야 하며, NGO단체의 인정(認定) 법인격의 취득여부는 전적으로 NGO의 자율적인 선택의 문제로 남겨 놓을 필요가 있다. 이러한 NPO단체의 법인화 필요성은 2005년 10월 입법발의가 되었으나 자동적으로 폐기되었던 <민간공익활동지원법>에서도 드러난다. 정부는 <민간공익활동지원법>을 독자적으로 재입법 발의하여 제도화하는 한편, 이법의 문제의식의 관점에서 현행 <비영리 민간단체지원법>의 문제점(보조금의 인건비 인정, 우편요금 감면 확대와 절차 간소화, 공익지원사업의 다년간 사업에 대한 인정, 법인격의 용이한 취득)을 개선할 필요가 있다.

둘째, 기업의 지원은 다음과 같다. 기업의 지원 방향 역시도 여러 가지가 있지만 핵심적으로 시민단체에 대한 물적 지원과 그들과의 파트너십 형성에 맞춰질 필요가 있다. 특히, 시민단체에 대한 물적인 지원과 사회적 기업에 대한 지원이 중요하다. 2010년 11월 국제사회가 제정한 기업들의 '윤리적 바이블'이라 할 수 있는 '사회적 책임 국제표준(ISO 26000)'은 한국 기업의 사회적 책임(CSR : corporate social responsibility)과 공헌활동을 촉구하는 경영환경의 변화를 강제하고 있다. ISO 26000이란 기업은 물론 정부와 NGO에 지배구조 개선, 인권 신장, 노동 관행 개선, 환경 보호와 공정거래 등을 통해 소속 사회에 도움이 되도록 노력할 것을 요구하는 국제적 규범이다. 따라서 이러한 환경 변화에 따라 기업과 시민단체 간에 사회적 공헌 활동을 위한 협력을 계기로 시민단체에 대한 기업의 지원이 더욱 강화될 필요가 있다.

시민단체에 대한 기업의 지원방법은 첫째, NPO(NGO)와의 파트너십을 통한 사업 전개이다. 기업은 자신이 추진하는 각 실천프로그램에 적합한 NPO(NGO)와 연계하여 파트너십을 형성하여 사업을 추진할 필요가 있다. 이 과정에서 기업은 NPO(NGO)에게 안정적인 재정지원을 할 수 있다. 그 사례로는 한국씨티은행이 후원하고 경희대학교 공공대학원이 주관하는 '씨티-경희대학교 NGO 인턴십 프로그램'이 있다. 그리고 시티은행, 현대중공업 등 50여개 기업이 동참하고 있는 한국해비타트 주관의 사랑의 집짓기운동 등이다.

둘째, 기업은 사회공헌 활동의 방법으로 물적 기부를 다양화할 필요가 있다. 기업차원의 독립재단 혹은 기업출연재단을 만들기보다는 환경재단, 여성재단 등 공익재단과 비영리기구를 통해 지원하는 방법 등 다양한 방법을 통해 물적 기부와 서비스를 강화해야 한다. 특히, 물적 기반의 확대와 관련해서는 시민사회에서 공론화되고 있는 'NGO 기금'에 기업들의 참여가 필요하다.

셋째, 기업은 새로운 사회공헌 모델인 사회적 기업을 지원할 필요가 있다. 그 대표적인 예는 '다솜이재단'이다. 다솜이재단은 교보생명이 사회공헌을 목적으로 육성한 사회적 기업으로, 가족의 생계를 책임지고 있는 여성 가장을 간병인으로 고용하고, 저소득 취약계층에게 무료 간병 서비스를 지원하고 있다. 또한 SK그룹이 지원하고 있는 '행복한 학교재단'은 공교육 내실화와 일자리 창출을 위해 서울시와 SK, 서울시 여성 인력개발기관 운영단체가 공동 설립한 교육전문 사회적 기업이다. 최근 사회적으로 공감을 받고 있는 일자리 창출형 사회공헌 모델인 사회적 기업에 대한 기업의 지원은 자금지원, 기술 및 판로지원 등 경영전반을 지원할 수 있어 기업의 노하우를 이용할 수 있는 있다는 점에서 많은 장점이 있다.

2. 시민단체간의 협력

이어서 시민단체의 역량강화를 위한 방법으로 시민단체간의 협력이 필요하다. 우선, 시민단체의 약점을 인식하는 것이 중요하다. 한국의 시민사회지표를 보면 '시민사회 내부의 상호작용'이 아주 좋은 상태에 있다고 볼 형편은 아니다. 시민단체의 역량이 강화되기 위해서는 시민단체간의 활동 성과와 자료를 종합하고, 체계화하여 시민운동의 소통과 균형있는 성장을 돕기 위한 노력이 필요하다. 특히, 부문간 네트워크, 사안별 네트워크의 활동을 돕고, 그 운동의 성과와 자료를 DB화함으로써 시민운동의 질적 성장을 돕기 위한 노력이 이뤄져야 한다.

이를 위한 시민단체간의 협력 방안으로 여러 가지가 있지만 그 핵심은 시민단체 간의 정보네트워크의 강화와 NGO센터의 건립이 요구된다. 첫째, 시민단체 간 정보네트워크의 강화는 시민단체 통합포털 구축 및 공동 커뮤니티의 구축을 통해 가능하다. 인터넷의 발달로 온라인상의 만남과 교류가 활발해지면서 정보화가 시민단체 활동의 중요한 기반이 되고 있지만 소규모 시민단체의 열악한 재정과 정보 전문가 부재 등으로 시민단체 상호간의 교류를 위한 정보 네트워크는 구축되지 않고 있다. 따라서 이러한 문제점을 개선하고 시민단체의 정보화 강화를 위해 다음과 같은 노력이 필요하다. ① 시민단체의 정보화 기반 구축을 위한 재정마련과 지원, ② 유지관리가 용이한 시민단체 웹사이트 개발・보급, ③ 산재한 시민단체의 DB통합을 위한 공유서버 제공 및 네트워크 구축 등이다.

둘째, NGO센터의 건립이다. 그동안 시민단체들은 2003년 이후 시민사회의 다양한 정보를 한곳에 집적하고, 경험과 의견을 교환하며 시민활동의 자발적 참여를 지원하기 위해 NGO센터 건립의 필요성을 주장해왔다. NGO센터가 설립되면 정보 지원사업, 시민활동 지원사업과 신생 시민단체를 육성하는 인큐베이터 지원사업, 시민단체 운동가의 재교육 및 재충전을 위한 교육 지원사업 등을 수행하는 데 크게 기여할 것이다. NGO센터는 NGO들의 역량 강화를 위해 세계 시민운동의 정보를 체계적으로 정리, 제공하고 단체 간 네트워킹 기반조성 등을 통해 NGO를 실질적으로 지원하는 거점이다. 무엇보다도 NGO센터가 설립이 시급한 이유는 오랜 숙제인 물적·사회적 기반이 필요하기 때문이다. 참여욕구가 있는 시민 누구나 쉽게 시민활동과 NGO에 참여할 수 있도록 다양한 정보와 콘텐츠 및 사무 공간 등의 제공을 통해 손쉽게 신생단체를 만들 수 있도록 인큐베이터 활동을 지원할 수 있다면 실질적으로 시민활동의 사회적 기반을 확대하는 데 긍정적 효과를 줄 수 있다.

한국의 NGO센터 건립과 운영의 방향은 현재 일부 지방자치단체(광주, 부산)에서 관설민영(官設民營)의 방식으로, 그리고 일부 시민단체들이 자체적으로 사단법인의 시민재단 형태(풀뿌리시민센터, 강원살림, 대구시민센터, 부천희망재단, 천안풀뿌리희망재단, 강릉시민센터, 완주CB센터, 만해NGO교육센터)를 조직하여 민설민영(民設民營)방식으로 운영하고 있다는 것을 고려하여, 이것을 점차 지원하여 전국적으로 확산할 필요가 있다. 이를 위해서는 정부 차원에서 관설민영(官設民營)의 방향으로 하는 중앙NGO센터의 건립과 지방NGO센터의 건립을 추진하거나 이를 지원할 필요가 있다. "가칭 NGO센터 설치 및 운영에 관한 특별법"과 지방정부차원의 관련 조례를 시민단체와의 충분한 협의와 검토를 통해 마련하여 입법화할 필요가 있다. 중앙NGO센터와 지방NGO센터의 주요한 역할은 일본 NPO센터의 경험처럼, 다양한 비영리기구의 육성과 지원을 중심으로 운영될 필요가 있다. 기본적으로 정보의 수·발신, 상담 컨설턴트, 네트워킹, 사업 창출과 확충, 정책제안, 인재육성, 조직 강화, 자금순환정리 사업이 중점이 되어야 한다. 특히, 일본 NPO센터의 관심은 기존의 NPO의 권익대변보다는 시민들의 비영리활동의 참여를 촉진하기 위한 인큐베이팅 활동에 맞춰져 있다는 것을 중요하게 고려해야 할 것이다.[36]

---

36) 특임장관실, 「민관협력과 시민사회발전을 위한 청사진」, 2012.

인터넷 매체

시민사회의 역량강화를 위한 또 다른 중요한 영역은 인터넷 매체를 활용하는 것이다. 시민과 시민단체의 역량 강화를 위한 여러 대안이 모색되었지만 최근 인터넷은 저렴한 거래비용으로 다양한 시민단체의 의제를 시민들에게 전달해주고 이들의 요구와 이해를 대변할 수 있는 통로기능을 수행하고 있다. 실제 시민운동에서 인터넷이 도입된 것은 그리 오래되지 않지만, 시민단체가 역량강화를 위한 필수적인 도구가 되고 있다. 그러나 인터넷 매체가 단순히 시민단체의 역량강화와 시민운동의 도구로서만 활용된다는 것을 의미하지는 않는다. 시민들도 인터넷과 SNS를 활용하여 스스로의 시민권과 시민성을 향상시킬 수 있는 기제로서 활용할 수 있다. 따라서 시민사회 역량강화를 위한 인터넷 활용 방안은 시민의 역량 강화라는 측면과 시민사회의 역량강화라는 두 가지 축에서 살펴보아야 한다.

1. 시민의 인터넷 역량강화

시민의 인터넷 역량강화는 무엇보다 참여채널의 다양화에서 찾아야 한다. 시민들은 기존에는 정치매개집단으로부터 시민참여를 할 수 있는 방법을 알게 되었다. 하지만 인터넷은 전통적인 시민참여와는 다른 방식의 시민참여가 가능하다는 장점을 가지고 있다. 그것은 시민이 스스로 정보를 찾아서 시민단체 활동에 참여할 수 있다는 것이다. 이는 두 가지 의미를 가지고 있다. 하나는 수동적인 존재로서의 시민이 능동적인 존재로서 스스로의 역량을 자각했다는 측면이 있다. 또 다른 측면으로는 기존의 시민단체가 주도하던 정치·경제·사회 이슈를 시민들도 스스로 제기할 수 있다는 이중성이다.

즉, 시민의 인터넷 역량강화를 통해서 취득한 정보를 가진 현명한 시민은 권리와 능력을 가진 합리적인 존재로서 이를 바탕으로 능동적인 시민단체 활동을 가능케 하고, 이는 결국 시민 스스로 자발적인 참여와 운동을 주도할 수 있는 능력을 가지게 됨을 의미한다. 이러한 다양한 참여 채널은 시민참여의 스펙트럼도 확대시키는 장점을 가지고 있다. 전통적 의미의 시민참여가 선거나 청문회 참여 등의 관습적인 참여와 항의와 시위 등의 비관습적인 참여로 구분되지만, 정보를 가진 현명한 시민의 등장은 스스로 판단하고 인터넷을 매개로 하는 다양한 참여의 과정을 가질 수 있다.

온라인과 오프라인의 통합적인 참여가 가능하고 시민의 수준과 층위에 따른 다양한 참여현상이 발견된다. 이는 오프라인과 연계되어 나타나는데 강한 저항방식의 집회참여에서 낮은 수준의 모금이나 게시판 댓글달기 등 개별적으로 참여할 수 있는 층위적인 시민참여가 보편화된 것이다. 이처럼 정보를 가진 시민이 자각을 하면서 스스로 적극적으로 참여를 하게 되는데, 인터넷에서의 다양한 토론과 정보 수집은 이러한 시민참여를 활성화 하는데 좋은 민주주의의 학습장이 된다. 그 결과 민주주의적인 훈련을 받은 저항의 수준이 높은 사람은 직접 집회참여로, 낮은 사람은 격려글 남기기, 펌질, 글 읽기 등 다른 방식으로 참여하면서 층위적인 참여가 가능하다.37)

물론 이러한 시민들의 인터넷 사용의 역량강화가 시위나 저항의 공간에서만 특화해서 나타나는 것은 아니다. 시민들의 인터넷은 이미 사회봉사와 기부 등의 사회적 나눔문화운동에서도 확인되고 있다. 이미 스마트폰과 SNS 등 기술발전은 시민들이 사회적으로 기부운동에 참여할 수 있는 방법도 더 쉽게 편리하게 변화시키고 있다. 각종 포털사이트와 인터넷 쇼핑몰에서 나눔문화를 활성화하기 위한 메뉴가 제공되고 있으며, 실제 앞서 살펴보았던 네이버의 해피빈 같은 경우 적지 않은 액수가 매년 기부활동단체에 기증되고 있다. 이와 같이 직접적인 참여와 함께 나눔문화 역시 인터넷에 민감한 젊은 층의 참여를 기본으로 하고 있으며, 이를 활용하여 기업과 연계된 다양한 기부 프로그램도 마련되고 있다. 따라서 인터넷을 활용한 나눔문화를 적극적인 선순환적인 사회참여 운동으로 확대하는 것도 필요하다.

---

37) 송경재, "이슈형 사이버 커뮤니티 네트워크의 시민참여," 『국가전략』제17권 2호, 2011.

2. 시민단체의 인터넷 역량강화

다음으로 필요한 것은 시민사회의 인터넷 역량 강화이다. 2000년 이후 인터넷 등의 온라인 활동에서 시민단체의 경우 새로운 두 가지 현상이 발견되는데, 첫째, 시민단체 중에서 온라인 활동을 주요한 운동의 목적으로 하는 단체도 증가추세에 있다. 2011년 시민운동정보센터의 조사에 따르면, 101개 단체가 온라인에서 발생하는 여러 이슈에 대한 의제를 생산하는 시민운동 단체인 것으로 나타났다. 이는 전체 등록 시민단체 중에서 1% 밖에 되지 않는 수치이지만 새로운 시민운동 영역으로서 온라인 인권운동, 인터넷 프라이버시(privacy) 침해, 해킹, 피싱 등의 IT 기반 운동영역이 증가했음을 잘 알려준다.

둘째, 하지만 시민사회 역량강화를 위한 인터넷의 활용은 아직 미진한 것이 사실이다. 홈페이지와 웹사이트를 운영하는 시민단체는 7,923개 단체 중에서 4,117개(52%)에 불과하다. 실제 정부 및 시장 영역에서 인터넷을 활용하고 있고 전체 국민 5,000만 명 중에서 약 2/3인 3,700만 명이 인터넷을 사용하고 있다는 점을 감안하면 시민단체에서 인터넷을 활용한 시민운동 역량은 약하다고 할 수 있다.

그렇다면 이러한 문제가 나타난 원인은 무엇인가? 무엇보다 시민단체의 물적·인적 자원의 부족과 의식의 개선이 아직 부족한 것이 가장 큰 원인이다. 먼저, 인터넷 분야가 중요하다고 생각하지 않는 의식의 문제는 점차 개선되고 있다. 2012년에 있었던 <민관연석회의>에서도 인터넷 특히 SNS를 활용한 시민사회의 역량강화에 대한 많은 논의가 전개된 바 있다. 이는 인터넷을 활용한 시민운동의 효용성에 대한 인식이 과거에 비해 많이 개선되었음을 의미한다. 그렇지만 보다 중요한 것은 역시 인적·물적 자원의 부족으로 인해 인터넷과 SNS를 활용한 시민운동 역량강화방안을 모색하는 부분이 부족하다는 것이다. 이에 시민사회 역량강화를 위한 인터넷 활용방향은 크게 세 가지 영역으로 집행되어야 할 것이다. 이를 첫째, 인프라 구축, 둘째, 물적 토대의 지원, 셋째, 관련 제도의 개선 등으로 나누어서 제언하고자 한다.

첫째, 시민사회에서 사용하는 인터넷 및 뉴미디어 인프라 구축이 필요하다. 현재 상당수의 시민단체에서는 인터넷 홈페이지와 뉴스레터 등의 정기적인 정보를 회원들에게 제공하고 있다. 하지만 비록 적은 금액이지만 이를 운영하고 서버를 관리하는 비용도 만만치 않은 것이 사실이다. 이를 위해 시민사회에서는 시민단체 공용서버를 관리하자는 요구도 높은 것이 사실이다. 장기적으로 시민단체 지원센터가 건립될 경우 시민단체를 위한 컴퓨터 서버(server) 및 회선 임대 등의 혜택을 주는 것은 열악한 시민사회의 인터넷 역량을 강화하기 위한 좋은 사업이 될 것이다. 그리고 이러한 사업은 실제 2005년부터 문화체육관광부에서 언론진흥재단과 지역신문발전위원회의 주요사업으로, 영세한 인터넷 신문사들을 대상으로 여론의 다양성을 확대하기 위해 인터넷 서버와 회선 임대, 그리고 컴퓨터와 동영상 장비 등을 국가 기금으로 지원하고 있다. 따라서 법적인 근거 역시 보완한다면 시민단체의 인터넷 역량 강화 사업에서 중요한 분야가 될 것이다.

둘째, 인터넷 활용 인력의 교육 활성화도 중요하다. 실제 시민단체의 활동가와 간부들의 경우 업무 집중도가 높기 때문에 소수의 인력으로 단체를 운영하고 있다. 이러한 열악한 상황은 조사에서도 확인할 수 있는데, 실제 상근자 규모가 평균 8.01명에 불과한 것이 현실이다. 따라서 이들을 전문적으로 교육하고 훈련시킬 체제가 필요한 상황이다. 특히 시민단체 활동가들의 시간상의 문제를 고려할 경우 획일적인 교육보다는 대학교의 전문가 과정 또는 지역별 교육을 통해서 전문적인 시민단체에 적합한 인적 자원을 확보하는 것이 요구된다. 그리고 이는 시민사회 역량 강화를 위한 인터넷 분야에서의 핵심적인 지원사업 중의 하나가 될 것이다. 이미 유사한 사업은 고용노동부에서 직업훈련과정이나 각급 공무원 교육 사업에서 활용되고 있다. 다만 시민단체 활동가들의 시간적 제약을 보다 완화해 줄 수 있는 교육 시스템을 마련하는 것이 필요하고 이를 제3의 공적 기관이랄 수 있는 대학교와 시민교육센터 등에서 실시하고 이를 지원하는 방안도 모색해야 할 것이다.

셋째, 인터넷을 활용한 기금 모금 활동의 전문화가 필요하다. 그리고 이를 위한 법·제도적 개선도 중요하다. 인터넷은 시민사회가 기금을 모을 수 있는 좋은 통로이다. 특히 대규모 조직이나 인지도가 낮은 시민단체인 경우 상대적으로 인터넷은 모금을 위한 주요한 수단으로 활용되기도 한다. 실제 인터넷 모금의 이점은 2008년과 2012년 미국 대선에서 오바마 대통령의 선거자금 모금에서도 그 위력이 확인된 바다. 실제 그는 공적 기금에서 선거비용을 충당하기보다는 자유로운 소액 다수자들의 기부금을 통해서 선거운동을 훌륭하게 치렀으며 그 배경에는 인터넷 소액 기부자들이 있었다.

이러한 활용은 한국에서도 존재한다. 국내의 시민단체에서는 인터넷과 SNS를 활용한 회비나 모금활동을 전개하고 있으며, 동일본 대지진이나 동남아시아 쓰나미 등 국내외 재난 사건사고에서 인터넷과 SNS를 활용한 모금이 적극적으로 활용되고 있다. 이는 대다수의 사람들이 기부와 모금을 전개하는데 있어서 거부감이 없어 보다 편리한 기부활동을 할 수 있다는 점에서 인터넷을 활용한 시장과 시민사회의 새로운 협력 모델로 발전될 가능성도 높다.

그러나 인터넷 모금에서도 두 가지 제약도 발견된다. 그것은 역시 앞서의 인터넷 활용의 문제점과 마찬가지로 인터넷 활용능력의 부재가 있고, 다른 하나는 아직 인터넷 모금에 관한 전문적인 역량이 부족하다는 점이다. 인터넷 모금은 오프라인 모금과 달리 다수의 불특정 사람들을 대상으로 모금을 할 수 있다는 장점이 있어 기존 회원중심의 활동을 넘어서, 조직적으로 외연을 확대시킬 수 있는 여지를 가지고 있다. 하지만 모금과 관련한 전문적인 교육이 부재하고 여기에 시장의 세분화와 모집 대상의 선정과 모금 소프트웨어와 인터넷 기술, SNS에 대한 체계적인 이해가 없이 인터넷 모금을 할 경우 실패할 수도 있다. 따라서 기존 역량강화와 마찬가지로 기술과 모금에 대한 전문성을 확대할 수 있는 교육 사업도 마련되어야 할 것이다.

또 한편으로 인터넷 기부를 통한 시민사회 역량강화를 위한 인터넷 모금의 법·제도적 제약요인도 있다. 현행 <기부금품의 모집 및 사용에 관한 법률>에 따르면, 공식적으로 단체에 가입한 회원이 낸 가입비나 정기회비 등을 제외하고 불특정 다수에게서 걷은 금액이 1천만 원을 넘으면 행정안전부장관 또는 특별시장·광역시장·도지사·특별자치도지사에게 등록하여야 한다. 이를 어기면 3년 이하의 징역이나 3천만원 이하의 벌금에 처해진다. 이는 인터넷 모금이 주로 인터넷에서 이루어지고 회원 가입과정이나 후원금 약관 동의 절차가 빠져 있는 인터넷 카페에서 벌이는 모금활동이 불법이 될 수도 있는 것이다. 물론 이를 악용하는 경우가 존재하지만 현실적으로 인터넷 활용인구가 늘어나고 실제 SNS와 인터넷을 이용한 모금이 활성화되고 있다는 점을 감안하면 법·제도적인 개선이 필요한 영역이다.[38]

---

38) 특임장관실, 「민관협력과 시민사회발전을 위한 청사진」, 2012.

제8장

시민사회 활성화

감시활동

1. 주민참여예산제

주민참여예산제는 주민이 예산의 편성과정에 직접 참여해서 예산 편성에 영향력을 행사하는 제도이다. 쉽게 말해서, 주민참여예산제 도는 지방자치단체가 주민과 함께 예산을 편성해 나가는 새로운 예산편성체제이다. 무엇보다 최근 주민참여예산제도가 주목을 받고 있는 것은 과거 행정부가 독점적으로 행사해 왔던 예산편성권을 행정부와 지역주민들이 함께 행사하는 제도, 즉 예산편성과정에 해당 지역주민들이 직접 참여가 가능하기 때문이다. 예산편성과정에 시민참여를 확대함으로써 지방재정 운영의 투명성과 공정성 및 효율성을 제고하고, 재정민주주의 이념을 구현하는 데 그 목적이 있다. 이는 주민참여 예산제도가 주민자치 이념을 재정분야에서 구현하는 새로운 지역거버넌스의 한 형태로서 참여 민주주의의 실현, 집행부 예산편성권한의 주민 공유, 집행부 기능의 유연한 보완, 지방정부와 주민간의 새로운 소통경로 개설 등의 의미를 지닌다.

그런 맥락에서 주민참여예산제도가 세계적으로 널리 알려진 계기가 된 브라질의 포르투 알레그레시의 사례는 시사하는 바가 크다고 하겠다. 앞서 살펴보았지만, 브라질 포르투 알레그레시는 남아메리카의 다른 국가나 인근지역과 마찬가지로 부정부패가 만연하고 극도의 사회혼란을 겪고 있었다. 그러나 노동자당이 이끄는 연합이 1988년 시장선거에서 승리한 이후 도입된 주민참여예산제도는 시민들의 필요에 기초해서 밑에서부터 토론을 거쳐 결정하는 투명한 제도로 정착되게 되었다. 즉 지방자치제도와 주민참여를 통해 지방정부 차원에서의 감시활동을 활성화 할 수 있는 좋은 기제가 만들어진 것이다.

이를 국내에 도입한 주민참여예산제는 시민사회 활성화 차원에서 여러 긍정적인 의미를 제공하고 있다. 주민참여의 중요한 제도적 장치인 주민참여예산제는 시민의, 시민에 의한 자치라는 측면에서 중요성을 가지고 있다. 현 단계 각급 지방자치단체에서 주민참여예산제가 실시되고 있는데, 광주시 북구, 용인시, 대전시 대덕구 등에서 활발하게 진행되고 있는 것으로 알려졌다. 하지만 주민참여의 중요한 제도임에도 주민참여예산제는 한국에서 역사적 연원이 짧고 전문적인 능력이 부족하기 때문에 아직 제대로 정착하지 못하고 있는 것도 사실이다. 따라서 주민참여예산제의 안착은 시민사회의 활성화를 위해서 적극적으로 고민해야 할 과제라고 할 수 있다.

주민참여예산제가 암묵적으로 전제로 하는 것이 ① 주민 대표성과 주민의 의견 및 수요 대표성 확보 가능성, ② 주민 의견의 합리성, ③ 주민의 의사결정 영향력의 책임성 담보 등이다. 그런데 만일 이러한 전제조건들이 제도의 실시과정에서 제대로 충족되지 못한다면 주민참여예산제도는 당초의 도입 취지를 실현하기가 어렵다. 이러한 조건들 때문에 주민참여예산제도가 초창기에 일부 지역에서는 그 정착에 어려움을 겪었던 부분도 존재했다. 하지만 이후 지역의 특성에 맞는 주민참여예산제도가 발전하면서 국내에서도 성공적으로 정착한 주민자치제도 중의 하나라고 평가할 만하다.

사실 시민사회의 활성화를 위한 감시활동의 활성화에서 주민참여예산제 활성화는 중요하다. 때문에 근본적으로 주민참여예산제를 활성화시키기 위해서는 지방정부와 지역의 시민사회 간의 건강한 긴장과 견제가 유지되어야 한다. 그리고 지방정부는 시민단체를 불편하게 생각하고, 절차적인 행위로 평가하지 말고 지방행정 운영의 동반자라는 인식을 가져야 할 것이다. 또 주민참여예산제도의 틀에 참여하는 지역의 시민단체 역시 지방정부에 대한 감시와 견제에만 너무 경도되기 보다는 토론과 합의를 통해 주민의 세금이 효율적으로 사용될 수 있는 가를 감시하는 것은 중요할 것이다. 향후 주민참여예산제도는 시민사회가 아래로부터의 자치와 뿌리가 강한 시민사회로 성장할 수 있는 토대가 될 것이다.

이를 위해서는 주민참여예산제도가 도입 취지에 충실하면서 발전해 나가기 위해서는 제도의 문제·한계·장애요인들을 종합적 시각에서 면밀히 검토하는 동시에 다음의 성공 요인들을 적극적으로 실천하는 접근이 요구된다.

첫째, 지역 실정에 적합한 수준의 주민참여예산제도를 도입하고, 단계적으로 발전시켜 나가는 접근을 모색해야 한다. 이와 더불어 지역간 선의의 경쟁(yardstick competition) 환경을 조성하고 그것을 적극적으로 활용해야 할 것이다.

둘째, 자치단체장이 전향적이고 적극적인 자세를 갖고서 예산편성권한의 범위와 영향을 실질적으로 주민과 공유하는 협력적 상승관계를 추구하는 변화의 환경을 조성한다. 이를 위해서는 무엇보다도 주민과 집행부 간에 공유와 소통 기제와 경로를 마련하는 것이 중요하다. 그리고 주민참여예산제도가 지방의회의 고유권한(예산심의의결권) 영역과 중복 내지 갈등을 빚을 수 있는 소지를 원천적으로 배제해야 한다.

셋째, 재정정보 공개의 적시성, 충실성을 확보하는 동시에 주민이 쉽게 이해하고 접할 수 있는 재정투명성(fiscal transparency)을 지속적으로 높여 나간다. 이는 최근 많이 개선 된 점도 있지만 여전히 주민이 지방재정의 내용을 파악하기는 어려운 감이 있다. 따라서 이를 공개하고 이해하기 쉽게 내용을 풀어서 제공해야 한다.

넷째, 다양한 아이디어와 운영방식을 통해 주민의 관심 고취와 참여도를 높이는 동시에 대표성 있고 밀도 있는 참여예산 의제의 도출 방안을 모색한다. 주민참여예산제도가 단순히 한 가지 모델로 진행되는 것은 아니다. 사실 이 제도가 태동한 브라질에서도 지역마다 차이가 있고 지방자치단체장의 의지와 정치문화 그리고 지역 시민사회의 역량 등에 따라서 다양한 모델로 발전하게 마련이다. 따라서 지역의 실정에 맞는 다양한 아이디어를 수집하고 지역에 토착시킬 수 있는 주민참여예산제도를 확립해야 한다.

다섯째, 의견수렴 및 의사결정비용의 효율화와 최소화를 모색하며, 주민참여 절차와 방법의 합리성과 내실을 강화한다. 이를 위해서는 토론회·간담회·공청회(town meeting)·설문조사의 내실화, 주민참여예산위원회(시민위원회)의 활성화를 비롯하여 홈페이지,

SNS의 적극적 활용을 통한 연중 개방성·접근성 확보에 주력할 필요가 있다. 특히, 예산편성기간 중에는 주민의 의견을 집중적, 실용적으로 수렴할 수 있는 인터넷 공간을 확보해서 활용하는 접근이 필요하다. 다만, 의견 수렴의 포괄성 측면에서 볼 때, 아직은 주민의 상당수가 인터넷 소통에 익숙하지 않은 점을 감안하여 인터넷, 휴대전화 활용 이외에 전통적 방식을 통한 주민의견 수렴을 병행하는 것을 잊지 말아야 한다.

여섯째, 주민 대표성, 예산편성 영향력 행사(불평등 참여, 불평등 영향력 문제)와 관련된 불공정성을 최소화시키는 동시에 주민참여예산위원회의 정체성 및 기능 정립, 주민과 주민참여예산위원의 전문성 강화를 위한 장치를 마련해야 한다.

한국적 상황에서 주민참여예산제도가 성공을 이루기 위해서는 주민참여예산제도가 집행부와 의회에 대한 견제나 감시·감독기능에 치중하기보다는, ① 집행부와 주민 간의 예산결정 협의·의사소통 강화, ② 집행부 역량의 보완성(취약점 보완), ③ 주민 관점의 재정수요와 우선순위 예산반영, ④ 포괄적 의미의 민관협력의 파트너십 구축과 같은 기능에 중점을 두는 방향으로 정립되어야 할 것이다.

이와 함께 주민참여예산제를 성공하기 위해서는 지역의 시민단체의 역할도 중요하다. 한국사회에서 시민단체는 전통적으로 중앙집중적인 경향이 강한 문제점을 가지고 있다. 지금도 서울과 수도권지역을 기반으로 하는 시민단체의 수가 전체의 50%를 넘는다는 점에서 이는 잘 확인된다. 하지만 주민참여예산제도와 같은 지방자체에서의 시민사회활성화의 기제가 작동하기 위해서는 지역에 뿌리를 내리고 있는 시민단체의 역할이 무엇보다 중요하다 하겠다. 그런 맥락에서

최근 지역의 풀뿌리 운동단체의 활성화와 지역기반의 시민단체들이
자생적으로 성장하고 있다는 것은 여러 차원에서 한국 시민사회발
전에 기여하고 있는 측면이 강하다고 할 수 있다.[39]

2. 정책 모니터링

정부정책은 미래지향적이고, 그 효과가 복합적이고 장기적으로
나타나기 때문에 정책이 기대했던 효과가 실제 나타나고 있는지에
대한 측정이 쉽지 않다. 더욱이 정책은 복잡한 사회경제적인 환경과
혼재하고 있기 때문에 그 정책효과를 파악하는 것은 매우 어렵다.
그러므로 중앙정부 또는 지방정부 차원에서 정책이 성공하고 효과
를 창출하기 위해서는 목표달성을 위한 제도와 수단의 적정성과 이
러한 정책을 집행하고 효과를 창출하는 이해 관계자들의 적극적인
참여가 무엇보다 중요하다. 즉, 적정한 정책수단과 정책대상자의 높
은 참여가 동시에 충족될 때, 정책의 목표달성이 이루어지고 성공할
수 있을 것이다. 따라서 이러한 조율을 하는 것도 중요하다. 그리고
이러한 수단과 참여, 그리고 실제 효과와의 관계를 보다 정확하게
분석하고 파악하기 위해서는 다원적 접근방법이 필요하다.

정책 모니터링은 정책평가에서 프로그램이 처음의 설계대로 운용
되고 있는가, 그리고 당초의 대상 집단에 혜택이 돌아가도록 집행되
는가를 평가하는 형성적 평가의 한 기법을 모니터링이라 한다. 그리
고 정책 모니터링은 사회운동이 자신의 가치와 지향을 국가 정책이

---

39) 임성일, "주민참여예산제도의 발전방향,' 『지방재정과 지방세』40호, 2011.

나 법률 제·개정에 반영하기 위해 정보를 수집, 분석, 평가하는 행위다. 모니터링은 프로그램이 적절한 집단을 대상으로 하고 있는가, 그리고 설계대로 집행되고 있는가를 확인하기 위한 정책평가를 지칭한다. 그런 맥락에서 정책모니터링(policy monitoring)이란 집행중인 정책의 과정평가로 정책효과를 측정하고자 하는 것이 주된 목표이고, 정책의 집행과 결과간의 관계를 기술하는 행위로 정책을 점검하는 활동을 의미한다.[40] 때문에 정책모니터링의 성격은 집행과정을 평가하는 것으로, 정책수단과 효과간의 인과관계 경로와 매개변수를 검증하고, 확인하기 위한 평가이며, 정책이 의도했던 대로 집행되었는지를 확인·점검하는 평가적 성격을 가지고 있다.

시민사회 활성화를 위해서는 직접적인 감시활동을 강화할 필요가 있고 그 중에서 중요한 것이 정책모니터링이라고 할 수 있다. 특히 지방자치가 실시되면서 지방의회를 감시하는 제도의 미비와 견제세력의 부재로 인해 일부 방만하고 부패, 무능한 인사가 등장하고 이들로 인한 정책상의 난맥도 심화되고 있다. 이러한 상황에서 정책모니터링과 함께 모색 되고 있는 것이 옴부즈맨, 시민감독관, 시정모니터 등의 제도가 정착되고 있다. 정책 모니터링 역시 포괄적인 차원에서 본다면 이러한 제도와 그 궤를 같이 하고 있다. 그러나 기존의 정책 모니터링은 정책결정과정에서 뒤쳐져 있는 것이 사실이다. 정책평가결정모델에서 본다면, 정책입안과 의제설정 등의 과정에서 마지막 단계는 환류(feedback)이라 할 수 있는데, 아직 정책과정에서의 환류는 제대로 이루어지지 않고 있는 것이 현실이다. 그 이유는

---

40) 남궁근, 『정책학』(서울 : 법문사), 2008.

여러 가지가 있을 것이지만 지속적인 감시와 모니터링의 부재, 연간 단위 사업의 수행에 따른 오류 수정의 시간차이 등이 제기될 수 있을 것이다. 하지만 정책결정과정에서 그동안 부각되지 않았던 환류의 과정은 정책의 재형성과 논의거리를 제공한다는 점에서 무척 중요한 것이라 할 수 있다. 따라서 여러 차원에서 보다 효과적인 모니터를 수행할 수 있는 다양한 기법이 모색되어야 할 것이다.

현재 중앙정부와 국회 등을 대상으로 하는 정책감시와 모니터링은 많은 시민단체에서 시행중에 있다. 특히, 시민단체인 참여연대는 2000년대 초부터 국회에 대한 정책모니터링과 주요 정책에 대한 평가, 그리고 국회의원들의 의정감시활동을 지속적으로 진행하고 있다. 그리고 그 결과물을 공개하여 정책감시의 새로운 장을 열었다는 평가를 받고 있다. 이러한 성과를 바탕으로 환경과 여성단체에서도 주기적으로 정책 모니터링을 시행중에 있다. 중앙정부 차원의 다양한 분야에서의 정책모니터링이 오늘날 급격히 확산되고 있는 것은 정책모니터링이 가지고 있는 장점 때문이라고 할 수 있다.

하지만 중앙정부차원에서의 정책 모니터링은 어느 정도 정착되었으나, 아직 제도적인 견제장치를 가지고 있지 못하기 때문에 실제 정책 모니터링의 결과를 현실에 집행하기는 어려움이 따른다. 아울러 시민단체의 역량상의 문제로 인해 무수히 많은 정책에 대해 일일이 모니터링을 하기는 현실적으로 불가능한 측면도 있다. 그렇지만 시민단체 차원에서 정부 정책에 대한 견제와 감시는 중요한 임무이기 때문에 이에 대한 보다 적극적인 인적자원과 물적 자원을 투입할 필요가 있다.

또 우리가 유념해서 정책모니터링을 해야 할 곳이 지방자치단체이다. 물론 지방자치단체에서는 지방자치제도의 실시 이후 어느 정도 주민들에 의한 자율적인 감시와 견제가 이루어지고 있는 것이 사실이다. 하지만 중앙정부 차원과 마찬가지로 법적으로 제도화되어 있지 않은 문제로 인해 지방권력에 대한 정책모니터링이 쉬운 것은 아니다. 따라서 이를 보완하기 위한 지역 옴부즈맨과 시민감독관 등의 제도적 보완이 필요하다.

옴브즈맨은 시민의 입장에 서서 중앙 또는 지방정부에 대한 고충을 처리하고 감찰하는 제도로서 전 세계적으로 약 40여 개국에서 실시하고 있다. 국내에서도 지방자치단체인 성남, 안양, 부천, 청주, 통영 등에서 실험적으로 진행한 바 있지만 구체적으로 활성화되지는 못하고 있는 것이 사실이다. 세계적으로 옴브즈맨이 가장 활성화된 곳 중의 하나는 일본이다. 일본은 오사카시(大阪市)에서 시작된 시민옴부즈맨제도가 미야기현(宮城縣)에서 관급공사 관련한 입찰과 수뢰로 인한 문제가 불거지면서 주목을 받았다. 한국에서도 지역차원에서의 부정부패를 척결하는데 있어서 옴부즈맨제도는 유용성을 가지고 있을 것이다.

이외에도 다양한 감시활동이 요구되는데, 또 다른 예로서 시민감독관 제도도 지방자치단체 차원에서 문제가 되고 있는 발주공사나 위임, 위탁과 관련된 사업자 선정과 시행과정에서 발생하는 각종 비리와 부정부패를 척결하기 위한 방안 중의 하나로 꼽힌다. 시민감독관은 건설공사와 위탁공사 등을 감시하는 역할을 하고 해당 공사가 끝나면 자동으로 임기도 만료된다. 한국에서도 전주시와 원주시에서도 시민감독관을 운영한 바가 있다.

또 효과정인 정책 모니터링을 위해서 시민단체에서는 조례의 개정이나 법률적인 제도화 등을 통해서 정책모니터링을 제도적으로 보장할 수 있는 시민 옴브즈맨, 시민감독관 같은 제도의 도입을 논의해야 할 것이다. 특히 시민 옴브즈맨은 일부 지방자치단체에서 도입하여 일정한 성과를 확인되면서 다른 지역으로 파급되고 있는 추세이다. 이와 같은 옴브즈맨 제도는 객관적인 입장에서 민원에 대한 중재자 역할과 갈등 해소에 노력하고 있으며, 제도개선이 필요한 사항에 대하여는 적극적으로 정책에 반영할 수 있다는 점에서 장점이 있다. 이러한 제도는 기존의 정책 모니터링과 함께 시민들의 많은 참여를 확대하여 효과적인 감시활동을 전개하는데 도움이 될 것이다.[41]

---

41) 특임장관실, 「민관협력과 시민사회발전을 위한 청사진」, 2012.

나눔문화

한국인의 나눔활동을 살펴보면 몇 가지 특징적인 현상을 발견한다. 기부는 꾸준히 늘고 있지만, 자원봉사활동은 최근 성장의 정체상태에 있으며, 어려운 이웃에게 베풀고 나누는 이웃돕기는 오히려 줄고 있다. 사람들을 직접 상대로 하는 사적 이웃돕기보다는 간편한 기부활동으로 참여하는 새로운 동향이라고 볼 수 있다. 또 시간으로 봉사하는 자원봉사보다 물품으로 대신하는 기부활동을 선호하는 사람들이 더 늘고 있기 때문에, 자원봉사가 활성화되지 못하고 정체상태에 머물고 있는 것 같다. 그럼에도 기부와 자원봉사 등의 나눔문화는 시민문화의 재형성에 기여하고 장기적으로는 시민사회의 활성화에 기여할 것이다.

1. 기부문화

먼저 기부가 시민사회 활성화에 어떤 영향을 미치는 지를 살펴보자. 한국은 이제 국민소득 3만 달러를 넘어서는 경제력으로 풍부한 인적자본을 누리는 사회로 성장하고 있다. 국제적으로 인적자본의 지표로 활용되는 2011년 기준 UNDP의 인간개발지수(HDI : Human Development Index)에서 한국은 세계 11위에 올라선 선진 사회로 성장해 있다. 이러한 경제적·문화적 성장에 힘입어 한국에서도 기부문화가 활성화되고 있는 것이 사실이다. 그러나 기부문화가 일반적으로 자선 사업이나 공공사업을 돕기 위하여 돈이나 물건 따위를 대가 없이 내놓는 것으로서도 사회적 자본을 향상시키는데 공헌을 하고 있다. 하지만 한발 더 나아가 기부문화의 확산을 통해 시민사회를 활성화할 수 있는 여러 방안에 대해서도 고민을 해볼 필요가 있다.

먼저 기부에 관한 사회적 관심을 제고하기 위해 노블리스 오블리제와 연계하여 그 의미를 되짚어 볼 필요가 있다. 특히 최근의 한국 사회에서는 시민문화가 성숙함에 따라 노블리스 오블리제도 확대되고 있는 추세에 있다. 그렇다면 한국인 고소득층의 개인 기부자의 노블리스 오블리제는 어떠한가?

개인 설문에 기초한 통계청의 2006~2011년 기간의 자료를 보면, 저소득층에서 고소득층으로 갈수록 기부 참여율이 비례적으로 높아진다는 것을 알 수 있다. 그래서 2011년 현재 월 소득 600만 원 이상의 고소득층이 100만원 미만의 저소득층에 비해 세 배 이상 높은 기부 참여율을 보여준다. 이는 한국에서도 고소득층이 적극적으로 기부에 참여하고 있으며, 이는 장기적으로 사회적 자본을 형성하고 기부문화에 대한 인식을 개선하는데 도움을 줄 것이다.

아울러 이러한 기부문화가 고소득층에서 사회 각계각층으로 확산되었을 때의 파급효과는 더욱 클 것이다. 이런 기부문화의 활성화는 장기적으로 성숙한 시민문화를 형성하고 나눔문화를 고양하게 될 것이다. 이러한 호혜성에 근거한 기부문화의 활성화는 시민사회의 성숙에 기여할 것이고, 시민사회 활성화를 위해 기부의 활성화도 필요함을 알려준다. 그런 맥락에서 기부 역시 시민사회발전을 위해 일반론적인 차원에서도 도움이 될 것이고, 구체적인 시민단체의 모금활동을 통한 재원확보에도 일정한 기여를 할 수 있을 것이다. 대표적으로 시민사회 활성화를 위한 기부문화적인 차원에서는 시민단체들은 재정적 자립을 향상시키기 위해서도 모금활동의 활성화를 위한 제도적 마련이 시급하다. 자체 모금활동 자원봉사자 모집 등 필요한 인력의 확보뿐 아니라 모금활동을 전문적으로 지원하는 기업 등의 프로보노(pro bono) 지원이 절실하다. 기업들이 '사회공헌' 차원에서 시민단체의 모금전략수립과 마케팅 등의 전문봉사활동을 지원하는 방안이 선진사회에서는 보편화되고 있다. 그런 차원에서도 한국에서도 전문적인 프로보노 지원을 확대하기 위한 다양한 제도적 보완이 요구된다고 하겠다.

또한 일반 시민들의 온라인 기부가 크게 활성화되면서 시민단체들은 온라인 사이트 구축 및 운영에 필요한 자금과 노하우를 갖고 있지 않아 많은 어려움에 직면해 있다. 이를 위한 정부와 기업의 지원방안을 탐구해볼 만하다. 또한 온라인에 특화된 나눔활동 사이트 개발이 중요하다고 볼 수 있다. 그런데 그것을 기획하고 진행할 전문가가 부족한 것이 문제로 부각되고 있다. 많은 시민단체들이 재정 등의 역량 부족으로 온라인 특화 사업을 진행하는 데는 일정한 한계가 있다. 온라인모금의 장점을 잘 알고, 모금전용 홈페이지를 잘 운영해, 발전된 형태의 블로그, SNS, 웹사이트, 마이크로 블로그 등을 잘 활용해 모금활동과 홍보활동을 지원하는 전문가가 많이 필요하다. 이를 위해 기업과의 파트너십 전략이 중요하다. 기업은 사회적 공헌 차원에서 시민단체들의 웹사이트 개발, 모금 마케팅 전략 등의 노하우와 소프트웨어 지원을 할 수 있다.

시민단체를 지원하는 기업의 사회공헌 활동의 확대 과제도 국가적 과제로 부각되고 있다. 서구의 시민단체들은 역사적으로 시민사회를 지원하는 시민들의 자발적인 기부와 자원봉사에 크게 의존하면서도, 재정적 자립을 유지할 수 없는 한계가 있기 때문에, 정부와 기업의 재정 지원에 많이 의존해왔다. 시민단체들은 정부를 대신해 공익활동을 수행하므로 정부재정 지원이 뒷받침되며, 기업들은 '사회적 책임' 수행을 위한 사회공헌 활동으로 기업을 대신하는 시민단체들에 대한 재정지원을 확대해왔다.

한국에서도 시민단체를 지원하는 기업들의 사회공헌활동은 점차 확대되어, 시민단체들과 파트너가 되어 사회복지사업을 추진하고 환경보호에 공조하는 등 다양한 사회공헌 활동이 추진되고 있다. 그런데 서구 기업의 사회공헌활동과 크게 다른 한국 기업의 특성은 기업들이 시민단체와의 파트너십에 의존하기보다는 기업들이 독자적으로 직접 사업을 추진하며 시민단체와의 공조를 통한 시민단체 지원활동을 경시하고 있다는 점이다. 이에 대한 의식개선이 중요하다.

최근까지의 기업의 시민단체 지원 현황에 대해 전경련 조사 자료를 통해 살펴볼 만하다. 기업들은 자사의 출연재단(특정 공익법인)을 통한 사업에 가장 많이 투자하고 있고, 다음으로 사회복지공동모금회 등의 모금단체에 지정기부금 형식으로 지원하고 있으며, 복지

기관이나 시민단체들에게는 전체 14%(2010년)를 지원하고 있다. 이는 2004~5년에 비해 두 배 가량 증가한 것이지만, 2008~10년 경제침체기에 크게 감소한 것이다. 전경련의 설명에 따르면, "기타" 분야에 소요가 많았는데, 이는 중소기업 후원, 캠페인 후원, 연말 임직원 모금, 군부대 위문 성금 등으로, "불우이웃성금 모금 증가와 함께 아이티 지진사태, 터키 지진사태 등 국제적 재난피해 지원을 위해 적십자, 재해구호협회 등의 주요 모금단체에 대한 기부가 늘어났기 때문"이라는 것이다.

이를 세부적으로 살펴보면 몇 가지 특징을 확인할 수가 있다. 첫째, 시민단체지원이 등락은 있지만 2004년에 비해 전반적으로 증가했음을 알려준다. 둘째, 자사출연재단이 여전히 높은 비중을 차지하고 있지만 점차 줄어들고 있다. 셋째, 지정기부금 등 주요 모금단체는 큰 변동이 없이 유지되고 있음을 확인할 수 있다.

따라서 시민사회 발전을 위한 정책과제로는 기업들의 시민단체 지원을 확대하는 파트너십 전략이 필요하다고 볼 수 있다. 기업들이 시민단체를 지원하는 방식은 과거에는 일방적인 재정지원으로 그치는 경우가 많았다면, 이제는 기업이 경영 전략 차원에서 기업의 사회공헌 전략에 부합한 시민단체를 파트너로 하는 사회공헌 활동에 있다고 볼 수 있다. 따라서 기업의 입장에서는 이런 파트너를 찾아 공조하는 전략이 필요하며, 시민단체의 입장에서는 기업과의 파트너십을 통해 단체 활동을 확대하기 위한 재정적 지원과 프로보노 지원을 기대해 볼 수 있다.

2. 자원봉사 문화

자원봉사도 시민사회 활성화에 긍정적인 기여를 한다. 자원봉사를 하는 것 자체가 시민 문화를 형성하고 자발적인 참여와 호혜성에 기반한 사회적 자본을 축적할 수 있기 때문에 긍정적인 기능을 수행한다고 할 수 있다. 하지만 일반론적인 시민문화의 형성과 함께 자원봉사는 구체적인 차원에서의 시민사회의 활성화에 기여할 수 있다는 장점이 있다. 그런 측면으로는 은퇴자에 대한 자원봉사프로그램의 활성화, 자원봉사 문화의 재정립, 시민사회 파트너십 재구축을 위한 시·군·구 자원봉사센터 운영의 혁신, 그리고 기업의 사회적 책임과 연계된 사업의 확대 등이 그것이다.

한편 자원봉사 활성화를 위한 방안으로 민간차원의 노력도 필요한 것이지만 정부차원에서의 정책적인 투입도 필요할 것으로 보인다. 첫째, 은퇴자 사회활동을 지원하는 자원봉사 프로그램의 확충이 필요하다. 자원봉사를 위한 자원으로서 은퇴자의 역할은 중요하다. 그러나 한국에서는 아직 은퇴자를 자원봉사의 틀 속에 인식하기보다는 방임하여 소중한 고급인력을 낭비하고 있는 상황이다. 자원봉사의 생애주기별 자원봉사 참여도는 나이가 들수록 참여가 늘어나다 고령기에는 참여가 줄어드는 게 일반적이지만, 한국에서는 10대 참여만 높고, 다른 모든 연령층 참여가 낮으며, 노인층(65세 이상) 참여는 매우 저조한 수준(6%)에 머물러 있다. 노인층이 당면한 건강문제나 소득문제 등도 중요하지만, 자원봉사에 대한 정보와 접근, 주변에서의 요청과 기회제공 측면에서 취약한 문제도 있다. 고령화의 급진전과 베이비부머들의 퇴직이 본격화되면서 퇴직자들을 위한 국가차원의 대응과 투자 전략이 수립될 필요가 있다. 고령사회에 진입한 서구의 경우, 노인의 참여율이 오히려 비노인 참여율보다 높아, 여가선용의 기회이자 건강유지에 도움이 되고 있다.

은퇴자 자원봉사 활성화를 위해 정부는 국가봉사단 형식으로 정책을 추진할 수 있고, 시민사회는 정부의 재정지원으로 은퇴자 프로그램을 확대할 수 있을 것이다. 특히 베이비부머의 은퇴가 본격화되면서, 이들의 은퇴후 사회활동을 지원하기 위한 시민단체의 프로그램 개발과 시행이 시급하다. 시·군·구 차원의 풀뿌리 시민단체들과 자원봉사센터의 협력 방안 모색, 이에 대한 지자체의 재정 및 행정지원 방안이 탐구될 필요가 있다.

둘째, 자원봉사의 인정과 자원봉사정신을 복원하는 것이 필요하다. 자원봉사의 가치와 정신 등 자원봉사 문화와 관련하여 나타나고 있는 주요 사회적 경향을 보면, 자원봉사의 도구적·경제적 동향이 강해지면서 자원봉사 활동의 자발성·무보수성의 기본정신에 심각한 변화가 일어나고 있다. 이런 점에서 청소년층의 스펙용 봉사활동은 이제 단계적으로 줄여나갈 필요가 있다. 물론 여전히 청소년들의 스펙용 봉사활동이 자원봉사에서 중요한 비중을 차지하는 것은 사실이지만 이를 언제까지 지속할 수는 없다. 진정한 자원봉사는 나눔문화의 이해와 정신 속에서 확산되는 것이지 단지 스펙을 쌓기 위한 자원봉사는 그 의미나 마음가짐, 그리고 무엇보다도 자원봉사 본연의 위상에 부합하지 않는다고 할 수 있다.

뿐만 아니라 봉사활동의 대가성이 강한 마일리지 제도의 시행도 많은 시·군·구 지역에 확산되었으며, 취업의 디딤돌로서의 봉사활동뿐 아니라 임금직 일자리를 대신하는 인턴 또는 비정규직 형태의 자원봉사노동의 확대는 자원봉사의 정신과 가치에 대한 새로운 해석을 낳고 있다. 실제 이러한 자원봉사의 확대는 앞서 청소년과 마찬가지로 진정성 없는 자원봉사로 보여주기 내지는 행정편의적인 자원봉사자 숫자 늘리기에 불과하다. 이를 해소하기 위한 대안으로, 첫째, 전국의 공공기관이나 시민단체들이 임금직 일자리를 자원봉사자로 대체하려는 행태를 자제하도록 하고, 둘째, 유급성이 강한 업무(일급 2만원 이상 급여지급)에 '자원봉사' 표기를 삼갈 것을 정부 규제정책으로 추진할 필요가 있다.

셋째, 시민사회와의 파트너십 구축을 위한 방편으로 자원봉사센터의 민영화를 추진할 필요성이 있다. 자원봉사는 주로 시민사회에서 이뤄지는 활동이므로 정부는 시민사회의 자율적인 자원봉사활동에 대해 지나친 개입보다는 주로 지원과 진흥의 역할을 할 필요가 있다. 또 정부기관들은 시민사회의 지속가능성을 보장해주기 위해 시민사회에 재정적 자원을 제공해야 하는데, 이런 정부의 역할이 정부통제를 강화시키거나 또는 시민사회의 자율성을 침해해서도 안 된다는 것이 이제 국제 표준이 되고 있다.

이러한 차원에서 현재 관 주도로 운영되고 있는 전국의 시·도와 시·군·구 자원봉사센터는 <자원봉사활동기본법>에 의해 민영화되는 것이 바람직하다. 정부재정에 절대적으로 의존하는 관료 모형에서 시민사회 모형으로 발전해야 할 것이다. 자원봉사센터의 인프라 구축을 위한 기초 작업에는 정부주도가 장점이 있지만, 이는 진정한 의미의 자원봉사 활성화 차원에서 본다면 분명한 문제가 있다. 오히려 자원봉사 활성화는 시민참여의 활성화와 기업가정신의 조직력 측면에서는 시민사회가 주도하는 것이 올바르다 하겠다. 최근 자원봉사 참여율 감소 또는 정체 추세의 원인을 분석해 보면 정부와 시민사회 파트너십의 실패에 기인한 것으로 볼 수 있다. 따라서 현 단계의 관주도 정부주도의 자원봉사는 그 비중을 줄이고 시민단체를 통한 조직화된 자원봉사 참여와 제도화를 기대해볼 수 있다. 민영화된 자원봉사센터는 시민사회와 자원봉사의 교량 역할을 하기 위해, 다양한 풀뿌리 시민단체들이 참여하는 공간으로 탈바꿈할 필요가 있다. 일례로 일본 나고야의 NPO 센터는 자원봉사센터 역할을 하면서 시민단체들의 교류와 협력의 장 역할을 한다. 전국의 시·도 차원에서 먼저 시범 사업을 추진하면, 향후 몇 년 사이에 전국적인 자원봉사 NPO 센터로의 변화가 일어날 수도 있다.

넷째, 기업의 사회적 책임이 강조되고 있으므로 이와 함께 기부문화를 활성화 시킬 수 있는 대안을 모색하는 것도 중요하다. 기업의 사회적 책임 차원의 사회공헌 활동과 사회 봉사활동이 최근 활성화되고 있다. 이제 직원사회봉사활동을 시행하지 않는 대기업이 없을 정도로 기업 사회봉사는 크게 유행하고 있다. 그런데 직원봉사 프로그램은 기업이 독자적으로 수행하는 것보다는 시민단체들과 더불어 진행되는 것이 바람직하다. 시민단체들은 전문성을 갖추고 시민들의 참여로 다양한 프로그램을 운영하므로, 여기에 직원들이 참여해 다양한 나눔활동과 네트워킹을 할 수 있는 장점이 많다. 이 때문에 미국, 영국 등지의 기업들은 시민단체와의 든든한 파트너십을 통해 보다 효과적이고, 체계적인 봉사 활동을 추진하면서, 동시에 시민사회의 성장을 지원해주는 이중의 기업시민정신을 실천 한다.

그러나 한국의 일부 기업들은 기업 브랜드 가치나 이미지 제고 등 경영전략을 우선시해서, 시민사회와 관계없이 직접 프로그램을 개발하고 운영하는 직접사업을 많이 한다. 기업뿐 아니라 기업재단이나 개인들이 설립한 공익재단들도 마찬가지로 시민사회와 더불어 하기 보다는 직접운영을 선호해 직접 추진하고 있다. 직접운영은 사업의 목적 달성이 자기조직의 홍보나 이미지 제고에 치우쳐 공익성을 실천하지 못할 수 있고, 사업의 효과성이나 효율성도 뒤질 수 있다. 이 같은 직접운영에 대해 결국 소비자이자 시민들이 기업들의 과욕에서 비롯된 것이라는 부정적인 평가로 기울게 되면, 기업들이 의도한 기업 브랜드가치나 이미지 제고 등의 경영전략 추진에도 심각한 착오가 발생할 수 있을 것이다. 따라서 직접사업 추진은 기업의 신중한 판단을 필요로 한다.42)

---

42) 특임장관실, 「민관협력과 시민사회발전을 위한 청사진」, 2012.

사회적 경제

협동조합과 사회적 기업은 사회적 경제의 한 영역이다. 일반적으로 유럽에서 사용되는 사회적 경제(social economy)란 용어는 협동조합, 사회적 협동조합, 공제조합, 사업을 수행하는 비영리기구, 사회적 기업 등을 포괄하는 용어이다. 사회적 경제는 원칙적으로 정부로부터 자립할 수 있고 기업활동이나 자본으로부터도 자립할 수 있어야 지속가능할 수 있다. 경제민주화 논의도 재벌개혁이나 중소기업육성의 논의에서 한 걸음 더 나아가 지역에 뿌리를 내리고, 해당 시민들의 구체적인 경제, 사회, 문화적 요구를 해결해 나가는 사회적 경제조직이 적정한 비율로 튼튼히 자리 잡을 때에만 실질적인 의의를 가질 수 있다.

1. 협동조합

협동조합은 19세기 중반 영국의 <로치데일공정선구자조합>을 첫 성공모델로 하여 빠르게 확산되었다. 현재 전 세계 100여개 국가에서 10억여 명 이상이 협동조합의 조합원으로 활동하고 있다. 협동조합

섹터를 대표하는 조직은 국제협동조합연맹(International Cooperative Alliance : ICA)으로 UN 산하의 가장 큰 비정부기구로 공인되어 있다. ICA는 협동조합을 "① 공동으로 소유하고 민주적으로 운영되는 사업체(enterprise)를 통해 ② 공통의 경제·사회·문화적 필요와 욕구를 충족시키고자 ③ 사람들이 자발적으로 결성한 자율적인 인적 결합체(association)"로 정의하고 있다. 미국의 농무성은 "협동조합을 이용자들이 소유하고, 통제하며, 사업을 이용하는 비율에 따라 수익을 배분하는 사업 조직"으로 정의하고 있다. 이상의 협동조합의 정의에 따르면, 협동조합은 ① 목표와 주체, ② 인적 결사체의 특징, ③ 사업조직으로서의 특징을 명시하고 있다. 따라서 협동조합은 운동측면의 성과와 경영측면의 성과를 동시에 추구해야 한다. ICA는 이런 양 측면의 성과를 추구하기 위해 지켜야 할 구체적인 지침으로서 다음과 같은 7대 원칙을 제시하고 있는데, 해석의 차이는 있지만, 크게 1,2,3원칙은 협동조합으로서 언제나 지켜야 하는 조합원의 권리와 책임을 명시하는 "기본 원칙"이며, 4,7원칙은 협동조합을 지키고 확대하며, 사회기여를 명시한 "관계 원칙"이며, 5,6원칙은 협동조합의 역량과 영향력을 강화하기 위한 "확장 원칙"으로 이해할 수 있다.

<표 8-1> 협동조합의 7대 원칙

기본 원칙	1. 자발적이고 개방적인 조합원 제도 2. 조합원에 의한 민주적 관리 3. 조합원의 경제적 참여
관계 원칙	4. 자율과 독립 7. 지역사회에 대한 기여
확장 원칙	5. 교육, 훈련 및 정보 제공 6. 협동조합 간 협동

모든 조합원들이 조금씩 출자한 돈으로 협동조합을 만들기 때문에 협동조합은 조합원들의 공동소유다. 조합원들이 협동조합을 만든 이유는 자신들에게 필요한 사업을 하기 때문이므로 조합원들은 협동조합의 사업을 이용해야 한다. 일반 주식회사는 출자자와 기업의 고객이 다르지만, 협동조합은 출자자가 곧 이용자가 된다. 조합원은 출자자이면서 이용자이며, 협동조합의 주인이므로 모든 주인에게는 같은 권리가 주어진다. 즉 민주적으로 운영하는 것을 원칙으로 하는데 그 제도는 모든 조합원은 동등한 의결권, 즉 1인 1표의 권리를 가진다. 수익을 남기는 것을 목표로 하지 않지만, 수익이 있을 경우 출자액에 따라 배당하기보다 조합의 사업을 얼마나 이용했는지에 따라 배당하는 것을 우선한다.

협동조합은 조합원이 필요로 하는 사업은 무엇이든 할 수 있다. 따라서 세계적으로 다양한 사업영역에서 협동조합이 운영되고 있는데, 우리에게 익숙한 농협, 수협, 축협과 같은 생산자협동조합, 신협이나 새마을금고와 같은 신용협동조합, 생협과 같은 소비자협동조합은 물론, 아직 우리나라에는 없는 주택협동조합, 문화사업협동조합, 스포츠협동조합, 전기협동조합 등은 물론 이탈리아에는 노숙자협동조합도 있어 노숙자들의 자활을 돕고 있다. 우리에게 익숙한 단체들중 사실은 협동조합인 것도 있다. 세계 최강의 축구단인 FC바르셀로나도 협동조합이며, 전 세계에 뉴스를 공급하는 AP통신도 언론사와 언론인들이 모여 만든 협동조합이다. 누구나 들어보았을 썬키스트 오렌지도 미국의 농업협동조합의 하나이며, 제스프리도 뉴질랜드 키위협동조합의 브랜드이다.

UN은 이런 협동조합의 장점에 주목하여 협동조합의 활성화를 각국에 권고하고 있다. 2009년 UN총회에서는 협동조합의 활성화를 위해 2012년을 "세계협동조합의 해"로 정하고 대대적인 기념과 다양한 활동을 전개하도록 독려하고 있다.

한편 시민의식 발전과 협동조합의 상관관계를 설명하는 프레임으로 '아인슈타인의 사다리' 모형을 제시할 수 있다. 아인슈타인의 사다리 모형은 시민이 어떻게 시민의식을 형성해 나가는 가를 보여주는 것으로, 처음에는 시민은 단지 조작당할 뿐이지만 점차 참여하게 되고, 정보를 알게 되는 과정을 거치면서, 시민이 실질적인 힘을 가지게 되는 과정을 단계별로 설명한 것이다. 여기서 협동조합은 정치적 영역과 상관없이 시민들에게 일상적인 생활경제 속에서 파트너십과 권한위임, 나아가 1인 1표의 민주적 운영 속에서 작은 소집단의 협동조합에 대한 시민통치를 경험할 수 있다. 협동조합의 규모가 커지고 확장될 경우 작은 소집단의 직접민주주의 경험은 간접민주주의로 변화되면서 대집단에 대한 시민통치를 경험하며 시민의식을 향상시키게 된다. 협동조합은 이런 과정을 통해 민주주의의 일상성을 높이고, 시민들의 역량강화와 참여의식 및 다양한 영역에 대한 실질적인 참여를 앞당길 수 있다.

한국에서의 협동조합 역사는 1961년으로 거슬러 간다. 당시 농협법과 산림조합법, 수협법, 중소기업협동조합법이 거의 동시에 제정되었다. 하지만 당시의 협동조합은 대통령이 농협중앙회장을 임명하고, 농협중앙회장이 군 농협조합장을 임명하는 하향식 의사결정 구조가 1989년까지 계속되었다. 민주적 운영이라는 협동조합의 중요한 정체성이 거세된 협동조합에 대해 1차 산업을 발전시키기 위해 정부의 지원제도와 자원이 투입되었다. 이 시기에도 여전히 아래로부터의 협동조합에 대한 열망은 있었다. 1960년 부산과 서울에서 설립된 '신용협동조합'은 캐나다 신협운동의 영향을 받아 건강한 흐름을 이어나갔다. 신협은 당시 자립하려는 사람들에게 크게 환영받게 되어, 전국 각지에서 신협 조직 열풍이 불었다. 1973년에는 277개 조합을 회원으로 하는 신용협동조합연합회가 만들어지고, 신협의 사회경제적 의의를 받아들여 신협법이 제정되게 되었다. 아래로부터 이뤄진 협동조합운동의 첫 제도적 결실이었다.

아래로부터의 협동조합 움직임은 1987년 6월 항쟁이후 생활협동조합운동으로 표출되었다. 1980년대 생활협동조합운동이 본격적으로 시작되었고, 한살림과 두레연합, 아이쿱 등으로 대표되는 생협은 온갖 어려움을 극복하며 이제 50만명 이상의 조합원을 확보하고 매출액 1조원을 돌파하면서 경영의 안정화단계에 접어들고 있다. 그동안 생협운동은 단순한 사업적 안정화 뿐만 아니라 도농상생, 친환경 농산물의 생산과 소비, 윤리적 소비 등 현재는 국민적 상식이 된 내용들을 가장 앞서 주장함으로써 국민의식과 정책변화에 큰 영향을 끼쳤다.

2012년 현 단계 우리나라 협동조합의 전체 현황과 사업은 그 규모가 크고, 유형과 활동, 활동의 지향이 다양하여 쉽게 요약정리하기 어렵다. 하지만 법제도적인 측면에서 네 가지 유형으로 나눠 가장 핵심적인 내용만 정리하면 1유형은 1차 산업의 생산자협동조합을 의미하며, 2유형은 비생산자협동조합으로서 별도의 개별법을 갖추고 있는 협동조합들을 의미한다. 3유형은 협동조합의 운영원리를 따르지만 별도의 협동조합법이 없이 각자 관련된 법에 일부로 편입된 협동조합을 의미하며, 4유형은 협동조합으로 운영되려 하지만 그

동안 법적 근거가 없어 다른 법인격을 활용하거나 임의단체로 활동하고 있는 것이다.

현재, 한국협동조합 섹터의 조합(사업체)수는 1만 2,607개소 정도로 집계되는데, 이중 영농·영어조합법인과 자활계열 사업체의 개수가 가장 많으며, 이에 따라 3·4유형 협동조합의 비중이 전체의 70% 가까이를 차지한다. 마찬가지로 직원·종사자수의 경우도, 조합법인과 자활계열에 힘입어 3·4유형 협동조합의 비중이 전체의 55%를 차지하고 있다. 반면 조합원수나 출자금을 놓고 보면, 2유형 협동조합이 협동조합 섹터 전체의 85% 및 54%를 차지한다.

협동조합 부문 전체는 1만2,600여 개의 조합에, 조합원수는 3천만명 정도로 추산된다. 출자금은 모두 13조2천억원 정도이고, 경제사업 규모는 46조7천억원, 신용사업 규모는 282조9천억여원, 20만명 정도의 고용을 창출하는 것으로 나타나고 있다. 조합수와 종사자수에서 가장 큰 비중을 차지하는 3·4유형 협동조합의 경우는 사업규모와 매출은 작지만 고용창출 면에서 큰 기여를 하고 있다. 따라서 <협동조합기본법>으로 3·4유형 협동조합이 공식화되었을 때, 일자리 창출의 측면에서 가장 큰 역할을 할 수 있을 것으로 기대된다.

한국에서도 2012년 <협동조합기본법>이 제정됨으로써 2차 산업과 3차 산업에서 다양한 협동조합을 자유롭게 설립할 수 있게 되었다. 특히 시민사회 진영은 기존의 NPO단체의 사업단을 사회적 협동조합으로 전환시킬 수 있게 되었고, 지역의 시민단체는 지역재생이나 지역경제 활성화를 위한 사회적 협동조합을 통해 더욱 다양한 활동공간을 확보할 수 있게 되었다.

이와 같이 사회적 경제의 중요한 부분을 차지하고 있는 협동조합

활성화를 위해서는 첫째, 시민사회의 협동조합에 대한 이해를 확대하는 것이 필요하다. 협동조합에 대한 이미지가 주로 기존의 농·수협과 중소기업협동조합에 대한 지식으로 형성되다보니 시민사회와 사회적 경제의 상생관계를 형성하는 데 충분한 논의가 있지 못했다. 이는 다양한 협동조합을 자유롭게 설립할 수 없었던 제도적 문제점 때문이기도 하다.

둘째, 정부의 정책지원도 필요하다. 협동조합에 대한 제도적 정비 미흡으로 <협동조합기본법>이 제정되었지만, 법의 제정만으로는 시민사회의 활동을 강화하는 데 충분하지 않다. 협동조합이 다른 영리기업에 비해 불이익을 받지 않고 사업을 위해서는 여러 가지 개선해야 할 사항들이 있다. 대표적인 것이 사업의 인허가를 둘러싼 법인격이 제한이 있을 경우 협동조합이 여기에 포함되도록 만들어야 하는 법이나 정책 등의 개정이 요구된다고 하겠다.

아울러 이를 위해 <협동조합기본법>이 가지고 있는 문제점들에 대한 제도적 완화가 중요하다 하겠다. 그 필요성에 대한 행위자들과 정책결정권자들 간의 합의 및 정책체계의 정비도 부차적으로 따라야 할 것이다. 협동조합은 시민사회의 역량강화에도 기여할 뿐만 아니라 영리기업에서는 활용되지 않는 다양한 경제사회적 자원을 활용하여 국가 차원의 새로운 경제발전에도 기여할 수 있다. 때문에 협동조합이 시민사회활성화에 보다 기여하기 위해서는 다양한 차원에서의 제도적 고민과 아직 새로운 사업영역인 관계로 이에 대한 지속적인 관심도 필요하다. 그리고 인적자원을 육성하기 위한 노력이 계속되어야 한다. 시민 차원에서는 시민의식의 고취가 필요하고 협동조합의 모범을 만들 수 있는 지도자의 양성도 필요하다.

2. 사회적 기업

사회적 기업은 사용하는 사람에 따라 매우 다양하게 이해되고 있는데, 크게 3가지 접근 으로 정리할 수 있다. 근로소득학파나 사회적 혁신 학파들은 주로 "결과" 혹은 사회적 기업가 정신을 강조하는 반면, 유럽에서는 운영방식과 사업의 목표에 대해 강조하고 있다.

하지만 우리나라에서는 정부의 지원 및 인증과 연계하여 사회적 기업을 정의하는 방식을 사용한다. 한국의 <사회적기업육성법>은 "취약계층에게 사회서비스 또는 일자리를 제공하거나 지역사회에 공헌함으로써 지역주민의 삶의 질을 높이는 등의 사회적 목적을 추구하면서 재화 및 서비스의 생산·판매 등 영업활동을 하는 기업"으로 정의하고 있어 유럽식 정의, 특히 이탈리아 사회적협동조합법과 비슷한 방식으로 '기능'을 정의하였는데, 사회적 협동조합과 달리 조직의 운영원리에 대해서는 관여하지 않고 다양한 법인격을 허용하고 있다.

요컨대, 사회적 기업에 대해 포괄적으로 정의하자면 "착하고, 우수한 기업"이라고 정의할 수 있다. 사적 이윤동기를 배제하여 사회적 목적 실현을 위해서 기업활동을 한다는 측면에서 '착하며', 시장속에서 재화를 구매·판매한다는 의미에서 '기업'이고. 그리고 기존의 영리기업보다 종업원복리후생, 제공되는 재화와 서비스의 질 양쪽 차원을 합하여 더욱 좋다는 측면에서 '우수'하다고 할 수 있다. 이런 3가지 조건을 충족시켜야 사회적 기업의 의의가 달성될 수 있다.

한국의 사회적 기업을 제대로 이해하기 위해서는, 외환위기 이전의 자활공동체운동과 외환위기 직후의 실업극복운동까지 거슬러 올

라갈 필요가 있다. 자활공동체운동은 1970~80년대 도시재개발 지역에서 전개된 민중교회의 주민조직화 활동이 1990년대를 거치면서 생산협동조합 운동으로 재탄생하게 되었다. 즉, 빈곤지역 주민들 스스로가 공동으로 출자하여 만든 생산조직을 민주적이고 협동적인 방식으로 운용함으로써 경제적 자립을 꾀하는 생산공동체 운동을 벌여 나갔다. 자활공동체운동은 1996~99년 정부의 자활시범사업으로 제도화되기 시작했는데, 사회적 목적에 영리적 방식을 접목한 효시로서 의미가 있다고 하겠다.

한편 외환위기 직후 대량으로 발생한 실업 문제를 해결하기 위해 1998년 정부 차원에서는 공공근로사업이 시작됐고, 민간 차원에서는 실업극복국민운동이 전개되었다. 공공근로사업이나 실업극복운동이나 모두 실업자에 대한 일자리 제공에 초점이 맞춰져 있었는데, 당시 실업극복국민운동의 지원을 받는 실업자 종합지원센터를 중심으로 정부의 공공근로 민간위탁이 이루어졌다. △ 사랑의 집수리, △ 독거노인무료간병, △ 초등학교청소, △ 재활용 등 5개 주요사업이 전국적으로 시행되었는데, 취약계층에게 사회적 일자리를 제공하여 높은 평가를 받았다.

2000년 국민기초생활보장법 시행에 따라, 정부의 자활시범사업과 공공근로사업은 자활지원사업으로 통합되었고, 이를 계기로 상당수 실업극복운동 조직이 지역의 자활후견기관(오늘날 지역자활센터)으로 지정되었다. 그리고 정부는 자활후견기관을 통해 수급자 등이 설립한 자활공동체에 공공사업을 우선적으로 위탁하게 되었다.

한편 국민기초생활보장법 시행 이후에도 차상위 계층을 비롯한 다수의 근로빈곤계층이 존재함에 따라, 고용노동부에서는 2003~04

년 사회적일자리 창출사업을 시범사업으로 시작했다. 시범사업을 평가하면서 노동부는 사회적일자리 중에서 공익형 사업보다 수익형 사업의 비중을 높이기로 하고, 기업연계형과 광역형 모델 등을 새롭게 발굴하고, 경영컨설팅 등 간접지원 제도를 도입, 확대했다. 이런 제도개선은 일자리 사업의 주체를 기존 노동, 복지, 실업, 빈민운동 진영에서 여성, 환경 등 시민단체로 확대하여, 참여 주체의 다양화에 기여했다. 또한 시민사회, 정부, 기업이 사회적일자리 사업을 계기로 파트너십을 경험하게 되어 갈등해소에 기여하였다. 이런 활동들의 성과가 모여 2006년 <사회적기업육성법>이 제정되고, 2007년부터 시행에 들어갔다.

2007년 <사회적기업육성법>의 제정 이후 사회적 기업이 일자리 창출과 사회서비스의 효율화에 기여한다는 정책적 관심도가 높아져 사회적 기업과 관련된 지원정책은 다양하게 확대되었다. 지원정책의 확대는 △ 자치단체별 사회적 기업 육성조례의 제정, △ 사회적 일자리 창출사업의 확대, △ 중앙부처의 유사 사회적 기업조직의 지정정책 등 세 가지 방향으로 크게 나눌 수 있다.

이와 함께 최근 2~3년 자치단체에서 사회적 기업육성 조례를 제정하는 현상이 확대되었다. 우리나라 자치단체는 2011년말 16개 광역자치단체와 228개 기초자치단체가 있는데, 이중 광역자치단체는 사회적 기업육성 조례를 모두 제정했다. 기초자치단체는 172개소가 조례를 제정하여 75.4%의 제정률을 보여주고 있다. 특히 이 중 부산, 광주, 울산, 경기, 전북 등 5개 광역시의 기초지방자치단체는 100% 조례를 제정하였다.

적극적인 정책 지원을 배경으로 우리나라의 사회적 기업 외연은

5년 만에 크게 성장했다. 고용노동부로부터 사회적 기업으로 인증받은 업체는 600여개소를 넘어섰으며, 스스로를 사회적 기업으로 인식하거나 사회적 기업을 지향하는 사업체는 5년 만에 3천여개소 이상 증가하였으며 앞으로도 더욱 확대될 것이다. 직원이 100여명이 넘는 사회적 기업도 상당수 등장하고 있으며, 다양한 사회혁신이 나타나고 있다. 일반 영리기업과도 경쟁력 차원에서 손색없는 사회적 기업들이 나타나고 있다. 정책의 확대와 사회적 기업의 증가는 사회적 기업에 대한 언론보도의 확대, 사회적 기업가를 꿈꾸는 청년들의 급속한 확대 등으로 인해 국민적 인지도는 크게 높아졌다. 2011년 사회적 기업 활성화 정책의 수립 후 다양한 사회적 자원의 결합을 위한 민간차원의 조직 설립, 사회적 기업을 촉진할 수 있도록 하는 보다 폭넓은 제도개선 등 사회적 기업의 논의가 확대되고 있다. 한국의 사회적 기업의 압축적인 양적 성장은 압축적 경제성장이란 한국경제의 발전의 축소판인 것처럼 이해될 수도 있다.

한편, 사회적 기업을 통한 시민사회의 활성화를 위해서는 무엇보다도 사회적 기업의 활성화를 가로막는 저해요인을 제거해야 한다. 첫째, 자립의지를 떨어뜨리는 사회적 기업 관련 정책부재가 중요하게 이야기 되어야 할 것이다. 기존 사회적 기업의 가장 큰 문제점은 민간이 주도하기에는 벅찬 많은 지원예산 때문에 민간의 활력과 사회적 기업가 정신을 강화시키는 방식이 아니라, 민간의 의존성이 높아지는 방식으로 가고 있다는 점이 문제라고 할 수 있다. 따라서 이를 효과적으로 지원의 효율성을 살리고 사회적 기업의 자생성도 향상시키는 고민이 더욱 요구된다 하겠다.

둘째, 사회적 기업을 활성화를 위한 시민의식의 고취와 지도자의 양성이 필요하다. 이는 협동조합에서도 요구되었지만 사회적 기업도 마찬가지이다. 사회적 기업은 단순히 열정이 높다고 성공적으로 운영할 수 있는 것이 아니라, 충분한 기술적, 경영적 역량을 필요로 하며, 동시에 이들이 생산한 재화와 서비스를 소비해 줄 수 있는 성숙한 시민의식을 바탕으로 한 시장이 있어야 한다.

셋째, 민간네트워크 활성화가 중요하다. 시민사회의 협력과 함께 사회적 경제의 민간 네트워크의 강화가 다양한 차원에서 검토되어야 한다. 사회적 기업 뿐만 아니라 비영리기구, 기업의 사회적 책임경영 등 기존의 다양한 인적, 물적 자원들이 연계되도록 해야 한다. 또한 청년 소셜 벤처를 지향하는 대학생들이 급증하고 있는 상황과 기업의 활동경험을 풍부히 가지고 있는 베이비붐 세대 은퇴자의 사회적 기업의 진입도 활발해질 것이다. 때문에 다양한 정부의 지원과 민간의 자원을 결합하여 새로운 창조적 에너지와 사회적 비즈니스를 창출해 내는 사회적 기업가들을 중심으로 다양한 민간 네트워크가 만들어질 필요가 있다. 또한 정부도 이런 다양한 민간 네트워크 강화에 대한 지원을 강화할 필요가 있다. 2011년 사회적 기업 활성화 정책을 통해 추진하고 있는 "사회적 활성화 네트워크" 의 구성과 발전, 각 부처별 사업의 광역단위 중간지원조직을 통합하여 운영하는 것은 올바른 방향이며, 실행의 효과성을 높이도록 민간과 정부가 함께 힘을 모아야 할 것이다.[43]

---

43) 특임장관실, 「민관협력과 시민사회발전을 위한 청사진」, 2012.

참고문헌

강용진, 『숙의민주주의와 한국정치』(서울 : 창문), 2008.
김병준, "숙의민주주의의 가능성과 논의의 과제," 『사회과학연구』, 2013.
남궁근, 『정책학』(서울 : 법문사), 2008.
박동진. 『전자민주주의가 오고 있다』(서울 : 책세상), 2000.
송경재, "이슈형 사이버 커뮤니티 네트워크의 시민참여," 『국가전략』제17권
　　2호, 2011.
오현철. "토의민주주의 이론의 쟁점," 『한국정치학회보』 40권, 2007.
이동수, "지구화시대 시민과 시민권," 『한국정치학회보』제42집 21호, 2008.
이승종 외, 『시민참여론』(서울 : 박영사), 2011.
이종수, 『정부는 공정한가?』(서울 : 대영문화사), 2012.
임성일, "주민참여예산제도의 발전방향," 『지방재정과 지방세』40호, 2011.
임혁백. "밀레니엄 시대의 민주주의 대안 : 심의민주주의." 『계간 사상』 43호,
　　1999.
조효제 역, 『직접행동』(서울 : 지식인), 2007.
주성수. "심의민주주의 참여제도의 탐색." 『한국정치학회보』39권, 2005.
채진원, "민주주의의 사회적 기반," 『민주주의와 인권』제11권 3호, 2011.
홍성구. "숙의민주주의의 이론적 보완." 『언론과 사회』 19권, 2011.
신고리 5·6호기 공론화위원회, 『신고리 5·6호기 공론화「시민참여형조사」
　　보고서』, 2017.
특임장관실, 「민관협력과 시민사회발전을 위한 청사진」, 2012.
한국정보화진흥원, 『온라인 나눔현황 조사』, 2010.
행정안전부, 『2008 행정안전 백서』, 2008.
Burtton, Mark and David Ryfe. Deliberative Democracy Handbook : *Strategies
　　for Effective Civic Engagement in the Twenty-First Century*. Jossey-Bass.
　　2005.
Carothers, Thomas. "The End of the Transition Paradigm," *Journal of
　　Democracy*, vol. 13, no. 1, 2002.
Cohen, Joshua. *Deliberative Democracy*. Princeton : Princeton Univ. Press,
　　1996.
Cohen, Joshua and Joel Rogers, eds., *Associations and Democracy*. London :

Verso Books, 1995.

Diamond, Larry. *Political Culture in Developing Countries*. Boulder : Lynne Rienner Publishers, 1993.

Diamond, Larry. *Developing Democracy Toward Consolidation*. Baltimore : The Johns Hopkins Univ. Press, 1999.

Dryzek, John S. *Democracy in capitalist times*. Oxford Univ.. 1996.

Elster, Jon. "The Market and the Forum." in James Bohman and William Rehg, eds., *Deliberative Democracy*. Cambridge: MIT Press, 1997.

G. Bingham Powell, Jr., *Elections as Instruments of Democrac*, New Haven: Yale Univ. Press, 2000.

Gasiorowski, Mark J. and Timothy Power. "The Structural Determinants of Democratic Consolidation," *Comparative Political Studies*, vol. 31, 1993.

Hibbing, John R. and Elizabeth T. Morse. *Stealth Democracy*. Cambridge University Press. 2002.

Inglehart, Ronald. "Trust, Well-being and Democracy," in Mark E. Waren ed., *Democracy & Trust*, Cambridge: Cambridge Univ. Press, 1999.

Joel S., Hellman, "Winners Take All : The Politics of Partial Reform in Postcommunist Transitions," *World Politics*, vol. 50, 1998.

Kurt Weyland, "Neoliberal Populism in Latin America and Eastern Europe," *Comparative Politics*, 1999.

London, Scott. Teledemocracy vs Deliberative Democracy, *Journal of Interpersonal Computing and Technology*, 3(2). 2005.

Mainwaring, Scott. "Presidentialism, Multipartism and Democracy," *Comparative Political Studies*, vol. 26, 1993.

Manin, Bernard, Adam Przeworski, and Susan Stokes. Democracy, *Accountability and Representation*. Cambridge : Cambridge Univ. Press, 1999.

McGrew, Anthony G. ed., *The Transformation of Democracy? Globalization and Territorial Democracy*, Cambridge : Polity Press, 1997.

Neblo, Michael, et. al.. "Who Wants Deliberate and Why?," *American Political Science Review*, 104(3), 2010.

Parkinson, John. Legitimacy Problems in Deliberative Democracy. *Political Studies*, 51. 2003.

Przeworski, Adam, and Fernando Limongi. "Modernization : Theories and Facts," *World Politics*, vol. 49, 1997.

Przeworski, Adam. *Democracy and Market*. Cambridge: Cambridge Univ. Press, 1991.

Remmer, Karen. "Democracy and Economic Crisis : The Latin American Experience," *World Politics*, vol. 42, 1990.

Sanders, Lynn. "Against Deliberation." *Political Theory*, 25(3). 1997.

Schedler, Andreas. "What Is Democratic Consolidation?," *Journal of Democracy*, vol. 9, no. 2, 1998.

Schedler, Andreas. "Measuring Democratic Consolidation," *Studies in Comparative International Development*, vol. 36, no. 1, 1999.

정헌영 ─────────────────────────

성균관대학교와 서울대학교 대학원 및 성균관대학교 대학원에서 학사, 석사, 박사학위
를 취득했고, 현재 서경대학교 공공인적자원학부 교수로 재직하고 있다.

민주주의와
시민

초판인쇄   2018년 2월 28일
초판발행   2018년 2월 28일

지은이   정헌영
펴낸이   채종준
펴낸곳   한국학술정보㈜
주소   경기도 파주시 회동길 230(문발동)
전화   031) 908-3181(대표)
팩스   031) 908-3189
홈페이지   http://ebook.kstudy.com
전자우편   출판사업부   publish@kstudy.com
등록   제일산-115호(2000. 6. 19)

ISBN   978-89-268-8267-2 93340